CB139946

DIREITO FINANCEIRO

abdr ASSOCIAÇÃO BRASILEIRA DE DIREITOS REPROGRÁFICOS

Respeite o direito autoral

DANILO VIEIRA VILELA

DIREITO FINANCEIRO

coleção
SINOPSES
para concursos

Coordenação
Leonardo Garcia

37

2018

EDITORA JusPODIVM
www.editorajuspodivm.com.br

EDITORA
*Jus*PODIVM
www.editorajuspodivm.com.br

Rua Mato Grosso, 164, Ed. Marfina, 1º Andar – Pituba, CEP: 41830-151 – Salvador – Bahia
Tel: (71) 3045.9051
• Contato: https://www.editorajuspodivm.com.br/sac

Capa: Ana Caquetti

Diagramação: Linotec Fotocomposição e Fotolito Ltda. (*www.linotec.com.br*)

ISBN: 978-85-442-1579-1

Coleção Sinopses para Concursos

A *Coleção Sinopses para Concursos* tem por finalidade a preparação para concursos públicos de modo prático, sistematizado e objetivo.

Foram separadas as principais matérias constantes nos editais e chamados professores especializados em preparação de concursos a fim de elaborarem, de forma didática, o material necessário para a aprovação em concursos.

Diferentemente de outras sinopses/resumos, preocupamo-nos em apresentar ao leitor o entendimento do STF e do STJ sobre os principais pontos, além de abordar temas tratados em manuais e livros mais densos. Assim, ao mesmo tempo que o leitor encontrará um livro sistematizado e objetivo, também terá acesso a temas atuais e entendimentos jurisprudenciais.

Dentro da metodologia que entendemos ser a mais apropriada para a preparação nas provas, demos destaques (em outra cor) às palavras-chaves, de modo a facilitar não somente a visualização, mas, sobretudo, a compreensão do que é mais importante dentro de cada matéria.

Quadros sinóticos, tabelas comparativas, esquemas e gráficos são uma constante da coleção, aumentando a compreensão e a memorização do leitor.

Contemplamos também questões das principais organizadoras de concursos do país, como forma de mostrar ao leitor como o assunto foi cobrado em provas. Atualmente, essa "casadinha" é fundamental: conhecimento sistematizado da matéria e como foi a sua abordagem nos concursos.

Esperamos que goste de mais esta inovação que a Editora Juspodivm apresenta.

Nosso objetivo é sempre o mesmo: otimizar o estudo para que você consiga a aprovação desejada.

Bons estudos!

Leonardo Garcia
leonardo@leonardogarcia.com.br
www.leonardogarcia.com.br

Nota do Autor à 1ª edição

O Direito Financeiro é mais uma daquelas disciplinas, assim como o Direito Econômico, cuja abordagem é bastante superficial na formação acadêmica dos bacharéis em Direito, resumindo-se, quase sempre, a uma mera análise de aspectos constitucionais. Dessa forma, questões de concursos públicos relacionadas ao tema, via de regra, representam um grau de dificuldade maior que, efetivamente, deveriam ter.

Por isso, aceitar o convite do Prof. Leonardo Garcia para escrever esta Sinopse de Direito Financeiro representou um grande desafio, na medida em que o livro – assim como os demais que compõem a coleção – deveria, ao mesmo tempo, abranger, da maneira mais completa possível, o conteúdo e ser de leitura fácil e rápida.

Assim, o primeiro passo foi conhecer os editais dos principais concursos públicos que exigem o Direito Financeiro, seja diretamente (como tópico específico), seja por meio de outras abordagens, como, por exemplo, com um aprofundamento na dimensão constitucional. A partir disso, foram selecionadas centenas de questões de concursos para que fosse possível conhecer qualitativa e quantitativamente a forma e a complexidade da cobrança dos temas da disciplina.

Com isso, o sumário foi planejado levando-se em conta os principais concursos dos últimos anos, de forma que o resultado final concilie a apresentação teórica e legal do tema, a maneira pela qual é cobrado em concursos e, ainda, o entendimento dos tribunais, possibilitando, com isso, que o livro seja adotado como único material de estudo, seja para aqueles que se preparam para um concurso público, seja para graduandos e pós-graduandos que pretendem um conhecimento amplo do Direito Financeiro.

Nesse sentido, o capítulo inicial apresenta uma abordagem sobre a atividade financeira do Estado e o Direito Financeiro, trazendo conceitos introdutórios, além de aspectos como fontes e a apresentação constitucional do tema. A seguir é analisado o orçamento público, de longe o tema mais cobrado em concursos públicos sobre a matéria, seja no aspecto relacionado aos princípios, seja quanto às leis orçamentárias ou mesmo aos chamados créditos adicionais.

Nos capítulos seguintes são abordadas as Despesas Públicas (capítulo 3), com especial atenção ao tema dos precatórios, e as Receitas Públicas (capítulo 4), destacando-se sempre, assim como em todo o livro, os principais dispositivos, sejam da Constituição da República de 1988, sejam da Lei de Responsabilidade Fiscal (Lei Complementar 101/2000), ou ainda da Lei 4.320/64, certamente as três normas mais importantes sobre o Direito Financeiro. Já no capítulo 5, optou-se por tratar, conjuntamente do crédito e da dívida pública, em razão da proximidade entre tais temas.

O capítulo 6, por sua vez, trata da fiscalização e do controle, com especial ênfase na atuação do Tribunal de Contas da União, assunto invariavelmente cobrado em questões relacionadas tanto a Direito Financeiro quanto a Direito Constitucional e, por vezes, Administrativo. A seguir, o capítulo 7 traz a estrutura do Sistema Financeiro Nacional, tema explorado tanto em Direito Econômico quanto em Direito Financeiro.

Ao final, buscando tornar este livro o mais completo possível, o último capítulo aborda os principais pontos de convergência entre o Direito Penal e o Direito Financeiro. Assim, são analisados tipos penais tanto do Código Penal (Crimes contra as finanças públicas), quanto da Lei 7.492/86 (Crimes contra o Sistema Financeiro Nacional). Uma última sessão do livro traz, ainda, a reunião das súmulas do STF, STJ e TCU relacionadas a Direito Financeiro.

O estudo, seja ele direcionado a concursos públicos, seja à vida acadêmica, representa uma jornada árdua e solitária, na qual nada supera o esforço individual na busca pelos objetivos traçados. Entretanto, a proximidade com pessoas que almejam as mesmas metas permite que essa trajetória seja menos penosa e cansativa, possibilitando o compartilhamento de experiências, de angústias e da ansiedade, natural desse período. Por essa razão, dedico este trabalho à memória do amigo Ricardo Nohra Simões, tão determinado nos estudos quanto no companheirismo. Infelizmente, quis o destino que sua missão como Juiz Federal fosse breve, mas seu exemplo será para sempre lembrado por uma geração, grata por sua amizade e cordialidade.

Por fim, agradeço à Editora JusPodivm e ao Prof. Leonardo Garcia pela confiança em me atribuir mais esse trabalho, de tamanha envergadura.

Aos leitores só me resta dizer que se chegaram até aqui é porque "já deu certo"!

Bons estudos e cordiais abraços!

Janeiro de 2018

Danilo Vieira Vilela
dvvilela@hotmail.com

Guia de leitura da Coleção

A Coleção foi elaborada com a metodologia que entendemos ser a mais apropriada para a preparação de concursos.

Nesse contexto, a Coleção contempla:

- **DOUTRINA OTIMIZADA PARA CONCURSOS**

Além de cada autor abordar, de maneira sistematizada, os assuntos triviais sobre cada matéria, são contemplados temas atuais, de suma importância para uma boa preparação para as provas.

> Muitos dos conceitos do nosso Direito Administrativo foram concebidos ainda no período do **Estado Liberal.** Outra parte desse ramo jurídico foi concebida durante o **Estado Social**. A concepção democrática, hoje pretendida, exige a acomodação dos conceitos e normas tradicionais ao novo paradigma constitucional (**Estado Democrático de Direito**), impondo uma *"outra qualidade de Estado"*.
>
> Perceber essa mutação no direito administrativo é um diferencial que auxilia no estudo da matéria e no desenvolvimento do jurista, sendo importante para a compreensão de algumas questões objetivas, além de essencial para questões suscitadas em provas subjetivas e orais, pelas melhores bancas.

- **ENTENDIMENTOS DO STF E STJ SOBRE OS PRINCIPAIS PONTOS**

> Segundo precedente do STF, é compatível com o princípio da impessoalidade, dispositivo de constituição Estadual que vede ao Estado e aos Municípios atribuir nome de pessoa viva a avenida, praça, rua, logradouro, ponte, reservatório de água, viaduto, praça de esporte, biblioteca, hospital, maternidade, edifício público, auditórios, cidades e salas de aula (STF, ADI 307/CE, rel. Min. Eros Grau, 13.2.2008).

• PALAVRAS-CHAVES EM OUTRA COR

As palavras mais importantes (palavras-chaves) são colocadas em outra cor para que o leitor consiga visualizá-las e memorizá-las mais facilmente.

> **Cargo** é o local criado por lei dentro do serviço público que possui atribuições, nomenclatura e remuneração próprias.
>
> O cargo público, por sua vez, subdivide-se em **cargo eletivo** e em **comissão.**

• QUADROS, TABELAS COMPARATIVAS, ESQUEMAS E DESENHOS

Com esta técnica, o leitor sintetiza e memoriza mais facilmente os principais assuntos tratados no livro.

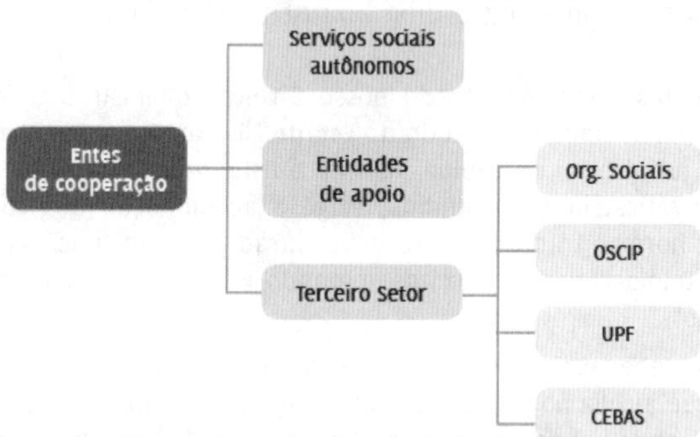

• QUESTÕES DE CONCURSOS NO DECORRER DO TEXTO

Por meio da seção *"Como esse assunto foi cobrado em concurso?"* é apresentado ao leitor como as principais organizadoras de concurso do país cobram o assunto nas provas.

> **▸ Como esse assunto foi cobrado em concurso**
>
> No concurso para provimento do cargo de Procurador do Estado do Ceará 2008, foi considerada incorreta a seguinte assertiva. *Ao criar uma autarquia, a administração pública apenas transfere a ela a execução de determinado serviço público, permanecendo com a titularidade desse serviço.*

Sumário

Capítulo 1

Atividade Financeira do Estado e Direito Financeiro

1. ATIVIDADE FINANCEIRA DO ESTADO. CONCEITO E OBJETO. DIREITO FINANCEIRO

O Estado é constituído por quatro elementos: povo, território, soberania (ou governo) e finalidade, sendo esta última caracterizada como a obtenção do bem comum de seu povo situado em seu território. Assim, o Estado desenvolve uma série de atividades administrativas com o escopo de garantir a satisfação de sua finalidade (ex. serviços públicos como saúde e educação e poder de polícia). Contudo, para que possa desenvolver tais atividades (**atividade-fim**), o Estado necessita recursos financeiros, daí a imprescindibilidade da atividade financeira (**atividade-meio**) de natureza instrumental que, nas clássicas palavras de Aliomar Baleeiro consiste **"em obter, criar, gerir e despender o dinheiro indispensável às necessidades, suja satisfação o Estado assumiu ou cometeu àqueloutras pessoas de direito público"** (1998, p. 4).

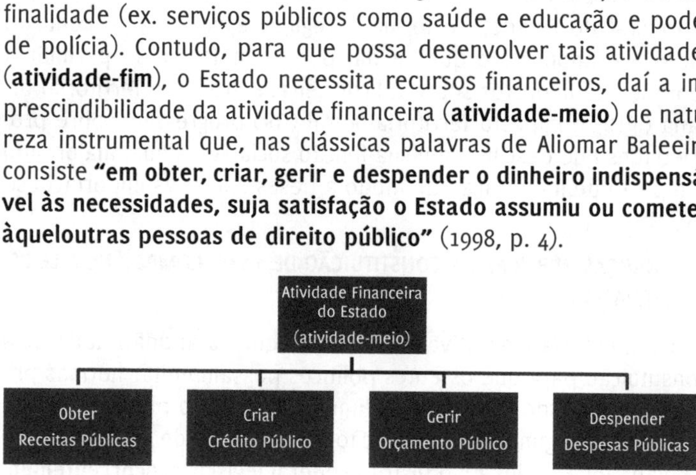

2. DIREITO FINANCEIRO

Para alguns autores, o Direito Financeiro pode ser definido como **"a disciplina jurídica da atividade financeira do Estado"** (OLIVEIRA, 2008, p. 84), diferindo-se, assim, da Ciência das Finanças, conceituada por Geraldo Ataliba como "um conjunto enciclopédico de conhecimentos e meditações sociológicos, políticos, econômicos, administrativos, psicológicos, etc., que servem de instrumentação política para o legislador" (1969, p. 50).

Também não se pode confundir o Direito Financeiro com o Direito Tributário já que este último regula apenas uma parte da atividade financeira do Estado, qual seja, a obtenção de receitas tributárias, ou seja, aquelas derivadas dos tributos.

Como a atividade financeira do Estado visa manter a sua atividade administrativa, o modelo de Estado adotado é que irá definir o volume das finanças públicas. Assim, em um Estado liberal a atividade financeira é bastante reduzida ou neutra, eis que não há a necessidade de atuar para a consecução de necessidades públicas, como saúde e educação.

Já em um Estado intervencionista, modelo adotado no Brasil pela Constituição da República de 1988, a atividade financeira do Estado conta com um caráter redistributivo exigindo, assim, uma atuação extrafiscal do Estado, de forma a regular e modificar o contexto social e econômico, o que se dá, por exemplo, ao se permitir a cobrança de Impostos sobre a Propriedade Predial e Territorial Urbana (IPTU) e Imposto Territorial Rural (ITR) progressivo sobre propriedades que descumpram sua função social, ou ainda, majorando o Imposto de Importação de modo a desestimular as importações.

3. FINANÇAS PÚBLICAS NA CONSTITUIÇÃO DE 1988. COMPETÊNCIA LEGISLATIVA

Competência legislativa nada mais é que "a aptidão dada pela Constituição para que os entes políticos possam editar normas primárias de acordo com o procedimento legislativo previsto" (LEITE, 2015, p. 41). Segundo a Constituição da República de 1988, compete à União, aos Estados e ao Distrito Federal legislar **concorrentemente** sobre direito financeiro e sobre orçamento, dentre outras matérias (art. 24, I).

Assim, no **"condomínio legislativo"** fixado pela Constituição, cabe à União estabelecer normas gerais sobre tais temas (art. 24, §1º da CRFB), entendendo-se como tais, "normas não exaustivas, leis-quadro, princípios amplos, que traçam um plano, sem descer a pormenores" (MENDES; COELHO; BRANCO, 2009, p. 871). Essa competência da União não exclui a competência dos Estados de estabelecer normas de caráter suplementar, conforme suas especificidades, de forma a suprir lacunas (art. 24, §2º da CRFB).

▸ **Qual o entendimento atual do STF sobre o assunto?**

"Se é certo, de um lado, que, nas hipóteses referidas no art. 24 da Constituição, a União Federal não dispõe de poderes ilimitados que lhe permitam transpor o âmbito das normas gerais para, assim, invadir, de modo inconstitucional, a esfera de competência normativa dos Estados-membros, não é menos exato, de outro, que o Estado-membro, em existindo normas gerais veiculadas em leis nacionais [...] não pode ultrapassar os limites da competência meramente suplementar, pois se tal ocorrer, o diploma legislativo estadual incidirá, diretamente, no vício da inconstitucionalidade. A edição, por determinado Estado-membro, de lei que contrarie, frontalmente, critérios mínimos legitimamente veiculados, em sede de normas gerais, pela União Federal ofende, de modo direto, o texto da Carta Política" (STF, ADI 2.903/PB, Rel. Min. Celso de Mello, Pleno, j. 01.12.2005, p. DJE 19.09.2008).

Observe-se, contudo, que, caso a União não edite a norma geral, os Estados exercerão a competência legislativa plena (art. 24, §3º da CRFB) até que sobrevenha a norma federal de caráter geral, o que resultará na suspensão da eficácia da lei estadual, naquilo que lhe for contrária (art. 24, §4º da CRFB). Ou seja, a lei federal superveniente não revoga e tampouco derroga a lei estadual naquilo que com ela for contraditória; esta apenas perderá sua aplicabilidade por ficar com a eficácia suspensa. Dessa forma, caso a lei federal venha a ser revogada, deixando um vazio de normas gerais, a lei estadual recobrará sua eficácia, passando outra vez a incidir plenamente (SILVA, 2009, p. 281).

Em relação à competência para legislar sobre orçamento merece destaque a lei 4.320/1964 editada pela União, com conteúdo geral. Por outro lado, há que se destacar que o Congresso Nacional, além de editar normas de caráter geral (leis nacionais), também tem competência para criar as normas federais, aplicáveis exclusivamente à União.

Já no que diz respeito aos Municípios, apesar de não estarem contemplados no *caput* do art. 24 da CRFB, também legislam em matéria de direito financeiro, já que o art. 30 da mesma Constituição atribui-lhes a competência para "legislar sobre assuntos de interesse local" (inciso I) - competência implícita, e "suplementar a legislação federal e a estadual no que couber" (inciso II). Apesar disso, a maioria da doutrina entende que os Municípios não possuem competência concorrente com a União, Estados e Distrito Federal, já que não é possível a edição de legislação suplementar municipal com conteúdo de normas gerais.

Contudo, muito cuidado em provas, pois o CESPE já considerou correta a possibilidade de os municípios legislarem sobre normas de direito financeiro concorrentemente com a União, o que, segundo Harrison Leite é possível levando-se em conta uma interpretação sistemática do texto constitucional, ainda que numa interpretação literal do art. 24 não seja identificável tal competência (2015, p. 44-45).

▸ Como esse assunto foi cobrado em concurso?

No Concurso do CESPE para Procurador Federal em 2010, foi considerado ERRADO o seguinte enunciado: "Os municípios **não** podem legislar sobre normas de direito financeiro concorrentemente com a União".

▸ Qual o entendimento atual do STF sobre o assunto?

"Lei federal 9.755/1998. Autorização para que o TCU crie sítio eletrônico denominado Contas Públicas para a divulgação de dados tributários e financeiros dos entes federados. [...] O sítio eletrônico gerenciado pelo TCU tem o escopo de reunir as informações tributárias e financeiras dos diversos entes da federação em um único portal, a fim de facilitar o acesso dessas informações pelo público. Os documentos elencados no art. 1º da legislação já são de publicação obrigatória nos veículos oficiais de imprensa dos diversos entes federados. A norma não cria nenhum ônus novo aos entes federativos na seara das finanças públicas, bem como não há em seu texto nenhum tipo de penalidade por descumprimento semelhante àquelas relativas às hipóteses de intervenção federal ou estadual previstas na CF, ou, ainda, às sanções estabelecidas na Lei de Responsabilidade Fiscal. Ausência de inconstitucionalidade formal por ofensa ao art. 163, I, da CF, o qual exige a edição de lei complementar para a regulação de matéria de finanças públicas. **Trata-se de norma geral voltada à publicidade das contas públicas, inserindo-se na esfera de abrangência do direito financeiro, sobre o qual compete à União legislar concorrentemente, nos temos do 24, I, da CF"** (ADI 2.198, Rel. Min. Dias Toffoli, j. 11.04.2013, p. DJE 19.08.2013).

▸ **Qual o entendimento atual do STF sobre o assunto?**

"A iniciativa de leis que versem sobre matéria tributária é concorrente entre o chefe do Poder Executivo e os membros do Legislativo. **A circunstância de as leis que versem sobre matéria tributária poderem repercutir no orçamento do ente federado não conduz à conclusão de que sua iniciativa é privativa do chefe do Executivo**" (RE 590.697 ED, Rel. Min. Ricardo Lewandowski, j. 23.08.2011, 2ªT, p. DJE 06.09.2011).

▸ **Qual o entendimento atual do STF sobre o assunto?**

"**Lei que institui incentivo fiscal para as empresas que contratarem apenados e egressos. Matéria de índole tributária e não orçamentária**" (ADI 3.512, Rel. Min. Eros Grau, j. 15.02.2006, p. DJ 23.06.2006).

▸ **Qual o entendimento atual do STF sobre o assunto?**

"A CB contemplou a técnica da competência legislativa concorrente entre a União, os Estados-membros e o Distrito Federal, cabendo à União estabelecer normas gerais e aos Estados-membros especificá-las. **É inconstitucional lei estadual que amplia definição estabelecida por texto federal, em matéria de competência concorrente**" (ADI 1.245, Rel. Min. Eros Grau, j. 06.04.2005, p. DJ 26.08.2005).

4. FONTES DO DIREITO FINANCEIRO

A **Constituição da República de 1988** é a principal fonte do Direito Financeiro. Assim, não obstante prever um capítulo específico relacionado às finanças públicas dentro do Título VI, referente à tributação e ao orçamento (arts. 163 a 169), o tema é objeto de artigos esparsos, a saber:

- Arts. 21, 23 e 30 → discriminação da despesa pública;
- Art. 31 → fiscalização dos municípios;
- Art. 52 → controle financeiro exercido pelo Senado Federal;
- Art. 70 a 75 → fiscalização contábil, financeira e orçamentária;
- Art. 99 → orçamento do Poder Judiciário;
- Art. 100 e arts. 33 e 78 do ADCT → precatórios judiciais;
- Art. 127 → orçamento do Ministério Público;

- Art. 130, §2º → orçamento da Defensoria Pública;
- Art. 157 a 162 → repartição das receitas tributárias;
- Art. 76 do ADCT → Desvinculação de Receitas da União, dos Estados, do Distrito Federal e dos Municípios (conforme EC 93, de 08.09.2016).

Por outro lado, a **lei complementar** também apresenta suma importância enquanto fonte do Direito Financeiro. Assim próprio texto constitucional em seu art. 165, §9º estabelece caber à lei complementar:

I. Dispor sobre o exercício financeiro, a vigência, os prazos, a elaboração e a organização do plano plurianual, da lei de diretrizes orçamentárias e da lei orçamentária anual;

II. Estabelecer normas de gestão financeira e patrimonial da administração direta e indireta bem como condições para a instituição e funcionamento de fundos;

III. Dispor sobre critérios para a execução equitativa, além de procedimentos que serão adotados quando houver impedimentos legais e técnicos, cumprimento de restos a pagar e limitação das programações de caráter obrigatório, para a realização do disposto no §11 do art. 166 (**conforme redação dada pela EC nº 86, de 2015**).

> ▸ **Importante**
>
> CRFB/88 Art. 163. Lei complementar disporá sobre:
>
> I. finanças públicas;
>
> II. dívida pública externa e interna, incluída a das autarquias, fundações e demais entidades controladas pelo Poder Público;
>
> III. concessão de garantias pelas entidades públicas;
>
> IV. emissão e resgate de títulos da dívida pública;
>
> V. fiscalização financeira da administração pública direta e indireta;
>
> VI. operações de câmbio realizadas por órgãos e entidades da União, dos Estados, do Distrito Federal e dos Municípios;
>
> VII. compatibilização das funções das instituições oficiais de crédito da União, resguardadas as características e condições operacionais plenas das voltadas ao desenvolvimento regional.

Há que se destacar que a lei complementar prevista pelo art. 165, §9º da CRFB/88 de forma a disciplinar sobre normas gerais de Direito Financeiro, até o presente não foi aprovada. Contudo, a **lei 4.320/1964**, originariamente uma lei ordinária aprovada durante a vigência da Constituição de 1946, foi **recepcionada pela Constituição da República de 1988 com status de lei complementar**, só podendo ser alterada ou revogada por outra lei complementar.

> ▸ **Qual o entendimento atual do STF sobre o assunto?**
>
> "A exigência de prévia lei complementar estabelecendo condições gerais para a instituição de fundos, como exige o art. 165, §9º, II, da Constituição, está suprida com a Lei nº 4.320, de 17.03.64, **recepcionada pela Constituição com status de lei complementar** [...]" (STF, ADI-MC 1.726/DF, Rel. Min. Maurício Corrêa, Pleno, j. 16.09.1998, p. 30.04.2004).

Há ainda a **Lei Complementar n. 101/2000**, que estabelece normas de finanças públicas voltadas para a responsabilidade na gestão fiscal, conhecida como Lei de Responsabilidade Fiscal (LRF). Assim como a lei 4.320/64, a LC 101/2000 é obrigatória para todos os entes federados, caracterizando-se, assim, como uma lei nacional. Por outro lado, a LRF não revogou a lei 4.320/64, apesar de a primeira ser aplicada em caso de conflitos entre ambas, o que se dá em razão do princípio da cronologia (art. 2º, §1º, do Decreto-lei 4.657/42 - LINDB).

> ▸ **Como esse assunto foi cobrado em concurso?**
>
> No Concurso da FMP para Procurador do Estado do Acre em 2017, foi considerado ERRADO o seguinte enunciado: "A Lei de Responsabilidade Fiscal (LC 101/2000) aplica-se somente à União, mas permite que os Estados e Municípios a adotem, desde que autorizados pelas respectivas casas legislativas".

Nos casos em que o texto constitucional não exige a edição de lei complementar, ou outro ato legislativo (como decretos legislativos ou resoluções), a disciplina legislativa dar-se-á através de leis ordinárias. Em matéria de Direito Financeiro isso ocorrerá em inúmeras hipóteses, tais como: autorização de transposição, remanejamento ou transferência de recursos de uma categoria de programação para outra ou de um órgão para outro (art. 167, VI da CR/88); autorização da utilização de recursos dos orçamentos fiscal e da seguridade social para suprir necessidade ou cobrir déficit de empresas, fundações e fundos (art. 167, VIII da CR/88) e autorização da instituição de fundos de qualquer natureza (art. 167, IX da CR/88), dentre outros.

> **Como esse assunto foi cobrado em concurso?**
>
> No Concurso do MPF para Procurador da República em 2015, esse tema foi cobrado em questão discursiva com o seguinte enunciado: "A Lei nº 4.320 de 17.03.1964 preconiza normas gerais de Direito Financeiro para elaboração e controle do orçamento e balanço da União, dos Estados, dos Municípios e do Distrito Federal. Nesse compasso, o que são normas gerais? (4 pontos). Exemplificar (4 pontos). Exaure esta Lei nº 4.320/64 todo o campo de atuação da Lei Complementar referida na Constituição Federal? (2 pontos). (Máximo de 20 linhas).

Já as **leis delegadas** (art. 68 da CR/88) não representam fonte relevante do Direito Financeiro, já que não podem versar sobre matéria reservada a lei complementar nem sobre planos plurianuais, diretrizes orçamentárias e orçamentos (RAMOS FILHO, 2017, p. 123).

> **Importante**
>
> Art. 68, §1º da CR/88: "Não serão objeto de delegação os atos de competência exclusiva do Congresso Nacional, os de competência privativa da Câmara dos Deputados ou do Senado Federal, a matéria reservada à lei complementar, nem a legislação sobre: [...] III – **planos plurianuais, diretrizes orçamentárias e orçamentos**".
>
> **Observação:** há que se destacar que o artigo mencionado não proibiu expressamente a delegação da legislação sobre créditos adicionais.

Da mesma forma, as **Medidas Provisórias** não podem ser consideradas fontes relevantes do Direito Financeiro já que o art. 62, §1º, I, d, da CR/88 expressamente proíbe que tais fontes sejam utilizadas para matérias relativas a planos plurianuais, diretrizes orçamentárias, orçamento e créditos adicionais. Assim, a utilização das Medidas Provisórias nessa disciplina restringe-se apenas à abertura de créditos extraordinários, conforme previsão contida no art. 167, §3º da CR/88: "A abertura de crédito extraordinário somente será admitida para atender a despesas imprevisíveis e urgentes, como as decorrentes de guerra, comoção interna ou calamidade pública, observado o disposto no artigo 62".

Por fim há que se ressaltar a importância das **Resoluções do Senado** em matéria de Direito Financeiro. Nesse sentido, conforme previsto no art. 52 da Constituição da República de 1988, cabe às Resoluções do Senado, dentre outros aspectos, autorizar operações financeiras externas de interesse dos entes federativos e fixar-lhes limites globais para o montante da dívida consolidada.

Harisson Leite divide as fontes do Direito Financeiro em fontes principais e fontes secundárias. Dentre as primeiras elenca a Constituição Federal, as Leis Complementares e Ordinárias, as Medidas Provisórias e a respectiva Jurisprudência sobre o uso das MPs. Já entre as fontes secundárias o autor aponta os Decretos, os Atos Normativos, as Decisões Administrativas e decisões judiciais, relacionadas à judicialização das políticas públicas (2015, p. 25-41).

▸ **Como esse assunto foi cobrado em concurso?**

No Concurso da FMP para Procurador do Estado do Acre em 2017, foi considerado ERRADO o seguinte enunciado: "O projeto de lei orçamentária anual, uma vez aprovado pela Assembleia Legislativa, é soberano perante qualquer outro diploma que trate do orçamento".

5. PRINCÍPIOS DO DIREITO FINANCEIRO

O que faz do Direito financeiro um ramo autônomo é a presença de princípios jurídicos específicos, não aplicáveis a outros ramos do Direito (HARADA, 2017, p. 17). Assim, em matérias como orçamentos e despesas públicas é comum a doutrina apontar princípios próprios do Direito Financeiro, conforme será destacado. Outrossim, há quem entenda haver princípios aplicáveis à disciplina como um todo.

Nesse sentido, para Marcelo Braghini (2016, p. 48-66) podem ser apontados como princípios gerais do Direito Financeiro:

- Princípio da legalidade;
- Princípio da economicidade; e
- Princípio da transparência;

Capítulo 2

Orçamento Público

1. ORIGEM E CONCEITO

No Estado absoluto, o Rei era o detentor da soberania. Assim, tido como um representante de Deus na Terra, o monarca era o proprietário de todo o patrimônio existente em suas terras, não se sujeitando a qualquer tipo de controle por parte dos seus súditos. Com o advento da democracia e a transformação dos súditos em cidadãos, a soberania transfere-se para o povo e a finalidade do Estado passa a ser a concretização de interesses coletivos. Dessa forma, o governante, seja ele um monarca ou um representante eleito, tem seu poder limitado, dentre outros, pela atuação do Poder Legislativo e do Poder Executivo.

Disso resulta a necessidade de se submeter aos representantes do povo a forma e os mecanismos através dos quais os tributos serão arrecadados e gastos, surgindo, dessa forma, a necessidade de se submeter uma proposta de orçamento ao Legislativo. Assim Valdecir Pascoal (2015, p. 17) aponta como marcos históricos dessa limitação:

- Na Inglaterra: Carta Magna de 1215, através da qual o povo se opõe à cobrança arbitrária de impostos, impondo ao Governo de João "Sem Terra" a autorização do Parlamento para a instituição de tributos;
- Nos EUA: em 1765 os colonos do Estado da Virgínia, através de Assembleia Nacional, estabelecem a necessidade de autorização do Parlamento para a criação de impostos;
- Na França: a Declaração de Direitos de 1789 efetiva a ideia de orçamento em seu art. 15º, ao estabelecer que "a sociedade tem o direito de pedir contas a todo agente público pela sua administração";

- No Brasil: a insatisfação da colônia em relação às cobranças de impostos gera revoltas populares, dentre as quais a Inconfidência Mineira, de 1789. Entretanto, o orçamento só seria previsto em 1824, com a primeira constituição brasileira, efetivando-se em 1830, com a primeira lei orçamentária do país.

Nessa esteira, o orçamento surge como um mero instrumento de previsão das receitas e fixação das despesas para um determinado período. Era, dessa forma, um "documento eminentemente contábil e financeiro, pois não se preocupava com o planejamento governamental nem com as efetivas necessidades da população. Era um orçamento estático" (PASCOAL, 2015, p. 17-18)

Entretanto, o conceito clássico de orçamento foi, progressivamente, incorporando aspectos dinâmicos das receitas e dos gastos públicos, sendo conceituado por Aliomar Baleeiro, como "o ato pelo qual o Poder Legislativo prevê e autoriza ao Poder Executivo, por certo período e em pormenor, as despesas destinadas ao funcionamento dos serviços públicos e outros fins adotados pela política econômica ou geral do país, assim como a arrecadação das receitas já criadas em lei" (1998, p. 411).

Já para Régis Fernandes de Oliveira e Estevão Hovarth o orçamento é a "lei periódica que contém previsão de receitas e fixação de despesas, programando a **vida econômica** e financeira do Estado, de cumprimento obrigatório, vinculativa do comportamento do agente público" (2003, p. 120). Nesse mesmo sentido, o art. 2º da lei 4.320/64 estabelece que a lei orçamentária conterá a discriminação da receita e despesa de forma a evidenciar a **política econômico-financeira e o programa de trabalho do Governo** [...]".

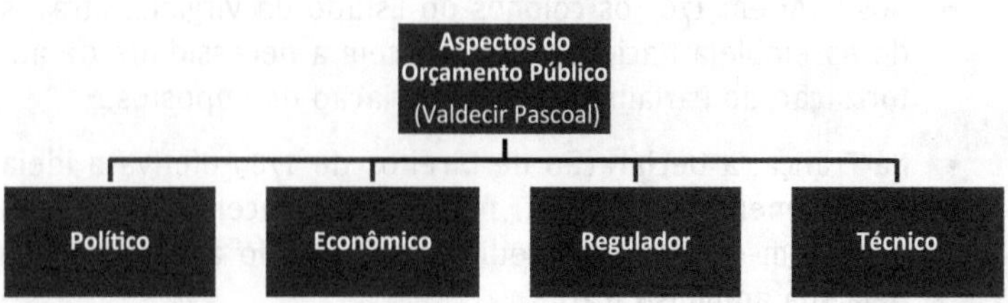

▸ **Como esse assunto foi cobrado em concurso?**

No Concurso do CESPE para Analista Judiciário do TRE/PE em 2017, foi considerado CERTO o seguinte enunciado: "O orçamento público é instrumento de transparência da gestão fiscal".

▸ **Como esse assunto foi cobrado em concurso?**

No Concurso da AOCP para Assistente Legislativo da Câmara de Maringá/PR em 2017, esse tema foi cobrado da seguinte forma: "Assinale a alternativa que corresponde às funções fiscais do Orçamento Público: a) alocativa, distributiva e financeira; b) reflexiva, estabilizadora e de segurança; c) interesse público, reguladora e financeira; d) alocativa, distributiva e estabilizadora; e) legalidade, moralidade e impessoalidade". Segundo o gabarito oficial, foi considerada correta a alternativa "b".

2. PRINCÍPIOS ORÇAMENTÁRIOS

Na clássica definição de Celso Antônio Bandeira de Mello, princípio deve ser compreendido como "mandamento nuclear de um sistema, verdadeiro alicerce dele, disposição fundamental que se irradia sobre diferentes normas compondo-lhes o espírito e servindo de critério para sua exata compreensão e inteligência exatamente por definir a lógica e a racionalidade do sistema normativo, no que lhe confere a tônica e lhe dá sentido harmônico" (2013, p.974-975). Ainda a respeito dos princípios, conclui o administrativista: "é o conhecimento dos princípios que preside a intelecção das diferentes partes componentes do todo unitário que há por nome sistema jurídico positivo" (2013, p.975).

O Governo Federal elaborou um Manual Técnico de Orçamento (MTO), o qual, a respeito dos princípios orçamentários, estabelece que "visam estabelecer regras básicas, a fim de conferir racionalidade, eficiência e transparência aos processos de elaboração, execução e controle do orçamento público. Válidos para todos os Poderes e para todos os entes federativos – União, Estados, Distrito Federal e Municípios -, são estabelecidos e disciplinados tanto por normas constitucionais e infraconstitucionais quanto pela doutrina" (BRASIL, 2017, p. 14).

2.1. Princípio da Legalidade ou reserva legal

O princípio da legalidade, inerente ao Estado Democrático de Direito, impõe a exigência de que as finanças públicas sejam disciplinadas mediante lei em sentido formal, como é o caso da aprovação dos orçamentos (art. 165, da CR/88) e da autorização de créditos suplementares e especiais.

> **▸ Importante**
>
> CR/88, Art. 165. Leis de iniciativa do Poder Executivo estabelecerão:
>
> I - o plano plurianual;
>
> II - as diretrizes orçamentárias;
>
> III - os orçamentos anuais.

> **▸ Como esse assunto foi cobrado em concurso?**
>
> No Concurso do CESPE para Juiz Federal da 2ª Região em 2012, foi considerado CERTO o seguinte enunciado: "O plano plurianual, as diretrizes orçamentárias e os orçamentos anuais integram o sistema orçamentário, sendo que as leis que versem sobre esses temas serão de iniciativa do Poder Executivo".

> **▸ Como esse assunto foi cobrado em concurso?**
>
> No Concurso do CESPE para Juiz Federal da 2ª Região em 2011, foi considerado CERTO o seguinte enunciado: "Pertence ao Poder Executivo a iniciativa das leis que estabeleçam o plano plurianual, as diretrizes orçamentárias e os orçamentos anuais".

Assim, o único instrumento que não a lei, apto a disciplinar a realização de gastos é a Medida Provisória na forma estabelecida pelo art. 167, §3º da CR/88. Por essa razão, o disposto no art. 107 da lei 4.320/64, que prevê que os orçamentos de autarquias e empresas estatais podem ser aprovados por Decreto do Poder Executivo, não foi recepcionado pela Constituição da República de 1988.

> **▸ Importante**
>
> Lei 4.320/64, art. 107, *caput* → **Não recepcionado pela CR/88**: As entidades autárquicas ou paraestatais, inclusive de previdência social ou investidas de delegação para arrecadação de contribuições parafiscais

da União, dos Estados, dos Municípios e do Distrito Federal, terão seus orçamentos aprovados por Decreto do Poder Executivo, salvo se disposição legal expressa determinar que o sejam pelo Poder Legislativo.

▸ **Como esse assunto foi cobrado em concurso?**

No Concurso do CESPE para Juiz Federal da 2ª Região em 2012, foi considerado ERRADO o seguinte enunciado: "Segundo o princípio da legalidade, a lei orçamentária anual não poderá conter dispositivos estranhos à previsão da receita e à fixação das despesas, incluindo-se nessa proibição a autorização para a abertura de crédito suplementar".

2.2. Princípio da Unidade

O princípio da unidade, previsto expressamente no art. 2º da lei 4.320/64, estabelece que o orçamento deve ser uno, devendo cada ente federativo elaborar apenas um único orçamento. Busca, dessa forma, evitar múltiplos orçamentos no âmbito de uma mesma pessoa jurídica facilitando, assim, o controle da atividade financeira estatal.

O texto constitucional de 1988, em seu art. 165, §5º determina que a lei orçamentária anual comportará três suborçamentos: o orçamento fiscal, o orçamento de investimentos e o orçamento da seguridade social. Contudo, segundo entendimento doutrinário e jurisprudencial, essa divisão não significa ofensa ao princípio da unidade já que o princípio não se preocupa com a unidade formal ou documental, mas sim com a unidade de orientação política (unidade substancial). "Tais leis, dito de outro modo, devem obrigatoriamente seguir a mesma diretriz, convergindo para o mesmo ponto, sendo inadmissível que uma lei contrarie a outra" (RAMOS FILHO, 2017, p. 466).

▸ **Importante**

Lei 4.320/64, art. 2º, *caput*. A Lei de Orçamento conterá a discriminação da receita e despesa de forma a evidenciar a política econômico-financeira e o programa de trabalho do Governo, obedecidos os **princípios de unidade, universalidade e anualidade.**

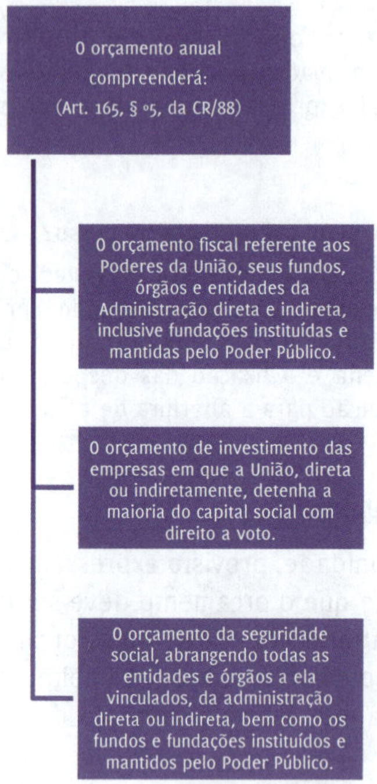

2.3. Princípio da Universalidade ou Totalidade

Assim como os princípios da unidade e da anualidade, o princípio da universalidade também conta com previsão expressa no art. 2º da lei 4.320/64, sendo referido de forma mais clara no art. 6º da mencionada lei.

> ▸ **Importante**
>
> Lei 4.320/64, art. 6º, *caput*. Todas as receitas e despesas constarão da Lei de Orçamento pelos seus totais, vedadas quaisquer deduções.

Há que se ter muito cuidado para não se confundir o princípio da universalidade com o da unidade, já que o fundamento constitucional de ambos encontra-se no §5º do art. 165. Assim, segundo Harrison Leite "enquanto o princípio da unidade se refere à unidade de programação ou de coerência, ainda que não necessariamente documental, o princípio da universalidade está ligado à ideia de o orçamento conter todas as receitas e todas as despesas da Administração" (2015, p. 75).

Segundo José Afonso da Silva (2005, p. 744), esse princípio compreende o "princípio do orçamento global", de forma que deve estar contemplado no orçamento, além das receitas e despesas, o programa orçamentário de cada órgão, com a projeção do plano de ação que o Governo pretende adotar na realização das despesas.

2.4. Princípio do Orçamento-Bruto

Segundo esse princípio, também extraído do *caput* do art. 6º da lei 4.320/64, todas as receitas e despesas constarão da Lei de Orçamento pelos seus totais, vedadas quaisquer deduções. Dessa forma, os entes que repassam partes dos tributos arrecadados para outros entes federativos, deverão fazer com que conste, na lei orçamentária, a totalidade do valor arrecadado, e não o valor líquido resultante após o repasse. Por outro lado, o valor repartido deverá contar apenas na parte das despesas.

> ▸ **Importante**
>
> Lei 4.320/64, art. 6º, §º1. As cotas de receitas que uma entidade pública deva transferir a outra incluir-se-ão, como despesa, no orçamento da entidade obrigada a transferência e, como receita, no orçamento da que as deva receber.

Ricardo Damasceno de Almeida e Marcelo Jucá Lisboa chamam a atenção para a necessidade de não se confundir o princípio do orçamento bruto com o da Discriminação. Segundo os autores, "o princípio da **discriminação (ou especialização ou especificação)** determina que as receitas e despesas devam ser especificadas, demonstrando a origem e a aplicação dos recursos. Já o princípio do **orçamento bruto** impede a inclusão apenas dos montantes líquidos e determina e inclusão de receitas e despesas pelos seus totais, não importando se o saldo líquido será positivo ou negativo" (2017, p. 95).

2.5. Princípio da Anualidade ou da Periodicidade orçamentária

Ao contrário da grande maioria das leis, as leis orçamentárias contam com vigência temporária, em razão de se tratarem de normas que estabelecem **previsões**, sujeitas, por sua vez, às oscilações das despesas e das receitas. Dessa forma, quanto menor o prazo de suas vigências, maiores serão as possibilidades de se mostrarem adequadas à realidade e, mais frequente serão submetidas à análise do Poder Legislativo. Por isso o orçamento deverá ter periodicidade anual (orçamento ânuo), correspondendo, atualmente, ao ano calendário, nos moldes do que prevê a lei 4.320/64: "O exercício financeiro coincidirá com o ano civil" (art. 34).

Também decorre desse princípio a necessidade de que os créditos adicionais tenham, como regra, vigência apenas no exercício financeiro em que foram abertos. "Assim, pelo princípio da anualidade orçamentária, as previsões das receitas e despesas públicas devem referir-se, sempre, a um período **limitado** de tempo" (RAMOS FILHO, 2017, p. 464).

Observe-se que a coexistência do Plano Plurianual (com vigor de 4 anos) com a Lei Orçamentária Anual não afasta o princípio da anualidade ou periodicidade orçamentária já que aquela reflete, tão-somente, programas que serão executados por meio da Lei Orçamentária Anual.

▸ Importante

Art. 48 da CR/88. Cabe ao Congresso Nacional, com a sanção do Presidente da República, não exigida esta para o especificado nos art. 49, 51 e 52, dispor sobre todas as matérias de competência da União, especialmente sobre:

[...]

II. o plano plurianual, diretrizes orçamentárias, **orçamento anual**, operações de crédito, dívida pública e emissões de curso forçado.

Art. 165 da CR/88. Leis de inciativa do Poder Executivo estabelecerão:

[...]

III. os orçamentos anuais.

Art. 167 da CR/88. São vedados:

I. o início de programas ou projetos não incluídos na **lei orçamentária anual**.

§1º Nenhum investimento cuja execução ultrapasse **um exercício financeiro** poderá ser iniciado sem prévia inclusão no plano plurianual, ou sem lei que autorize a inclusão, sob pena de crime de responsabilidade.

O princípio da anualidade supõe, dessa forma, o período de tempo de um ano, o que, nem sempre coincidiu com o ano civil. Assim, no Brasil essa prática de coincidência só foi incorporada em 1934, sendo, mais tarde, reproduzida pela lei 4.320/64. Contudo, nem todos os países seguem esse parâmetro. Por exemplo, na Alemanha o exercício financeiro dá-se de 1º de abril a 31 de março ao passo que nos EUA é de 1º de junho a 30 de julho (ALMEIDA; LISBOA, 2017, p. 166).

Destaque-se que o princípio da anualidade ou periodicidade orçamentária não se confunde com o princípio da anualidade tributária, não mais em vigor no sistema constitucional tributário brasileiro, segundo o qual "havia a necessidade de a lei tributária ser aprovada pela lei orçamentária, além de votada pelos integrantes do Poder Legislativo" (SABBAG, 2015, p. 93).

Atualmente entende-se que "mesmo após a aprovação do orçamento, os tributos podem ser majorados ou criados, de modo que a ausência da previsão da sua receita no orçamento não impede a sua cobrança no exercício seguinte. Dessa forma, para um tributo ser cobrado, basta observar os princípios tributários na sua criação e cobrança, e não os princípios orçamentários" (LEITE, 2015, p. 74).

> **Importante**
>
> STF, súmula n. 66. "É legítima a cobrança do tributo que houver sido aumentado após o orçamento, mas antes do início do respectivo exercício financeiro".

2.6. Princípio da Anterioridade ou da Precedência orçamentária

Segundo esse princípio, o orçamento deve ser aprovado antes do início do exercício financeiro a que servirá, o que, nem sempre é observado na prática já que, por diversas vezes, aconteceu de a Lei Orçamentária Anual ser promulgada e publicada já no exercício financeiro a que servirá.

Não há que se confundir o princípio da anterioridade ou da precedência orçamentária com o princípio da anterioridade tributária o qual veda à União, aos Estados, ao Distrito Federal e aos Municípios cobrar tributos no mesmo exercício financeiro em que haja sido publicada a lei que os instituiu ou aumentou, vedando a aplicação da lei instituidora ou majoradora do tributo sobre fatos ocorridos no mesmo exercício financeiro em que entrou em vigor de forma a permitir que o contribuinte programe, ano a ano, suas atividades econômicas, não sendo pego de surpresa, durante o exercício financeiro, com novas incidências fiscais (CARRAZZA, 2012, p. 210).

> ▸ **Importante**
>
> Art. 35, §2º, III, do ADCT. O projeto de lei orçamentária da União será encaminhado até quatro meses antes do encerramento do exercício financeiro e devolvido para sanção até o encerramento da sessão legislativa.

2.7. Princípio da Exclusividade

Com base nesse princípio, o orçamento não poderá conter dispositivo estranho à previsão de receita e à fixação de despesa, salvo exceções previstas no próprio texto constitucional e no art. 7º da lei 4.320/64. Busca-se, dessa forma, evitar a existência de "contrabando legislativo" ou das chamadas caudas orçamentárias ou rabilongos orçamentários (cavaleiros orçamentais no Direito de Portugal).

> ▸ **Como esse assunto foi cobrado em concurso?**
>
> No Concurso do CESPE para Juiz Federal da 5ª Região em 2012, foi considerado ERRADO o seguinte enunciado: "A CF não possui vedação expressa às chamadas caudas orçamentárias".

Assim, sobretudo em razão da tradicional extensão das leis orçamentárias, o legislador entendeu vedar expressamente a inserção de assuntos estranhos aos orçamentos. Observe-se que mesmo as exceções relacionam-se ao tema orçamentário. São elas: a) a abertura de crédito suplementar, quais seja, aqueles que destinam mais recursos para a realização de despesas já previstas na LOA, mas de forma insuficiente; e b) a realização de operações de créditos (empréstimos públicos).

Em verdade, apesar de esse tema ser tradicionalmente abordado no âmbito do Direito Financeiro, há que se destacar que, em razão da LC 95/98, deve-se entender como aplicável em todo o direito. Assim, ao disciplinar a elaboração, redação, alteração e a consolidação das leis, mencionada norma estabelece que "excetuadas as codificações, cada lei tratará de um único objeto" (art. 7º, I) e "a lei não conterá matéria estranha a seu objeto ou a este não vinculada por afinidade, pertinência ou conexão" (art. 7º, II).

▸ Importante

Art. 165, §8º. A lei orçamentária anual não conterá dispositivo estranho à previsão da receita e à fixação da despesa, não se incluindo na proibição a autorização para abertura de **créditos suplementares** e contratação de **operações de crédito** ainda que por antecipação de receita, nos termos da lei.

▸ Como esse assunto foi cobrado em concurso?

No Concurso da FAUEL para Advogado da Câmara de Maria Helena/PR em 2017, foi considerado CERTO o seguinte enunciado: "A Lei Orçamentária Anual (LOA) poderá conter autorização para abertura de créditos suplementares e contratação de operações de crédito, ainda que por antecipação de receita".

▸ Como esse assunto foi cobrado em concurso?

No Concurso da FAUEL para Advogado da Prefeitura de São José/PR em 2017, foi considerado CERTO o seguinte enunciado: "A lei orçamentária anual não conterá dispositivo estranho à previsão da receita e à fixação da despesa, não se incluindo na proibição a autorização para abertura de créditos suplementares e contratação de operações de crédito, ainda que por antecipação de receita, nos termos da lei".

▸ Qual o entendimento atual do STF sobre o assunto?

"Lei Estadual (RR) 503/2005, art. 55: alegação de contrariedade ao art. 165, §8º, da CF: improcedência. O dispositivo impugnado, que permite a contratação de operações de crédito por antecipação da receita, é compatível com a ressalva do §8º, do art. 165 da Constituição" (STF, ADI 3.652/RR, Rel. Min. Sepúlveda Pertence, Pleno, j. 19.12.2006, p. 16.03.2007)

▸ **Como esse assunto foi cobrado em concurso?**

No Concurso da FGV para Técnico de Nível Superior da Prefeitura de Salvador/BA em 2017, esse tema foi cobrado da seguinte forma: "O Art. 165, § 8°, da CRFB/88 estabelece que: "A lei orçamentária não conterá dispositivo estranho à previsão da receita e à fixação da despesa, não se incluindo na proibição a autorização para abertura de créditos suplementares e contratação de operações de crédito, ainda que por antecipação de receita, nos termos da lei". Assinale a opção que indica o princípio orçamentário descrito no texto acima: a) princípio da não afetação de receitas; b) princípio da equidade regional; c) princípio da exclusividade orçamentária; d) princípio do orçamento participativo; e) princípio da seletividade. Segundo o gabarito oficial, foi considerada correta a alternativa "c".

▸ **Como esse assunto foi cobrado em concurso?**

No Concurso da VUNESP para Advogado do Crbio/1ª Região em 2017, esse tema foi cobrado da seguinte forma: "Insculpido na Constituição Federal, é princípio orçamentário que proíbe que a lei orçamentária anual contenha dispositivo estranho à previsão da receita e à fixação da despesa e que excepciona de tal proibição a autorização para abertura de créditos suplementares e contratação de operações de crédito, ainda que por antecipação de receita, nos termos da lei. Trata-se do princípio da: a) anualidade; b) exclusividade; c) não vinculação; d) unidade; e) totalidade". Segundo o gabarito oficial, foi considerada correta a alternativa "b".

2.8. Princípio da Especialização, Especificação ou Discriminação

Esse princípio estabelece que a lei orçamentária não consignará dotações globais (orçamento genérico) destinadas a atender indiferentemente a despesas de pessoal, material, serviços de terceiros, transferências ou quaisquer outras. Dessa forma, as receitas e despesas "devem ser autorizadas em parcelas discriminadas e não englobadas, ou seja, as receitas e despesas devem ser classificadas com um nível tal de detalhamento que facilite a análise por parte de todos" (ALMEIDA; LISBOA, 2017, p. 92).

Assim, ante a impossibilidade de dotações globais, a Lei de Orçamento deverá prever uma discriminação da despesa, por unidade administrativa (Art. 13 da lei 4.320/64) ou, no mínimo, por elementos, entendendo-se estes como "o desdobramento da despesa com pessoal, material, serviços, obras e outros meios de que se serve a administração pública para a consecução dos seus fins" (Art. 15 da lei 4.320/64).

Dessa forma, a autorização do Poder Legislativo para as receitas e despesas deverá se dar não de forma genérica ou em bloco (global), mas de modo preciso e detalhado, conferindo, em decorrência, clareza e compreensão ao orçamento público, o que, dentre outras vantagens, contribui para melhor fiscalização do emprego das verbas públicas (RAMOS FILHO, 2017, p. 462).

> **Como esse assunto foi cobrado em concurso?**
>
> No Concurso do CESPE para Juiz Federal da 1ª Região em 2015, foi considerado CERTO o seguinte enunciado: "Na elaboração de lei orçamentária, é proibida a concessão de créditos sem limite de valor estabelecido".

A necessidade de se discriminar as despesas nas leis orçamentárias comporta duas exceções. Ou seja, casos em que é possível a dotação global (o que não significa dotação ilimitada). São eles:

a) Programas especiais de trabalho, também chamados de investimentos em regime de execução especial, quais sejam, aqueles que, em razão de sua singularidade, não podem ser detalhados, ou melhor, "aqueles que por sua natureza, não possam cumprir-se subordinadamente às normas gerais de execução da despesa" (art. 20, parágrafo único da lei 4.320/64); e

b) Reserva de contingência, destinada ao atendimento de passivos contingentes e outros riscos e eventos fiscais imprevistos, ou seja, verbas destinadas a despesas imprevistas e aquelas decorrentes de emergências (art. 5º, III, b, da LC 101/2000).

> **Importante**
>
> Art. 5º da lei 4.320/64. A Lei de Orçamento não **consignará dotações globais** destinadas a atender indiferentemente a despesas de pessoal, material, serviços de terceiros, transferências ou quaisquer outras, ressalvado o disposto no art. 20 e seu parágrafo único.
>
> Art. 5º, §4º da LC 101/2000. É vedado consignar na lei orçamentária crédito com finalidade imprecisa ou com dotação ilimitada.

▸ **Como esse assunto foi cobrado em concurso?**

No Concurso do CESPE para Analista Judiciário do TRE/PE em 2017, esse tema foi cobrado da seguinte forma: "O parágrafo único do artigo 20 da Lei n.° 4.320/1964, conforme o qual "os programas especiais de trabalho que, por sua natureza, não possam cumprir-se subordinadamente às normas gerais de execução da despesa, poderão ser custeados por dotações globais, classificadas entre as despesas de capital", constitui uma exceção ao princípio da: a) exclusividade; b) universalidade; c) unidade; d) periodicidade; e) especificação". Segundo o gabarito oficial, foi considerada correta a alternativa "e".

2.9. Princípio da Não-afetação ou Não-vinculação da Receita

O princípio da não-afetação ou da não vinculação da receita tem como pressuposto a ideia de que não pode ser criado **imposto** cuja receita seja vinculada a um fim específico, previamente estabelecido em lei. Dessa forma, os recursos públicos não podem ser destinados a gastos previamente determinados, evitando-se, assim, o engessamento das verbas públicas.

Há que se atentar para o fato de que a norma fala em **"impostos"**, e não em "tributos", circunstância que se adequa ao conceito de imposto previsto pelo Código Tributário Nacional, qual seja, "o tributo cuja obrigação tem por fato gerador uma situação independente de qualquer atividade estatal específica, relativa ao contribuinte" (art. 16). Assim, a proibição constitucional não alcança as demais espécies tributárias mas, tão-somente os impostos.

▸ **Qual o entendimento atual do STF sobre o assunto?**

"Ação direta de inconstitucionalidade. Custas judiciais e emolumentos extrajudiciais. Natureza tributária (taxa). Destinação parcial dos recursos oriundos da arrecadação desses valores a instituições privadas. Inadmissibilidade. Vinculação desses mesmos recursos ao custeio de atividades diversas daquelas cujo exercício justificou a instituição das espécies tributárias em referência. Descaracterização da função constitucional da taxa. [...] (STF, ADI 1.378-5/ES, Rel. Min. Celso de Mello, Pleno, j. 30.11.1995, p. 30.05.1997).

▸ **Como esse assunto foi cobrado em concurso?**

No Concurso do CESPE para Juiz Federal da 1ª Região em 2015, foi considerado ERRADO o seguinte enunciado: "Na definição de fontes de financiamento das despesas públicas, é proibida a vinculação a órgão, fundo ou despesa de receita derivada de taxa, empréstimo compulsório e contribuição de melhoria".

O objetivo do princípio é garantir "uma margem de manobra relativamente ampla (discricionariedade) ao Poder Executivo na aplicação dos recursos públicos", evitando-se, assim, uma ingerência tal do Poder Legislativo que possa representar uma violação ao princípio da separação de poderes (BRAGHINI, 2016, p.126)

▸ **Importante**

Art. 167, da CR/88. São vedados:

[...]

IV. a vinculação de receita de **impostos** a órgão, fundo ou despesa, ressalvadas a repartição do produto da arrecadação dos impostos a que se referem os arts. 158 e 159, a destinação de recursos para manutenção e desenvolvimento do ensino, como determinado pelo art. 212, e a prestação de garantias às operações de crédito por antecipação de receita, previstas no art. 165, §8º.

▸ **Qual o entendimento atual do STF sobre o assunto?**

"A receita de impostos compõe a reserva necessária para fazer frente a toda e qualquer despesa *uti universi*, não havendo que se presumir que a majoração do IOF tenha ocorrido necessariamente para repor a perda dos valores anteriormente arrecadados por meio da CPMF (STF, RE-Agr 800.282/SP, Rel. Min. Roberto Barroso, 1ª Turma, j. 10.02.2015, p. 06.03.2015)

No entender de Regis Fernandes de Oliveira, "o salutar princípio significa que não pode haver mutilação das verbas públicas. O Estado deve ter disponibilidade da massa de dinheiro arrecadado, destinando-o a quem quiser, dentro dos parâmetros que ele próprio elege como objetivos preferenciais. Não se pode colocar o Estado dentro de uma camisa de força, minguando seus recursos, para que os objetivos traçados não fiquem ou não venham a ser frustrados. Deve haver disponibilidade para agir" (2008, p. 337).

Da mesma forma que ocorre com a maioria dos princípios aqui abordados, o princípio da não-afetação também comporta exceções, permitindo-se a vinculação de receitas conforme quadro infra:

Casos em que se admite a vinculação de receitas	
Situação	**Fundamento constitucional**
Repartição constitucional de impostos	Arts. 158 e 159
Destinação de recursos para manutenção e desenvolvimento do ensino	Art. 212
Prestação de garantias às operações de crédito por antecipação de receita	Art. 165, §8º
Destinação de recursos para ações e serviços públicos de saúde	Art. 198, §2º
Destinação de recursos para a realização de atividades da administração tributária	Art. 37, XXII
Garantia, contragarantia à União e pagamento de débitos para com esta	Art. 167, §4º
Vinculação pelos Estados e DF, de até 0,5% de sua receita tributária líquida a programa de apoio à inclusão e promoção social	Art. 204, parágrafo único
Vinculação pelos Estados e DF, de até 0,5% de sua receita tributária líquida a fundo estadual de fomento à cultura, para o financiamento de programas e projetos culturais	Art. 216, §6º

Considerando o fato de que a previsão do princípio da não-vinculação é de natureza constitucional, as exceções também devem contar com *status* constitucional, conforme destacado no quadro supra. Da mesma forma, a disciplina da **Desvinculação de Receitas da União (DRU)**, também se deu mediante previsão constitucional.

Inicialmente prevista como "Fundo Nacional de Emergência" (Emenda de Revisão n. 1/93), após sucessivas disciplinas (EC 27/2000, EC 42/2003, EC 56/2007, EC 59/2009 e EC 68/2011) a DRU teve, em 2016, sua última prorrogação, conforme redação dada pela EC 93 de 08 de setembro de 2016 que, além de ampliar a desvinculação para 30% (trinta por cento), gerou efeitos retroativos a 1º de janeiro de 2016 e estende-a aos Estados, Distrito Federal e Municípios até 31 de dezembro de 2023 (ADCT, arts. 76, 76-A e 76-B). Considerando ser um tema que recentemente passou por alteração, o candidato deve ficar muito atento ao estudo da DRU, já que, certamente, será cobrada nos próximos concursos.

> **Importante**
>
> Art. 76 do ADCT (EC 93/2016). São desvinculados de órgão, fundo ou despesa, até 31 de dezembro de 2023, 30% (trinta por cento) da arrecadação da União relativa às contribuições sociais, sem prejuízo do pagamento das despesas do Regime Geral da Previdência Social, às contribuições de intervenção no domínio econômico e às taxas, já instituídas ou que vierem a ser criadas até a referida data.
>
> §1º (Revogado)
>
> §2º Excetua-se da desvinculação de que trata do *caput* a arrecadação da contribuição social do salário-educação a que se refere o §5º do art. 212 da Constituição Federal.
>
> §3º Revogado

2.10. Princípio da Proibição do Estorno de Verbas

Esse princípio veda a realocação dos recursos orçamentários de uma categoria de programação para outra ou de um órgão para outro, sem a prévia autorização do Poder Legislativo. Assim, sendo o orçamento aprovado em forma de lei, eventuais alterações somente poderiam produzir efeitos mediante nova manifestação legislativa.

Cumpre destacar que tradicionalmente as constituições anteriores a 1988 traziam de maneira expressa a vedação ao estorno de verbas (ex. art. 64, §1º, "a", da CR/67), disso surgindo o princípio. Contudo, em 1988 o legislador constituinte originário optou por substituir a expressão "estorno de verbas" por "transposição, remanejamento ou a transferência", conferindo-lhe maior alcance.

> **Importante**
>
> Art. 167, da CR/88. São vedados:
>
> [...]
>
> VI. a transposição, o remanejamento ou a transferência de recursos de uma categoria de programação para outra ou de um órgão para outro, sem prévia autorização legislativa;
>
> VIII. a utilização, sem autorização legislativa específica, de recursos dos orçamentos fiscal e da seguridade social para suprir necessidade ou cobrir déficit de empresas, fundações e fundos, inclusive dos mencionados no art. 165, §5º.

ATENÇÃO: A Emenda Constitucional n. 85 de 2015 trouxe uma **exceção ao princípio da proibição do estorno de verbas** ao acrescentar o §5º no art. 167 da CR/88, segundo o qual "**A transposição, o remanejamento ou a transferência de recursos de uma categoria de programação para outra poderão ser admitidos, no âmbito das atividades de ciência, tecnologia e inovação**, com o objetivo de viabilizar os resultados de projetos restritos a essas funções, mediante **ato do Poder Executivo, sem necessidade da prévia autorização legislativa** prevista no inciso VI deste artigo".

Por outro lado, o inciso XI do art. 167 da CR/88 determina ser terminantemente vedada a utilização dos recursos provenientes das contribuições sociais de que trata o art. 195, I "a" e II (do empregador e do empregado), para a realização de despesas distintas do pagamento de benefícios do regime geral de previdência social de que trata o art. 201. Nesse caso, segundo Valdecir Pascoal, "a vedação não comporta exceção, ou seja, nenhuma lei, ordinária ou complementar, poderia autorizar o uso desses recursos para outro fim" (2015, p. 33).

▸ **Como esse assunto foi cobrado em concurso?**

No Concurso do CESPE para Juiz Federal da 1ª Região em 2015, foi considerado ERRADO o seguinte enunciado: "Para a realização de despesas distintas do pagamento de benefícios do RGPS, é proibida a utilização de recursos arrecadados a título de contribuição social sobre o lucro líquido das empresas".

A doutrina vem apresentando as diferenças entre tais expressões a partir do trabalho de José de Ribamar Caldas Furtado, Conselheiro do Tribunal de Contas do Estado do Maranhão, em trabalho publicado na Revista do TCU (2005, p. 31):

a) **Remanejamentos** são realocações na organização de um ente público, com destinação de recursos de um órgão para outro. Podem ocorrer, por exemplo, em uma reforma administrativa. A extinção de um órgão pode levar a Administração a decidir pelas realocações das atividades, inclusive dos respectivos programas de trabalho, recursos físicos e orçamentários, para outros órgãos, sejam da administração direta, sejam da administração indireta. Nesse caso, não cabe a abertura de crédito adicional especial para cobertura de novas despesas, uma vez que as atividades já existem, inclusive os respectivos recursos não-financeiros. Entretanto, se houver a necessidade da criação de um cargo novo, a Administração deverá providenciar a abertura de um crédito adicional para atender a essa despesa;

b) **Transposições** são realocações no âmbito dos programas de trabalho, dentro do mesmo órgão. Pode acontecer que a administração da entidade governamental resolva não construir a estrada vicinal, já programada e incluída no orçamento, cujo projeto original se pretende que seja ampliado. Nesse caso, basta que a lei autorize a realocação dos recursos orçamentários do primeiro para o segundo projeto;

c) **Transferências** são realocações de recursos entre as categorias econômicas de despesas, dentro do mesmo órgão e do mesmo programa de trabalho. Ou seja, repriorizações dos gastos a serem efetuados. Pode ocorrer que a administração do ente governamental tenha que decidir entre realocar recursos para a manutenção de uma maternidade ou adquirir um novo computador para o setor administrativo dessa maternidade, que funciona relativamente bem, ainda que utilizando computadores antigos. A opção por recursos para a manutenção da maternidade se efetivará através de uma transferência, que não se deve confundir com anulações, parciais ou totais, de dotações para abrir crédito adicional especial. Nas transferências, as atividades envolvidas continuam em franca execução; nos créditos adicionais especiais ocorre a implantação de uma atividade nova.

2.11. Princípio do Equilíbrio Orçamentário

O equilíbrio orçamentário, apesar de não constar expressamente do texto constitucional, é um corolário da Lei de Responsabilidade Fiscal (LC 101/2000), segundo o qual as despesas previstas nas leis orçamentárias não podem ser superiores às respectivas receitas.

> **Importante**
>
> Art. 167, da CR/88. São vedados:
>
> [...]
>
> III. a realização de operações de créditos que excedam o montante das despesas de capital, ressalvadas as autorizadas mediante créditos suplementares ou especiais com finalidade precisa, aprovados pelo Poder Legislativo por maioria absoluta.

Assim, tradicionalmente o equilíbrio orçamentário é apresentado como característica essencial do orçamento de forma que deva haver igualdade entre as receitas e as despesas (aspecto contábil). Contudo, a crise de 1929, da qual resulta uma maior intervenção do Estado na ordem econômica, conduziu a uma nova forma de se interpretar tal princípio de forma que hoje "o equilíbrio não está mais jungido à premissa de que só pode haver gasto na proporção da receita, mas que pode haver gasto até maior do que a receita, desde que os empréstimos realizados e os investimentos feitos permitam haver capacidade de pagamento da dívida, sua amortização ou seus juros, dentro de uma realidade particular de cada Estado" (LEITE, 2015, p. 73), caracterizando, assim, o aspecto econômico do princípio de forma a se permitir, "em certas conjunturas, um orçamento deficitário ou desequilibrado em que o gasto público, também financiado por operações de crédito, será um instrumento de combate à recessão e à depressão econômica" (PASCOAL, 2015, p. 34)

> **Importante**
>
> Art. 52 da CR/88. Compete privativamente ao Senado Federal:
>
> [...]
>
> VI. fixar, por proposta do Presidente da República, limites globais para o montante da dívida consolidada da União, dos Estados, do Distrito Federal e dos Municípios;
>
> VII. dispor sobre limites globais e condições para as operações de crédito externo e interno da União, dos Estados, do Distrito Federal e dos Municípios, de suas autarquias e demais entidades controladas pelo Poder Público federal;
>
> IX. estabelecer limites globais e condições para o montante da dívida mobiliária dos Estados, do Distrito Federal e dos Municípios.
>
> Art. 195, §5ºda CR/88. Nenhum benefício ou serviço da seguridade social poderá ser criado, majorado ou estendido sem a correspondente fonte de custeio social.

▸ **Como esse assunto foi cobrado em concurso?**

No Concurso da VUNESP para Advogado da Prefeitura de Porto Ferreira/SP em 2017, esse tema foi cobrado da seguinte forma: "Proíbe a Constituição Federal a realização de operações de créditos que excedam o montante das despesas de capital, ressalvadas as autorizadas mediante créditos suplementares ou especiais com finalidade precisa, aprovados pelo Poder Legislativo por maioria absoluta. Referida vedação traduz-se no princípio orçamentário: a) da especialidade; b) do acúmulo; c) do equilíbrio; d) da exclusividade; e) da prioridade". Segundo o gabarito oficial, foi considerada correta a alternativa "c".

▸ **Como esse assunto foi cobrado em concurso?**

No Concurso do CESPE para AGU em 2008, foi considerado CERTO o seguinte enunciado: "O equilíbrio formal do projeto de Lei do Orçamento (total de receita nominal igual ao total da despesa nominal), que o Poder Executivo encaminha para o exame e aprovação do Poder Legislativo, é uma premissa básica de finanças públicas que não consta de norma constitucional expressa".

2.12. Princípio da Programação

O princípio da programação relaciona-se à aplicação racional dos recursos, de forma que o orçamento deve ter forma e conteúdo de programação. Assim, "o orçamento deve relacionar os programas de trabalho do Governo enfatizando as metas e os objetivos a serem alcançados", daí decorrendo que os planos e programas nacionais, regionais e setoriais previstos na Constituição deverão ser elaborados em conformidade com o Plano Plurianual (PASCOAL, 2015, p. 34). Nessa esteira a Portaria n. 42, de 14 de abril de 1999, do Ministério do Orçamento e Gestão estabelece que Programa é "o instrumento de organização da ação governamental visando à concretização dos objetivos pretendidos, sendo mensurado por indicadores estabelecidos no plano plurianual".

▸ **Importante**

Art. 18 do Decreto-lei 200/67. Toda atividade deverá ajustar-se à programação governamental e ao orçamento-programa e os compromissos financeiros só poderão ser assumidos em consonância com a programação financeira de desembolso.

2.13. Princípio da Unidade de Tesouraria (ou Unidade de Caixa)

Esse princípio, pouco abordado pela doutrina, é apresentado por Harrison Leite como a necessidade de que todo recurso carreado ao erário, de caráter originário ou derivado, ordinário ou extraordinário, de natureza orçamentária ou extra-orçamentária, geral ou vinculado, seja alocado em uma única conta, a fim de facilitar a gerência dos mesmos visando-se, com isso, a uma maior organicidade das contas públicas. Assim, "há uma Conta Única do Tesouro, mantida junto ao Banco Central do Brasil e operacionalizada por intermédio do Banco do Brasil, cuja finalidade é confrontar, de forma unificada, os totais de receitas e despesas, a fim de apurar o equilíbrio das contas" (2015, p. 86-87).

> **▸ Importante**
>
> Art. 56 da lei 4.320/64. O acolhimento de todas as receitas far-se-á em estrita observância ao princípio de unidade de tesouraria, vedada qualquer fragmentação para criação de caixas especiais.
>
> Art. 164, §3º da CR/88. As disponibilidades de caixa da União serão depositadas no banco central; as dos Estados, do Distrito Federal, dos Municípios e dos órgãos ou entidades do Poder Público e das empresas por ele controladas, em instituições financeiras oficiais, ressalvados os casos previstos em lei.

> **▸ Qual o entendimento atual do STF sobre o assunto?**
>
> "O depósito de salário ou de remuneração de servidor público em instituição financeira privada não afronta o artigo 164, §3º, da Constituição Federal, pois não se enquadra no conceito de disponibilidade de caixa" (STF, Ag-Reg no AI 837.677/MA, Rel. Min. Rosa Weber, 1ª Turma, j. 03.04.2012, p. 08.05.2012).

2.14. Princípio da Transparência ou Publicidade

O princípio da publicidade está expressamente previsto no art. 37 da Constituição da República de 1988, de forma a garantir a credibilidade das ações públicas por meio da transparência, afinal de contas é pela publicidade que os cidadãos têm conhecimento das ações dos administradores no trato da coisa pública. Assim, a obediência ao princípio da publicidade tem duas facetas complementares: "(1) o direito de os administrados terem acesso a informações de interesse particular ou coletivo; e (2) o dever de a Administração Pública dar publicidade de atos e contratos administrativos" (NOHARA, 2015, p. 14).

Apesar de não haver nenhuma previsão expressa em relação à aplicação do princípio da publicidade ao Direito Financeiro, é isso que se pode entender, por exemplo, da leitura do artigo 162 da Constituição da República, bem como do art. 49 da Lei de Responsabilidade Fiscal.

Importante

Art. 162, da CR/88. A União, os Estados, o Distrito Federal e os Municípios divulgarão, até o último dia do mês subsequente ao da arrecadação, os montantes de cada um dos tributos arrecadados, os recursos recebidos, os valores de origem tributária entregues e a entregar e a expressão numérica dos critérios de rateio.

Parágrafo único. Os dados divulgados pela União serão discriminados por Estado e por Município; os dos Estados, por Município.

Art. 49, da LRF (LC 101/2000). As contas apresentadas pelo Chefe do Poder Executivo ficarão disponíveis durante todo o exercício, no respectivo Poder Legislativo e no órgão técnico responsável pela sua elaboração, para consulta e apreciação pelos cidadãos e instituições da sociedade.

Como esse assunto foi cobrado em concurso?

No Concurso do MP/PR para Promotor de Justiça substituto em 2017, foi considerado ERRADO o seguinte enunciado: "Normas de transparência da gestão fiscal não foram expressamente contempladas na Lei de Responsabilidade Fiscal".

Da mesma forma é possível vislumbrar a presença do princípio da publicidade ou transparência em outros dispositivos constitucionais, tais como no art. 31, §3º segundo o qual "as contas dos Municípios ficarão, durante 60 dias, anualmente, à disposição de qualquer contribuinte, para exame e apreciação, o qual poderá questionar-lhes a legitimidade, nos temos da lei"; no art. 72, §4º ao estabelecer que "qualquer cidadão, partido político, associação ou sindicato é parte legítima para, na forma da lei, denunciar irregularidades ou ilegalidades perante o Tribunal de Contas da União"; e ainda no art. 165, §3º que exige do Poder Executivo a publicação de relatório resumido da execução orçamentária em até 30 dias após o encerramento de cada bimestre.

Também na Lei de Responsabilidade Fiscal o princípio é encontrado em outros artigos. Assim, após a LC 109/09, o art. 48 passou a ter a seguinte redação:

> Art. 48. São **instrumentos de transparência da gestão fiscal**, aos quais será dada ampla divulgação, inclusive em meios eletrônicos de acesso público: **os planos, orçamentos e leis de diretrizes orçamentárias, as prestações de contas e o respectivo parecer prévio; o Relatório Resumido da Execução Orçamentária e o Relatório de Gestão Fiscal**; e as versões simplificadas desses documentos.
>
> Parágrafo único. A transparência será assegurada também mediante:
>
> I - Incentivo à participação popular e realização de audiências públicas, durante os processos de elaboração e discussão dos planos, lei de diretrizes orçamentárias e orçamentos;
>
> II - liberação ao pleno conhecimento e acompanhamento da sociedade, em tempo real, de informações pormenorizadas sobre a execução orçamentária e financeira, em meios eletrônicos de acesso público;
>
> III - adoção de sistema integrado de administração financeira e controle, que atenda a padrão mínimo de qualidade estabelecido pelo Poder Executivo da União e ao disposto no art. 48-A.
>
> Art. 48-A. Para os fins a que se refere o inciso II do parágrafo único do art. 48, **os entes da Federação disponibilizarão a qualquer pessoa física ou jurídica o acesso a informações** referentes a:
>
> I - quanto à despesa: todos os atos praticados pelas unidades gestoras no decorrer da execução da despesa, no momento de sua realização, com a disponibilização mínima dos dados referentes ao número do correspondente processo, ao bem fornecido ou ao serviço prestado, à pessoa física ou jurídica beneficiária do pagamento e, quando for o caso, ao procedimento licitatório realizado;

II – quanto à receita: o lançamento e o recebimento de toda a receita das unidades gestoras, inclusive referente a recursos extraordinários.

▸ **Como esse assunto foi cobrado em concurso?**

No Concurso do TRE/PE para Analista Judiciário em 2017, foi considerado ERRADO o seguinte enunciado: "O Sistema Integrado de Administração Financeira do governo federal permite o acompanhamento orçamentário, por meio de dados físicos e financeiros dos subtítulos das ações".

3. ESPÉCIES DE ORÇAMENTOS

Tradicionalmente o orçamento era tratado com uma mera peça contábil, sem qualquer vinculação a objetivos ou metas, sendo, por esse motivo, chamado de **orçamento tradicional ou orçamento por objeto**. James Giacomoni, referência da doutrina no estudo das espécies de orçamentos, afirma que nessa modalidade de orçamento "as despesas são autorizadas segundo o objeto (natureza) do gasto: salários, combustíveis, suprimentos de escritório, serviços prestados por terceiros, equipamentos etc" (2017, p. 172). Ainda segundo o autor, essa é a forma de orçamento mais utilizada em razão das facilidades que proporciona tanto aos participantes do processo de elaboração, quanto aos controladores. No mais, apesar de conviver com outras classificações, o objeto (ou elemento, no modelo brasileiro) é necessário ao controle analítico dos gastos e, também, à apuração de custos (GIACOMONI, 2017, p. 172).

Outra espécie apresentada pela doutrina é o orçamento executivo, qual seja, aquele cuja elaboração se dá pelo Poder Executivo, o que passou a ocorrer, nos EUA, com a Lei de Orçamento e Contabilidade (*Budget and Accounting Act*) de 1921. Até então o orçamento era elaborado pelo Legislativo (GIACOMONI, 2017, p. 172).

Também dos EUA decorre o surgimento do chamado **orçamento de desempenho**, (*performance budget*), espécie de orçamento que "apenas estima e autoriza as despesas pelos produtos finais a obter ou tarefas a realizar, com ênfase limitada no resultado, sem vinculação a um programa ou planejamento governamental central das ações do governo" (LEITE, 2015, p.68). Não há que se falar, portanto, em vinculação entre planejamento e orçamento.

Modernamente países da América Latina, dentre outros, têm se pautado pela ideia de **Orçamento-programa**, conjunto de disposições e conceitos técnicos sistematizados originalmente, em 1959, pela Organização das Nações Unidas (ONU). Pode ser considerada uma evolução dos modelos orçamentários anteriores e caracteriza-se pela vinculação ao planejamento estatal, de forma a privilegiar o alcance de resultados previamente definidos em um plano de governo.

O **orçamento-programa é o modelo adotado no Brasil pela lei 4.320/64** tendo, segundo James Giacomoni (2017, p. 174), os seguintes elementos essenciais:

a) Os **objetivos e propósitos** perseguidos pela instituição e para cuja consecução são utilizados os recursos orçamentários;

b) Os **programas**, isto é, os instrumentos de integração dos esforços governamentais no sentido da concretização dos objetivos;

c) Os **custos** dos programas medidos por meio da identificação dos meios ou insumos (pessoal, material, equipamentos, serviços, etc) necessários para a obtenção dos resultados; e

d) **Medidas de desempenho** com a finalidade de medir as realizações (produto final) e os esforços despendidos na execução dos programas.

Principais diferenças entre o orçamento tradicional e o orçamento-programa (GIACOMONI, 2017, p. 178)	
Orçamento tradicional	**Orçamento-programa**
1. O processo orçamentário é dissociado dos processos de planejamento e programação	1. O orçamento é o elo entre o planejamento e as funções executivas da organização
2. A alocação de recursos visa à aquisição de meios	2. A alocação de recursos visa à consecução de objetivos e metas
3. As decisões orçamentárias são tomadas tendo em vista as necessidades das unidades organizacionais	3. As decisões orçamentárias são tomadas com base em avaliações e análises técnicas das alternativas possíveis

Principais diferenças entre o orçamento tradicional e o orçamento-programa (GIACOMONI, 2017, p. 178)	
Orçamento tradicional	**Orçamento-programa**
4. Na elaboração do orçamento são consideradas as necessidades financeiras das unidades organizacionais	4. Na elaboração do orçamento são considerados todos os custos dos programas, inclusive os que extrapolam o exercício
5. A estrutura do orçamento dá ênfase aos aspectos contábeis de gestão;	5. A estrutura do orçamento está voltada para os aspectos administrativos e de planejamento
6. Principais critérios classificatórios: unidades administrativas e elementos	6. Principal critério de classificação: funcional-programático
7. Inexistem sistemas de acompanhamento e medição do trabalho, assim como dos resultados	7. Utilização sistemática de indicadores de medição do trabalho e dos resultados
8. O controle visa avaliar a honestidade dos agentes governamentais e a legalidade no cumprimento do orçamento	8. O controle visa avaliar a eficiência, a eficácia e a efetividade das ações governamentais

Harrison Leite chama a atenção para o fato de que o orçamento-programa pode ser elaborado mediante a utilização de uma técnica denominada **base zero ou por estratégia**, a qual consiste "num método em que todo recurso solicitado é criticamente analisado a fim de que, quando da elaboração da proposta orçamentária, haja um real questionamento dos recursos nas respectivas áreas, sem qualquer compromisso com um montante inicial de dotação". Dessa forma, "cada órgão que solicita recurso deve justificar os seus gastos sem utilizar o montante do exercício anterior como parâmetro para valor inicial mínimo" (2015, p. 68).

Régis Fernandes de Oliveira, por outro lado, classifica de outra forma os orçamentos. Assim, para o autor, as espécies orçamentárias podem ser apontadas analisando-se seu conteúdo, ou seja, sobre aquilo que dispõe o projeto de lei. Dessa forma, existem os tipos (plano plurianual, diretrizes orçamentárias e orçamento anual) e as espécies (orçamento fiscal, o de investimento e o de seguridade social) (2008, p. 304).

Assim, o orçamento fiscal, contém o que se arrecada e o que se gasta, caracterizando-se como mera peça financeira de receita e despesa, sem qualquer tipo de incursão sobre os interesses em jogo, devendo conter, conforme preconizado pelo art. 165, I, §5º da CRFB/88, toda a arrecadação "referente aos Poderes da União, seus fundos, órgãos e entidades da administração direta e indireta, inclusive fundações instituídas e mantidas pelo Poder Público" (OLIVEIRA, 2008, p. 304).

Por outro lado, o orçamento de investimento deverá abranger "o orçamento de investimento das empresas em que a União, direta ou indiretamente, detenha a maioria do capital social com direito a voto" (art. 165, II, §5º da CRFB/88). Já o orçamento da seguridade social abrange "todas as entidades e órgãos a ela vinculados, da administração direta ou indireta, bem como os fundos e fundações instituídos e mantidos pelo Poder Público" (art. 165, III, §5º da CRFB/88).

▸ **Como esse assunto foi cobrado em concurso?**

No Concurso do CESPE para Juiz Federal da 1ª Região em 2013, foi considerado ERRADO o seguinte enunciado: "A redução das desigualdades inter-regionais, de acordo com critério populacional, inclui-se entre as funções obrigatórias do orçamento da seguridade social".

4. NATUREZA JURÍDICA

Historicamente alguns autores, como Léon Duguit, chegaram a classificar o orçamento como um mero ato administrativo (em relação às despesas) e lei em sentido material (em relação à arrecadação de tributos). Outros, por sua vez, como Gaston Jèze, classificaram-no como um ato condição, qual seja, um ato administrativo necessário à realização dos gastos e à obtenção das receitas.

Contudo, no direito brasileiro atual, o orçamento é, majoritariamente, apontado como lei em sentido formal, já que não cria direitos subjetivos e tampouco modifica leis financeiras ou tributárias, mas prevê receitas públicas e autoriza os gastos.

Justamente pelo fato de apenas autorizar, mas não impor os gastos públicos é que o orçamento é considerado apenas autorizativo (e não impositivo). Dessa forma, "os gestores só podem realizar as despesas que estejam previstas no orçamento, mas a efetivação das despesas não é obrigatória só pelo fato de estarem projetadas no orçamento" (PASCOAL, 2015, p. 19). Assim, Valdecir Pascoal aponta o orçamento como sendo uma lei temporária (vigência limitada), especial (de conteúdo determinado e processo legislativo peculiar) e ordinária (aprovada por maioria simples) (2015, p. 19-20).

> ▸ **Qual o entendimento atual do STF sobre o assunto?**
> "Orçamento. A previsão de despesa, em lei orçamentária, não gera direito subjetivo a ser assegurado por via judicial. Carência de ação. Recurso conhecido e provido" (STF, RE 75.908/PR, Rel. Min. Osvaldo Trigueiro, 1ª Turma, j. 08.06.1973, p. 10.08.1973).

Apesar do caráter meramente autorizativo, há que se destacar a presença de despesas impositivas, como aquelas relacionadas a transferências constitucionais (CRFB/88, arts, 157 a 162), gastos com educação (CRFB/88, art. 212) e saúde (CRFB/88, art. 198, §2º e LC 141/2012) e gastos com pessoal. As normas que estabelecem essa modalidade de despesas são apresentadas por Harrison Leite como normas pré-orçamentárias, já que nasceram antes do orçamento, vinculando o Executivo ao seu cumprimento (2015, p. 55).

> ▸ **Como esse assunto foi cobrado em concurso?**
> No Concurso do CESPE para Juiz Federal da 1ª Região em 2013, foi considerado ERRADO o seguinte enunciado: "O Poder Executivo federal pode, para fins de cumprimento de metas fiscais, limitar, mediante decreto de contingenciamento, a execução de despesas decorrentes de **obrigação constitucional**, dado o caráter meramente autorizativo da lei orçamentária anual".

5. ORÇAMENTO IMPOSITIVO - EMENDA 86/15

Apesar do caráter apenas autorizativo das leis orçamentárias, tanto a LDO de 2014 (Lei 12.919/13, art. 52), quanto de 2015 (Lei 13.080/15, art. 56), trouxeram disposições de natureza impositiva, impondo a execução orçamentária e financeira da programação de despesas incluídas no orçamento por meio de emendas parlamentares individuais. Contudo, sendo a LDO uma lei de vigência temporária, "não havia a certeza de que tais enunciados seriam reproduzidos nas leis referentes aos exercícios financeiros subsequentes" (RAMOS FILHO, 2017, p. 492).

Em 2015 foi editada a Emenda Constitucional n. 86, que, ao incluir dez novos parágrafos ao art. 166 da Constituição da República, estabeleceu, de maneira definitiva, a impositividade de algumas despesas fixadas no orçamento. Apesar disso, cumpre destacar que os novos parágrafos não tornaram todo o orçamento impositivo, mas tão-somente parte das despesas incluídas nos orçamentos por emendas individuais dos deputados federais e senadores.

Do texto aprovado depreende-se a obrigatoriedade de que **1,2% (um inteiro e dois décimos por cento) da Receita Corrente Líquida (LCR) da União, realizada no exercício anterior seja destinado às Emendas Individuais dos parlamentares na LOA, sendo, pelo menos metade disso, destinado a ações e serviços de saúde.** Cumpre observar que tais valores serão computados para fins de cumprimento do inciso I do §2º do art. 198 que fixa o limite constitucional de despesas com ações e serviços públicos de saúde, não podendo, por sua vez, financiar despesas de pessoal ou encargos sociais.

▸ **Como esse assunto foi cobrado em concurso?**

No Concurso do CESPE para Juiz Federal da 1ª Região em 2015, esse tema foi abordado da seguinte forma: "Conforme recente emenda constitucional, o limite das emendas individuais ao projeto de lei orçamentária é calculado com base na: a) receita corrente líquida definida pelo Congresso Nacional para o exercício a que se destine a proposta; b) receita corrente líquida prevista para o ano em que esteja sendo encaminhada a proposta, c) receita corrente líquida realizada no exercício anterior; d) média das receitas correntes líquidas realizadas nos dois exercícios anteriores à proposta; e) receita corrente líquida prevista no projeto encaminhado pelo Poder Executivo". Segundo o gabarito definitivo, foi considerada correta a alternativa "e".

Diante disso é possível afirmar que os gastos decorrentes de emendas individuais parlamentares deixaram de ser considerados como "transferências voluntárias" da União a Estados e Municípios e passaram a ser **despesas obrigatórias.** (RAMOS FILHO, 2017. p. 494).

Para seu cumprimento, a EC 86/2015 estabelece que deve-se observar critérios de execução equitativa da programação, definidos em lei complementar, fixando no §18 que deve ser considerada equitativa "a execução das programações de caráter obrigatório que atenda de forma igualitária e impessoal às emendas apresentadas, independentemente da autoria".

Observe-se que nem mesmo a inadimplência do ente federativo destinatário dos recursos impedirá a execução dessa parte do orçamento. Além disso, a EC 86 é clara ao fixar que tais despesas não integrarão a base de cálculo da receita corrente líquida para fins de aplicação dos limites de despesa de pessoal daqueles entes beneficiados.

Em suma, a execução orçamentária das despesas previstas pela EC 86 é, conforme dito, impositiva, a não ser nos casos de impedimentos de ordem técnica, situação que fará com que tais previsões orçamentárias passem a ser meramente autorizativas.

▸ **Disposições incluídas no art. 166 da CRFB/88 com a EC 86/2015 – orçamento impositivo**

§ 9º As emendas individuais ao projeto de lei orçamentária serão aprovadas no limite de **1,2% (um inteiro e dois décimos por cento) da receita corrente líquida** prevista no projeto encaminhado pelo Poder Executivo, sendo que a **metade deste percentual será destinada a ações e serviços públicos de saúde.**

§ 10. A execução do montante destinado a ações e serviços públicos de saúde previsto no § 9º, inclusive custeio, **será computada** para fins do cumprimento do inciso I do § 2º do art. 198, vedada a destinação para pagamento de pessoal ou encargos sociais.

§ 11. É obrigatória a execução orçamentária e financeira das programações a que se refere o § 9º deste artigo, em montante correspondente a 1,2% (um inteiro e dois décimos por cento) da receita corrente líquida realizada no exercício anterior, conforme os critérios para a execução equitativa da programação definidos na lei complementar prevista no § 9º do art. 165.

§ 12. As programações orçamentárias previstas no § 9º deste artigo **não serão de execução obrigatória nos casos dos impedimentos de ordem técnica.**

§ 13. Quando a transferência obrigatória da União, para a execução da programação prevista no §11 deste artigo, for destinada a Estados, ao Distrito Federal e a Municípios, **independerá da adimplência do ente federativo destinatário** e não integrará a base de cálculo da receita corrente líquida para fins de aplicação dos limites de despesa de pessoal de que trata o ***caput*** do art. 169.

§ 14. No caso de impedimento de ordem técnica, no empenho de despesa que integre a programação, na forma do § 11 deste artigo, serão adotadas as seguintes medidas:

I - até 120 (cento e vinte) dias após a publicação da lei orçamentária, o Poder Executivo, o Poder Legislativo, o Poder Judiciário, o Ministério Público e a Defensoria Pública enviarão ao Poder Legislativo as justificativas do impedimento;

II - até 30 (trinta) dias após o término do prazo previsto no inciso I, o Poder Legislativo indicará ao Poder Executivo o remanejamento da programação cujo impedimento seja insuperável;

III - até 30 de setembro ou até 30 (trinta) dias após o prazo previsto no inciso II, o Poder Executivo encaminhará projeto de lei sobre o remanejamento da programação cujo impedimento seja insuperável;

IV - se, até 20 de novembro ou até 30 (trinta) dias após o término do prazo previsto no inciso III, o Congresso Nacional não deliberar sobre o projeto, o remanejamento será implementado por ato do Poder Executivo, nos termos previstos na lei orçamentária.

§ 15. Após o prazo previsto no inciso IV do § 14, as programações orçamentárias previstas no § 11 não serão de execução obrigatória nos casos dos impedimentos justificados na notificação prevista no inciso I do § 14.

§ 16. Os restos a pagar poderão ser considerados para fins de cumprimento da execução financeira prevista no § 11 deste artigo, até o limite de 0,6% (seis décimos por cento) da receita corrente líquida realizada no exercício anterior.

§ 17. Se for verificado que a reestimativa da receita e da despesa poderá resultar no não cumprimento da meta de resultado fiscal estabelecida na lei de diretrizes orçamentárias, o montante previsto no § 11 deste artigo poderá ser reduzido em até a mesma proporção da limitação incidente sobre o conjunto das despesas discricionárias.

§ 18. Considera-se equitativa a execução das programações de caráter obrigatório que atenda de forma **igualitária e impessoal** às emendas apresentadas, **independentemente da autoria.**

6. ORÇAMENTO PARTICIPATIVO

A transparência fiscal é um dos pilares da Lei de Responsabilidade Fiscal, manifestando-se, dentre outros aspectos, através da cidadania fiscal cuja característica essencial é o incentivo à "participação popular nas discussões de elaboração das peças orçamentárias e no acompanhamento da execução orçamentária, através da audiência pública" afinal de contas, conforme assevera Marcus Abraham: "dentro do atual contexto de globalização, de avanço tecnológico e de amplo acesso às informações, as sociedades contemporâneas e os seus cidadãos exigem cada vez mais transparência nas atividades realizadas pelos governantes, obrigando o administrador público a adotar gestões mais democráticas e participativas, inclusive nas finanças públicas" (2017b, p. 245).

Tomando-se a transparência e a cidadania fiscal como pressupostos é que é possível se falar em orçamento participativo, caracterizado por uma participação direta e efetiva das comunidades na elaboração da proposta orçamentária do Governo, buscando-se com isso "atender às efetivas necessidades da população que, muitas vezes, não se sente representada pelos parlamentares eleitos" (PASCOAL, 2015, p. 24).

Há que se observar, contudo, que o "orçamento participativo", mesmo apresentando-se como importante instrumento de conscientização da participação do cidadão no processo de elaboração dos orçamentos, não vincula a administração pública. Ou seja, por mais que seja salutar ouvir a população, a iniciativa formal das leis orçamentárias continua sendo privativa do Chefe do Poder Executivo.

Marcus Abraham aponta, de maneira resumida, quais seriam as propostas da transparência fiscal e do ativo exercício da cidadania fiscal (2017b, p. 250):

- Ser um instrumento de fortalecimento permanente do Estado democrático;
- Contribuir para robustecer os mecanismos de transformação social por meio da educação;
- Difundir informações que possibilitem a construção da consciência cidadã;
- Ampliar a participação popular na gestão democrática do Estado;

- Contribuir para aperfeiçoar a ética na Administração Pública e na sociedade;
- Harmonizar a relação Estado-cidadão;
- Desenvolver a consciência crítica da sociedade para o exercício do controle social;
- Aumentar a eficiência, a eficácia e a transparência do Estado;
- Aumentar a responsabilidade fiscal;
- Obter o equilíbrio fiscal;
- Combater a corrupção;
- Promover a reflexão sobre nossas práticas sociais;
- Melhorar o perfil do homem público;
- Atenuar as desigualdades sociais.

▸ Importante

LRF, art. 48. São instrumentos de transparência da gestão fiscal, aos quais será dada ampla divulgação, inclusive em meios eletrônicos de acesso público: os planos, orçamentos e leis de diretrizes orçamentárias; as prestações de contas e o respectivo parecer prévio; o Relatório Resumido da Execução Orçamentária e o Relatório de Gestão Fiscal; e as versões simplificadas desses documentos.

§1º A transparência será assegurada também mediante:

I - **incentivo à participação popular e realização de audiências públicas**, durante os processos de elaboração e discussão dos planos, lei de diretrizes orçamentárias e orçamentos;

II - liberação ao pleno conhecimento e acompanhamento da sociedade, em tempo real, de informações pormenorizadas sobre a execução orçamentária e financeira, em meios eletrônicos de acesso público.

[...]

▸ Importante

CRFB/88, art. 29. O Município reger-se-á por lei orgânica, votada em dois turnos, com interstício mínimo de dez dias, e aprovada por dois terços dos membros da Câmara Municipal, que a promulgará, atendidos os

> princípios estabelecidos nesta Constituição, na Constituição do respectivo Estado e os seguintes preceitos:
>
> [...]
>
> XII - **cooperação das associações representativas no planejamento municipal.**
>
> Art. 44 do Estatuto da Cidade (Lei 10.257/2001). No âmbito municipal, a gestão orçamentária participativa de que trata a alínea f do inciso III do art. 4º desta Lei incluirá a realização de debates, audiências e consultas públicas sobre as propostas do plano plurianual, da lei de diretrizes orçamentárias e do orçamento anual, como condição obrigatória para sua aprovação pela Câmara Municipal.

7. LEIS ORÇAMENTÁRIAS: ESPÉCIES E TRAMITAÇÃO LEGISLATIVA

Conforme já apontado, a Constituição da República, em seu art. 165 aponta como leis orçamentárias: o Plano Plurianual (PPA), a Lei das Diretrizes Orçamentárias (LDO) e a Lei Orçamentária Anual (LOA), subdividida em orçamento fiscal, orçamento de investimentos e orçamento da seguridade social, todas elas de iniciativa privativa do Poder Executivo e, no âmbito federal, apreciadas pelo Congresso Nacional na forma de seu Regimento Comum, (Resolução n.1/1970) e nos termos da Resolução n.1/2006.

7.1. Plano Plurianual

O Plano plurianual deverá estabelecer, de forma regionalizada, as diretrizes, objetivos e metas da administração pública federal para as despesas de capital e outras delas decorrentes e para as relativas aos programas de duração continuada (CRFB, art. 165, §1º).

> **Qual o entendimento atual do STJ sobre o assunto?**
>
> E possível juridicamente a ação popular contra lei de efeitos concretos, como soi ser a que prevê dispêndios realizáveis com o dinheiro público, ainda que uma das causas de pedir seja a inconstitucionalidade da norma por contravenção ao art. 36 do ADCT e 165, 9º, da Constituição Federal de 1988" (STJ, REsp 501.854/SC, Rel. Min. Luiz Fux, 1ª Turma, j. 04.11.2003, p. 24.11.2003).

> **Como esse assunto foi cobrado em concurso?**
>
> No Concurso da FGV para Técnico de Nível Superior da Prefeitura de Salvador/BA em 2017, foi considerado ERRADO o seguinte enunciado: "À lei que instituir o plano plurianual federal, é **vedado** estabelecer, de forma regionalizada, as diretrizes, os objetivos e as metas da Administração Pública federal para as despesas de capital e outras delas decorrentes".

> **Como esse assunto foi cobrado em concurso?**
>
> No Concurso da UECE para Advogado da FUNECE em 2017, foi considerado ERRADO o seguinte enunciado: "A **lei orçamentária anual** compreenderá de forma regionalizada, as diretrizes, objetivos e metas da administração pública federal para as despesas de capital e outras delas decorrentes e para as relativas aos programas de duração continuada".

Segundo o §9º do art. 165 da CRFB/88, cabe à lei complementar "dispor sobre o exercício financeiro, a vigência, os prazos, a elaboração e a organização do plano plurianual, da lei de diretrizes orçamentárias e da lei orçamentária anual". Contudo, tal norma não foi editada. Assim, doutrina e jurisprudência concluem que o Plano Plurianual terá vigência de **quatro anos**, considerando a previsão do art. 35, §2º do ADCT: "Até a entrada em vigor da lei complementar a que se refere o art. 165, §9º, I e II, serão obedecidas as seguintes normas: I. o projeto do plano plurianual, para vigência **até o final do primeiro exercício financeiro do mandato presidencial subsequente**, será encaminhado **até quatro meses antes do encerramento do primeiro exercício financeiro e devolvido para sanção até o encerramento do primeiro período da sessão legislativa**".

Observe-se que a norma não menciona expressamente os quatro anos, mas determina "vigência até o final do primeiro exercício financeiro do mandato presidencial subsequente". Como o mandato presidencial é de quatro anos (art. 82 a CRFB/88, com redação dada pela EC 16/97), o PPA terá a mesma duração. Em razão disso, a doutrina entende que "na hipótese de ser alterada, mediante emenda constitucional, a duração do mandato presidencial, restará alterado, por conseguinte, o período de vigência do PPA" (RAMOS FILHO, 2017, p. 476).

No caso de Estados, Municípios e do Distrito Federal, a disciplina dos prazos será dada pelas respectivas Constituições Estaduais e Leis Orgânicas Municipais, considerando-se a ausência da lei complementar prevista pela CRFB/88.

> **Como esse assunto foi cobrado em concurso?**
>
> No Concurso da FAUEL para Advogado da Câmara de Maria Helena/PR em 2017, foi considerado ERRADO o seguinte enunciado: "A lei que instituir as **Diretrizes Orçamentárias (LDO)** estabelecerá as diretrizes, objetivos e metas da administração pública, pelo período de quatro anos, para as despesas de capital e outras delas decorrentes e para as relativas aos programas de duração continuada".

> **Como esse assunto foi cobrado em concurso?**
>
> No Concurso do CESPE para Juiz Federal da 2ª Região em 2011, foi considerado ERRADO o seguinte enunciado: "O orçamento plurianual **cria dotações orçamentárias** para quatro anos".

Buscando uma continuidade dos investimentos e da política orçamentária, o §4º do art. 165 da CRFB prevê que os **planos e programas nacionais, regionais e setoriais** previstos na Constituição serão elaborados em consonância com o PPA e apreciados pelo Congresso Nacional. Da mesma forma, "nenhum investimento cuja execução ultrapasse um exercício financeiro poderá ser iniciado sem prévia inclusão no plano plurianual, ou sem lei que autorize, sob pena de crime de responsabilidade" (Art. 167, §1º, da CRFB/88).

A Lei de Responsabilidade Fiscal, como lei complementar, procurou conferir a disciplina constitucional estabelecida pelo §9º do art. 165. Assim, na Seção I do Capítulo II, o art. 3º da LRF estabelecia, em seu §2º, que o PPA seria encaminhado ao Poder Legislativo até o dia trinta de abril do primeiro ano do mandato do Chefe do Poder

Executivo e que seria devolvido para sanção até o encerramento do primeiro período da sessão legislativa (art. 3º, *caput*). Contudo, todo o art. 3º foi vetado tendo como principal argumento a exiguidade dos prazos. Dessa forma, aplicam-se atualmente, conforme destacado, os prazos previstos no art. 35, §2º do ADCT.

O veto presidencial (Mensagem 627, de 4 de maio de 2000) alcançou também o §1º do art. 3º da LRF que previa a elaboração de um "Anexo de Política Fiscal" que também deveria integrar o PPA. Contudo, o veto a tal dispositivo não gera nenhum tipo de prejuízo, já que a LDO continua prevendo um Anexo de Metas Fiscais.

> **Como esse assunto foi cobrado em concurso?**
>
> No Concurso do TRE/PE para Analista Judiciário em 2017, foi considerado ERRADO o seguinte enunciado: "O plano plurianual estabelece diretrizes nacionais para as despesas de capital e para os programas de duração continuada".

> **Como esse assunto foi cobrado em concurso?**
>
> No Concurso do IADES para Advogado do CRF/DF em 2017, foi considerado ERRADO o seguinte enunciado: "Relativamente às disposições contidas no âmbito do **Plano Plurianual**, é criado o Anexo de Política Fiscal, no qual são estabelecidos os objetivos e as metas plurianuais de política fiscal a serem alcançados durante o período de vigência do plano, demonstrando a compatibilidade deles com as premissas e os objetivos das políticas econômica nacional e de desenvolvimento social".

7.2. Lei de Diretrizes Orçamentárias (LDO)

Se, por um lado, o PPA busca estabelecer um plano estratégico, de longo prazo para a consecução e implantação do plano de governo, "a Lei de Diretrizes Orçamentárias está focada nas ações de médio prazo, ou seja, tudo aquilo que seja imprescindível para o exercício subsequente, de forma a viabilizar o projeto operacional do orçamento" (BRAGHINI, 2016, p. 145). Assim, a LDO acaba por representar o elo entre o Plano Plurianual e a Lei Orçamentária Anual.

A LDO é uma inovação da Constituição de 1988 que, no art. 165, §1º aponta seus principais objetivos, a saber:

- Fixar as metas e prioridades da administração pública federal, incluindo as despesas de capital para o exercício financeiro subsequente;
- Orientar a elaboração da lei orçamentária anual;
- Dispor sobre as alterações na legislação tributária;
- Estabelecer a política de aplicação das agências financeiras oficiais de fomento.

▸ **Como esse assunto foi cobrado em concurso?**

No Concurso do IADES para Advogado do CRF/DF em 2017, foi considerado ERRADO o seguinte enunciado: "A **Lei Orçamentária Anual** atenderá ao previsto constitucionalmente e compreenderá as metas e as prioridades da administração pública federal, incluindo as despesas de capital para o exercício financeiro subsequente, orientará a elaboração da Lei Orçamentária Anual, disporá em relação às alterações na legislação tributária e estabelecerá a política de aplicação das agências financeiras oficiais de fomento".

▸ **Como esse assunto foi cobrado em concurso?**

No Concurso da FGV para Técnico de Nível Superior da Prefeitura de Salvador/BA em 2017, foi considerado ERRADO o seguinte enunciado: "A lei de diretrizes orçamentárias compreenderá as metas e as prioridades da Administração Pública, **desconsideradas** as despesas de capital para o exercício financeiro subsequente". Na mesma questão também foi considerado ERRADO o seguinte enunciado: "À lei de diretrizes orçamentárias, é **vedado** dispor sobre as alterações na legislação tributária e estabelecer a política de aplicação das agências financeiras oficiais de fomento".

Além disso, ainda é possível extrair do texto constitucional a necessidade de que a LDO fixe prazos para envio e limites das propostas orçamentárias dos poderes (art. 99, §1º), do Ministério Público (art. 127, §3º) e das Defensorias Públicas da União e do Distrito Federal (art. 134, §3º) e dos Estados (art. 134, §2º).

Do mesmo modo, o art. 169, §1º da CRFB/88 determina a imprescindibilidade de autorização específica na LDO (ressalvadas as empresas estatais), para a "concessão de qualquer vantagem ou aumento de remuneração, a criação de cargos, empregos e funções ou alteração de estrutura de carreiras, bem como a admissão ou contratação de pessoal, a qualquer título, pelos órgãos e entidades da administração direta ou indireta, inclusive fundações instituídas e mantidas pelo poder público".

Assim como ocorre com o PPA, a disciplina dos prazos da LDO também encontra-se no Art. 35, §2º do ADCT, ante a ausência de fixação de quaisquer outros prazos específicos na LRF. Assim, "o projeto de lei de diretrizes orçamentárias será encaminhado até oito meses e meio antes do encerramento do exercício financeiro e devolvido para sanção até o encerramento do primeiro período da sessão legislativa". Ou seja, o Executivo deverá encaminhar o projeto até 15 de abril de cada ano e o Legislativo devolvê-lo até 17 de julho.

Na Lei de Responsabilidade Fiscal a LDO foi regulamentada no art. 4º, de forma a "reforçar o papel das leis orçamentárias como instrumento de planejamento global, aproximando as atividades de programação e execução dos gastos públicos ao estabelecer metas fiscais e dispor sobre mecanismos para seu acompanhamento periódico" (ABRAHAM, 2017b, p. 108).

Nesse sentido, a LRF (art. 4º) determinou que a LDO também disporá sobre:

a) o equilíbrio entre receitas e despesas;

b) critérios e forma de limitação de empenho;

c) normas relativas ao controle de custos e à avaliação dos resultados dos programas financiados com recursos dos orçamentos;

d) demais condições e exigências para transferências de recursos a entidades públicas e privadas.

Além dessas funções, Carlos Alberto de Moraes Ramos Filho destaca outras tantas que se encontram dispersas por todo o plexo normativo da LRF (2017, p. 483-484). Dessa forma, segundo o autor, a LDO também deverá:

- orientar a elaboração da lei orçamentária anual (art. 5º, *caput*);

- estabelecer a forma de utilização e o montante da reserva de contingência que constará da LOA e que se destina ao atendimento de passivos contingentes e outros riscos e eventos fiscais imprevistos (art. 5º, inciso III, alínea b);
- definir o índice de variação de preços, o qual servirá como limite para a atualização monetária do principal da dívida mobiliária refinanciada (art. 5º, §3º), sendo vedada, por conseguinte, a aplicação de qualquer outro índice (ressalvada a existência de norma prevista em legislação específica);
- no caso específico da União, dispor acerca da demonstração trimestral referente ao impacto e ao custo fiscal das operações realizadas pelo Banco Central do Brasil (art. 7º, §2º);
- estabelecer parâmetros para a programação financeira e o cronograma mensal de desembolso do Poder Executivo (art. 8º, *caput*);
- indicar as despesas que não serão objeto de limitação de empenho, respeitados os limites para aquelas definidos na LRF (art. 9º, §2º *in fine*);
- dispor sobre a concessão ou a ampliação de incentivo ou benefício de natureza tributária da qual decorra renúncia de receita (art. 14, *caput*);
- definir o valor da despesa considerada irrelevante, a qual não precisará cumprir as determinações do art. 16 (art. 16, §3º);
- definir os percentuais referentes a despesa total com pessoal de cada órgão se diferente dos estabelecidos no art. 20 (art. 20, §5º);
- dispor acerca dos casos em que poderá ser contratada hora extra, mesmo ocorrendo o excesso de 95% (noventa e cinco por cento) do limite com despesa de pessoal (art. 22 parágrafo único, inciso V);
- dispor sobre a inclusão de novos projetos na LOA e em créditos adicionais (art. 45);
- estabelecer condições para o Município custear despesas de outros entes públicos (art. 62).

Da mesma forma, a Lei de Responsabilidade Fiscal determinou a elaboração de dois anexos à LDO, quais sejam: o Anexo de Metas Fiscais e o Anexo de Riscos Fiscais, além de estabelecer que "a mensagem que encaminhar o projeto da União apresentará, em anexo específico, os objetivos das políticas monetária, creditícia e cambial, bem como os parâmetros e as projeções para seus principais agregados e variáveis, e ainda as metas de inflação, para o exercício subsequente" (art. 4º, §4º).

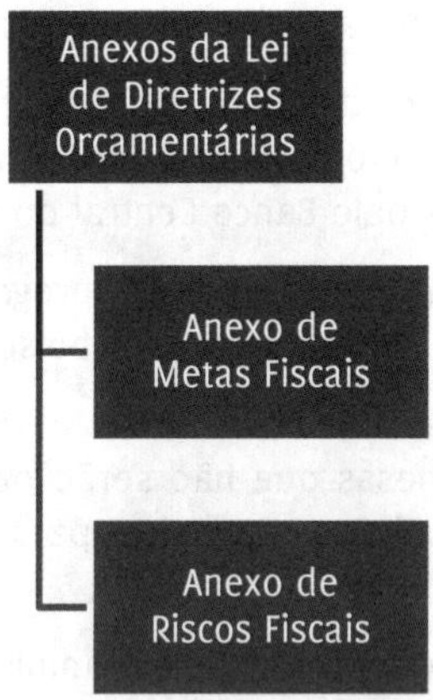

No Anexo de Metas Fiscais, documento que deverá abranger os três Poderes e os órgãos da Administração Direta dos poderes e demais entidades da Administração Indireta, serão estabelecidas metas anuais, em valores correntes e constantes, relativas a receitas, despesas, resultados nominal e primário e montante da dívida pública, para o exercício a que se referirem e para os dois seguintes.

As Metas Fiscais são conceituadas como "os resultados a serem alcançados para variáveis fiscais visando atingir os objetivos desejados pelo ente da Federação quanto à trajetória de endividamento no médio prazo. Pelo princípio da gestão fiscal responsável, as metas representam a conexão entre o planejamento, a elaboração e a execução do orçamento. Esses parâmetros indicam os rumos da condução da política fiscal para os próximos exercícios e servem de indicadores para a promoção da limitação de empenho e de movimentação financeira" (BRASIL, 2014, p. 48).

▸ **Como esse assunto foi cobrado em concurso?**

No Concurso do CESPE para Analista Judiciário do TRE/PE em 2017, foi considerado CERTO o seguinte enunciado: "Na lei de diretrizes orçamentárias, o anexo de metas fiscais deve conter avaliações atuariais".

O Anexo de Metas Fiscais conterá também as seguintes informações, apresentadas em demonstrativos, conforme quadro infra:

a) avaliação do cumprimento das metas relativas ao ano anterior;

b) demonstrativo das metas anuais, instruído com memória e metodologia de cálculo que justifiquem os resultados pretendidos, comparando-as com as fixadas nos três exercícios anteriores, e evidenciando a consistência delas com as premissas e os objetivos da política econômica nacional;

c) evolução do patrimônio líquido, também nos últimos três exercícios, destacando a origem e a aplicação dos recursos obtidos com a alienação de ativos;

d) avaliação da situação financeira e atuarial: 1.) dos regimes geral de previdência social e próprio dos servidores públicos e do Fundo de Amparo ao Trabalhador; 2.) dos demais fundos públicos e programas estatais de natureza atuarial;

e) demonstrativo da estimativa e compensação da renúncia de receita e da margem de expansão das despesas obrigatórias de caráter continuado.

Síntese dos demonstrativos do Anexo de Metas Fiscais da Lei de Diretrizes Orçamentárias		
Demonstrativo 1	Metas Anuais	Metas anuais, em valores correntes e constantes, relativos a receitas, despesas, resultado nominal e primário e montante da dívida pública, para o exercício a que se referirem e para os dois seguintes. Será acompanhando da análise dos principais dados apresentados assim como de eventuais variações abruptas e outras que mereçam destaque. Deverá mencionar, ainda, parâmetros como o crescimento do PIB, o índice de inflação anual (IPCA), relatórios de mercado divulgados pelo BACEN e pelo IPEA, Pesquisa Mensal de Comércio (IBGE), Pesquisa Industrial Mensal Produção Física/ Regional (IBGE) e Variação no valor das transferências constitucionais recebidas, quando esse for relevante em relação ao total das receitas auferidas pelo ente.

Síntese dos demonstrativos do Anexo de Metas Fiscais da Lei de Diretrizes Orçamentárias		
Demonstrativo 2	Avaliação do Cumprimento das Metas Fiscais do Exercício Anterior	Tem por finalidade estabelecer uma comparação entre as metas fixadas e o resultado obtido no exercício orçamentário anterior ao que se refere a LDO, incluindo análise dos fatores determinantes para o alcance ou não dos valores estabelecidos como metas. Fatores como o cenário macroeconômico, o desempenho das empresas estatais, as taxas de câmbio e de inflação devem ser motivo de explanação a respeito dos resultados obtidos.
Demonstrativo 3	Metas Fiscais Atuais Comparadas com as Metas Fiscais Fixadas nos Três Exercícios Anteriores	Instruído com memória e metodologia de cálculo que justifiquem os resultados pretendidos, comparando-as com as fixadas nos três exercícios anteriores, e evidenciando a consistência delas com as premissas e os objetivos da Política Econômica Nacional. Deve vir acompanhado de análise de itens que representam parâmetros básicos para se chegar aos valores apresentados como metas, tais como taxa de juros, indicadores de atividade econômica e objetivos da política fiscal do ente da federação. Deve ainda ser instruído com a memória e metodologia de cálculo, objetivando demonstrar como tais valores foram obtidos.
Demonstrativo 4	Evolução do Patrimônio Líquido	Deve trazer em conjunto uma análise dos valores apresentados, esclarecendo os motivos das variações do Patrimônio Líquido do ente da Federação como, por exemplo, fatos que venham a causar desequilíbrio entre as variações ativas e passivas e outras que contribuam para o aumento ou diminuição da situação líquida patrimonial.
Demonstrativo 5	Origem e Aplicação dos Recursos Obtidos com a Alienação de Ativos	Deve estar acompanhado de análise dos valores apresentados, de forma a dar maior clareza possível à visualização da situação descrita, dando destaque a eventuais variações atípicas e tendências de queda ou crescimento dos valores de um exercício orçamentário para outro. Destaque-se o teor do art. 44 da LRF, segundo o qual é vedada a aplicação de receita de capital derivada da alienação de bens e direitos que integram o patrimônio público para o financiamento de despesa corrente, salvo se destinada por lei a regimes de previdência social, geral e próprio dos servidores públicos.

Síntese dos demonstrativos do Anexo de Metas Fiscais da Lei de Diretrizes Orçamentárias		
Demonstrativo 6	Avaliação da Situação Financeira e Atuarial do RPPS	Terá como base os Demonstrativos das Receitas e Despesas Previdenciárias do Regime Próprio dos Servidores Públicos publicados no Relatório Resumido de Execução Orçamentária do último bimestre dos três anos anteriores ao da edição da LDO. Os demonstrativos também deverão estar acompanhados de análise descritiva dos parâmetros utilizados na avaliação atuarial e de valores que possuam maior relevância para o entendimento da situação financeira e atuarial do RPPS.
Demonstrativo 7	Estimativa e Compensação da Renúncia de Receita	A renúncia compreende incentivos fiscais, anistia, remissão, subsídio, crédito presumido, concessão de isenção em caráter não geral, alteração de alíquota ou modificação de base de cálculo que implique redução discriminada de tributos ou contribuições, e outros benefícios que correspondam a tratamento diferenciado. Ela pode se destinar a um setor comercial ou industrial, programa de governo, ou ainda, a um beneficiário individual (pessoa física ou jurídica). Este demonstrativo deverá indicar qual ou quais condições serão utilizadas para cada Renúncia de Receita. Para que a LRF seja observada, é necessário que o valor da compensação, prevista no demonstrativo, seja suficiente para cobrir o valor da renúncia fiscal respectiva.
Demonstrativo 8	Margem de Expansão das Despesas Obrigatórias de Caráter Continuado	Despesa Obrigatória de Caráter Continuado (DOCC) é a Despesa Corrente derivada de Lei, Medida Provisória ou Ato Normativo que fixe para o ente a obrigação de sua execução por um período superior a 2 anos. Os atos que criarem ou aumentarem as DOCC deverão ser instruídos com a estimativa de impacto orçamentário-financeiro no exercício em que deva entrar em vigor e nos dois subsequentes, e demonstrar a origem dos recursos para seu custeio. Também deverá haver a comprovação de que a despesa criada ou aumentada não afetará as metas de resultados fiscais e seus efeitos financeiros nos períodos seguintes devem ser compensados pelo aumento permanente de receita ou pela redução permanente de despesas. As DOCC não serão executadas antes da implementação de tais medidas.

> **▸ Importante**
>
> Segundo o art. 5º, II, da Lei 10.028/2000, constitui **infração administrativa** contra as leis de finanças públicas, propor lei de diretrizes orçamentárias anual que não contenha as metas fiscais na forma da lei.

Por outro lado, o art. 3º, §4º da LRF determina ainda que a LDO conterá Anexo de Riscos Fiscais, "onde serão avaliados os passivos contingentes e outros riscos capazes de afetar as contas públicas, informando as providências a serem tomadas, caso se concretizem."

Com base nisso, o Manual de Demonstrativos Fiscais conceitua riscos fiscais como "a possibilidade da ocorrência de eventos que venham a impactar negativamente as contas públicas, eventos estes resultantes da realização de ações previstas no programa de trabalho para o exercício ou decorrentes das metas de resultados, correspondendo, assim, aos riscos provenientes das obrigações financeiras do governo" (BRASIL, 2014, p. 31). O mesmo Manual aponta como exemplos de riscos orçamentários (p. 34-35):

a) Frustração na arrecadação devido a fatos não previstos à época da elaboração da peça orçamentária;

b) Restituição de tributos realizados a maior que a prevista nas deduções da receita orçamentária;

c) Discrepância entre as projeções de nível de atividade econômica, taxa de inflação e taxa de câmbio quando da elaboração do orçamento e os valores efetivamente observados durante a execução orçamentária, afetando o montante de recursos arrecadados;

d) Discrepância entre as projeções, quando da elaboração do orçamento, de taxas de juros e taxa de câmbio incidente sobre títulos vincendos e os valores efetivamente observados durante a execução orçamentária, resultando em aumento do serviço da dívida pública;

e) Ocorrência de epidemias, enchentes, abalos sísmicos, guerras e outras situações de calamidade pública que não possam ser planejadas e que demandem do Estado ações emergenciais, com consequente aumento de despesas.

Há que se destacar que riscos que se repetem continuamente deixarão de ser tratados como riscos fiscais, devendo ser abordados no âmbito do planejamento, ou seja, devem ser incluídos como ações na LDO e na LOA, tal como ocorre com catástrofes naturais recorrentes, como secas ou inundações, epidemias, como a dengue (BRASIL, 2014, p. 31).

Da mesma forma, as obrigações oriundas de precatórios não podem ser classificadas como riscos fiscais, devendo ser alocadas no orçamento, conforme se depreende da leitura do §1º do art. 100 da CRFB/88: "É obrigatória a inclusão, no orçamento das entidades de direito público, de verba necessária ao pagamento de seus débitos oriundos de sentenças transitadas em julgado, constantes de precatórios judiciários, apresentados até 1º de julho, fazendo-se o pagamento até o final do exercício seguinte, quando terão seus valores atualizados monetariamente".

> **▸ Como esse assunto foi cobrado em concurso?**
>
> No Concurso do IADES para Advogado do CRF/DF em 2017, foi considerado ERRADO o seguinte enunciado: "A Lei Orçamentária Anual conterá o Anexo de Riscos Fiscais, em que serão avaliados os passivos contingentes e outros riscos capazes de afetar as contas públicas, informando as providências a serem tomadas, caso se concretizem".

O Manual de Demonstrativos Fiscais ainda dá destaque à **contingência passiva**, conceito pouco explorado pela doutrina, apontando-a como "uma possível obrigação presente cuja existência será confirmada somente pela ocorrência de um ou mais eventos futuros que não estão totalmente sob o controle da entidade; ou é uma obrigação presente que surge em decorrência de eventos passados, mas que não é reconhecida ou porque é improvável que a entidade tenha de liquidá-la; ou porque o valor da obrigação não pode ser estimado com suficiente segurança". Como exemplos de passivos contingentes podem ser mencionados, dentre outros (BRASIL, 2015, p. 35):

a) Demandas judiciais contra a atividade reguladora do Estado, com impacto na despesa pública: em sua maior parte, controvérsias sobre indexação e controles de preços praticados durante planos de estabilização e soluções propostas para sua compensação, bem como questionamentos de ordem tributária e previdenciária;

b) Demandas judiciais contra empresas estatais dependentes;

c) Demandas judiciais contra a administração do Ente, tais como privatizações, liquidação ou extinção de órgãos ou de empresas, e reajustes salariais não concedidos em desrespeito à lei;

d) Demandas trabalhistas contra o ente federativo e órgãos da sua administração indireta;

e) Dívidas em processo de reconhecimento pelo Ente e sob sua responsabilidade;

f) Avais e garantias concedidas pelo Ente a entidades públicas, tais como empresas e bancos estatais, a entidades privadas e a fundos de pensão, além de outros riscos.

Merece destaque o fato de que o Prefeito Municipal que propor Lei de Diretrizes Orçamentárias (LDO) sem os riscos fiscais, ficará sujeito à perda do mandato. O mesmo pode ser dito em relação ao Prefeito que encaminhar à Câmara Municipal projeto de LOA não contendo reserva de contingência na forma da LDO, destinada ao atendimento de passivos contingentes e outros riscos e eventos fiscais imprevistos (BRASIL, 2015, p. 36).

▸ **Importante**

Decreto-lei 201/67, art. 1º. São crimes de responsabilidade dos Prefeitos Municipais, sujeitos ao julgamento do Poder Judiciário, independentemente do pronunciamento da Câmara de Vereadores:

[...]

V. ordenar ou efetuar despesas não autorizadas por lei, ou realizá-las em desacordo com as normas financeiras pertinentes;

[...]

VII. deixar de prestar contas, no devido tempo, ao órgão competente, da aplicação de recursos, empréstimos, subvenções ou auxílios internos ou externos, recebidos a qualquer título;

[...]

Por outro lado, há que se destacar que a gestão de riscos fiscais vai muito além da mera elaboração do Anexo de Riscos Fiscais, devendo abranger seis funções, quais sejam (BRASIL, 2015, p. 38):

a) Identificação do tipo de risco e da exposição ao risco;

b) Mensuração ou quantificação dessa exposição;

c) Estimativa do grau de tolerância das contas públicas ao comportamento frente ao risco;

d) Decisão estratégica sobre as opções para enfrentar o risco;

e) Implementação de condutas de mitigação do risco e de mecanismos de controle para prevenir perdas decorrentes do risco;

f) Monitoramento contínuo da exposição ao longo do tempo, preferencialmente através de sistemas institucionalizados (controle interno).

Ao cuidar da Lei de Diretrizes Orçamentárias, a LRF prevê ainda, no §4º do art. 4º que "a **mensagem** que encaminhar o projeto da união apresentará, em anexo específico, os objetivos das políticas monetária, creditícia e cambial, bem como os parâmetros e as projeções para seus principais agregados e variáveis, e ainda as metas de inflação, para o exercício subsequente". Dessa forma, entende-se que além do Anexo de Metas Fiscais e do Anexo de Riscos Fiscais, a LDO da União contará com um anexo extra.

A política monetária, relaciona-se diretamente à forma pela qual as autoridades monetárias atuam no sentido de controlar a liquidez do sistema econômico, o que se dá através do controle da quantidade de moeda em circulação, do crédito e das taxas de juros.

Por outro lado, esclarece Marcus Abraham que "os objetivos das políticas monetária, creditícia e cambial são, respectivamente, o alcance, pelo Banco Central do Brasil, da meta de inflação fixada pelo Conselho Monetário Nacional (CMN); a manutenção das condições prudenciais e regulamentares para que a expansão do mercado de crédito ocorra em ambiente que preserve a estabilidade do sistema financeiro nacional; e a preservação do regime de taxa de câmbio flutuante" (2017b, p. 118).

7.3. Lei Orçamentária Anual (LOA)

A Lei Orçamentária Anual (LOA) conterá a discriminação da receita e despesa de forma a evidenciar a política econômico financeira e o programa de trabalho do Governo, obedecidos os princípios de unidade, universalidade e anualidade (art. 2º da lei 4.320/64). Dessa forma, tem como objetivo permitir a concretização do Plano Plurianual, assim como da Lei de Diretrizes Orçamentárias, contando com elevado nível de concreção. Segundo disposição constitucional (art. 165 §5º), a LOA englobará:

a) O orçamento fiscal referente aos Poderes da União, seus fundos, órgãos e entidades da administração direta e indireta, inclusive fundações instituídas e mantidas pelo Poder Público;

b) O orçamento de investimento das empresas em que a União, direta ou indiretamente, detenha a maioria do capital social com direito a voto;

c) O orçamento da seguridade social, abrangendo todas as entidades e órgãos a ela vinculados, da administração direta ou indireta, bem como os fundos e fundações instituídos e mantidos pelo Poder Público.

▸ Como esse assunto foi cobrado em concurso?

No Concurso do TRE/PE para Analista Judiciário em 2017, foi considerado ERRADO o seguinte enunciado: "O orçamento anual deve incorporar os orçamentos fiscal, de investimentos, da seguridade social e das empresas nas quais o poder público tenha participação".

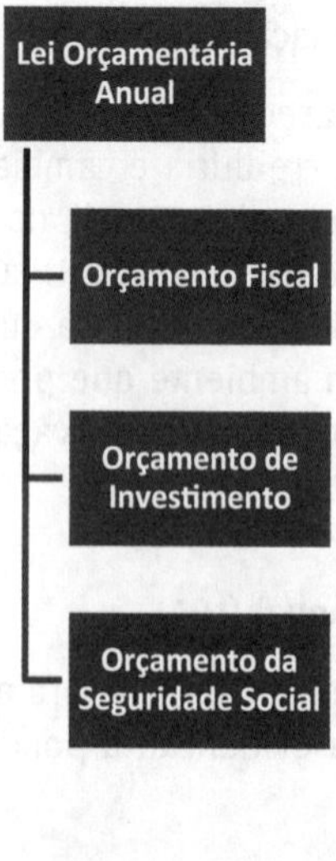

O orçamento fiscal e o orçamento de investimentos, compatibilizados com o plano plurianual, terão entre suas funções a de reduzir desigualdades inter-regionais, segundo critério populacional (art. 165, §7º, da CRFB/88).

▸ **Importante**

Valdecir Paschoal chama a atenção para uma prática constante na elaboração da Lei Orçamentária Anual. Segundo o autor, em relação às empresas públicas e sociedades de economia mista, apenas as receitas e despesas das estatais dependentes (aquelas que para seu funcionamento dependem da transferência de recursos do Tesouro) devem estar relacionadas no Orçamento Fiscal. Assim, este não contemplará as receitas e despesas operacionais (correntes) das empresas estatais independentes. Por outro lado, destaca ainda o autor, em relação às estatais independentes, as despesas com investimentos devem estar assinaladas na LOA, especificamente no Orçamento de Investimento. Já em relação às estatais dependentes, como seus investimentos já estão relacionados integralmente no Orçamento Fiscal, não é necessária a sua especificação no orçamento de investimento (2015, p. 50).

▸ **Como esse assunto foi cobrado em concurso?**

No Concurso da UECE para Advogado da FUNECE em 2017, foi considerado ERRADO o seguinte enunciado: "A lei orçamentária anual compreenderá o orçamento de investimento das empresas em que a União, direta ou indiretamente, detenha **qualquer parcela** do capital social com direito a voto".

▸ **Como esse assunto foi cobrado em concurso?**

No Concurso da UECE para Advogado da FUNECE em 2017, foi considerado ERRADO o seguinte enunciado: "A lei orçamentária anual compreenderá as metas e prioridades da administração pública federal, incluindo as despesas de capital para o exercício financeiro subsequente, orientará a elaboração da lei orçamentária anual, disporá sobre as alterações na legislação tributária e estabelecerá a política de aplicação das agências financeiras oficiais de fomento"

▸ **Como esse assunto foi cobrado em concurso?**

No Concurso do CESPE para Juiz Federal da 2ª Região em 2011, foi considerado ERRADO o seguinte enunciado: "O orçamento federal de investimento das estatais abrange todas as empresas públicas e sociedades de economia mista públicas, incluindo-se as dos estados e dos municípios".

▸ **Como esse assunto foi cobrado em concurso?**

No Concurso do CESPE para Juiz Federal da 2ª Região em 2011, foi considerado CERTO o seguinte enunciado: "O orçamento fiscal compreende parte da administração direta e parte da administração indireta da União".

Por outro lado, a proposta de orçamento da seguridade social deverá ser elaborada "de forma integrada pelos órgãos responsáveis pela saúde, previdência social e assistência social, tendo em vista as metas e prioridades estabelecidas na Lei de Diretrizes Orçamentárias, assegurada a cada área a gestão de seus recursos" (art. 195, §2º, CF). Ou seja, apesar de a execução ser descentralizada, a elaboração do orçamento da seguridade social deve se dar de forma integrada.

Frise-se, ainda, que conforme disposição do §1º do art. 195 da CRFB/88, as receitas dos Estados, do Distrito Federal e dos Municípios destinadas à seguridade social constarão dos respectivos orçamentos, não integrando o orçamento da União.

▸ **Como esse assunto foi cobrado em concurso?**

No Concurso da UECE para Advogado da FUNECE em 2017, foi considerado CERTO o seguinte enunciado: "A lei orçamentária anual compreenderá o orçamento da seguridade social, abrangendo todas as entidades e órgãos a ela vinculados, da administração direta e indireta, bem como os fundos e fundações instituídos pelo Poder Público".

▸ **Como esse assunto foi cobrado em concurso?**

No Concurso do CESPE para Juiz Federal da 2ª Região em 2011, foi considerado ERRADO o seguinte enunciado: "O orçamento previdenciário contém as dotações destinadas à saúde e à previdência".

A LOA é uma lei anual referente à execução do orçamento para o exercício seguinte, contando com a estimativa de receita e a autorização de despesas. Ou seja, enquanto o Plano Plurianual e a Lei de Diretrizes Orçamentárias planejam, a LOA executa o orçamento, caracterizando-se como o documento mais importante para a realização da atividade financeira do Estado, afinal de contas, é nela que se tem a "previsão de todas as receitas públicas e a fixação de todas as despesas públicas, para os três Poderes, seus órgãos, fundos e entidades da administração direta e indireta, inclusive as fundações públicas, e também todas as despesas relativas à dívida pública, mobiliária ou contratual, e as receitas que as atenderão" (ABRAHAM, 2017b, p. 119).

▸ Como esse assunto foi cobrado em concurso?

No Concurso do CESPE para Juiz Federal da 2ª Região em 2011, foi considerado ERRADO o seguinte enunciado: "Cabe à lei orçamentária anual estabelecer, de forma regionalizada, as diretrizes, os objetivos e as metas da administração pública federal para as despesas de capital e para os custos relacionados aos programas de duração continuada".

Segundo o art. 2º da lei 4.320/64, integrarão a Lei de Orçamento:

I. Sumário geral da receita por fontes e da despesa por funções do Governo;

II. Quadro demonstrativo da Receita e Despesa segundo as categorias Econômicas;

III. Quadro discriminativo da receita por fontes e respectiva legislação;

IV. Quadro das dotações por órgãos do Governo e da Administração.

No mais, acompanharão a Lei de Orçamento:

I. Quadros demonstrativos da receita e planos de aplicação dos fundos especiais;

II. Quadros demonstrativos da despesa;

III. Quadro demonstrativo do programa anual de trabalho do Governo, em termos de realização de obras e de prestação de serviços.

Além dessas disposições contidas na lei 4.320/64, merece destaque também o disposto no art. 184 §4º da CRFB/88, segundo o qual "o orçamento fixará anualmente o volume de títulos da dívida agrária, assim como o montante de recursos para atender ao programa de reforma agrária no exercício".

Assim como o PPA e a LDO, a Lei Orçamentária Anual foi detalhada na Lei de Responsabilidade Fiscal que, em seu artigo 5º, inicia por determinar a necessária compatibilidade da LOA com as demais, concretizando a ideia do planejamento orçamentário. Além disso, deverá conter, em anexo, demonstrativo da compatibilidade da programação dos orçamentos com os objetivos e metas constantes do Anexo de Metas Fiscais da LDO (LRF, art. 5º, I). Da mesma forma, a LOA deverá ser acompanhada do demonstrativo regionalizado do efeito, sobre as receitas e despesas, decorrente de isenções, anistias, remissões, subsídios e benefícios de natureza financeira, tributária e creditícia conforme previsto no §6º do art. 165 da CRFB/88 (LRF, art. 5º, I).

O inciso III do art. 5º da LRF, por sua vez, prevê a necessidade de que a LOA contenha reserva de contingência, cuja forma de utilização e montante, definido com base na receita corrente líquida, serão estabelecidos na LDO, destinando-se ao atendimento de passivos contingentes e outros riscos e eventos fiscais imprevistos.

Assim, a reserva de contingência será constituída sob a forma de dotação global, "não especificamente destinada a determinado órgão, unidade orçamentária, programa ou categoria econômica, sendo destinada ao atendimento de passivos contingentes e outros riscos e eventos ficais imprevistos" (BRASIL, 2015, p. 129). Caracteriza-se, dessa forma, como uma exceção ao princípio da especificação.

▸ Como esse assunto foi cobrado em concurso?

No Concurso do IADES para Advogado do CRF/DF em 2017, foi considerado CERTO o seguinte enunciado: "A Lei Orçamentária Anual conterá reserva de contingência, cuja forma de utilização e montante, definido com base na receita corrente líquida, serão estabelecidos na Lei de Diretrizes Orçamentárias".

Da mesma forma, o refinanciamento da dívida pública (LRF, art. 5º, §2º) constará separadamente na lei orçamentária e nas de crédito adicional, evidenciando-se, dessa forma, o princípio da transparência. Ainda em relação à dívida, a LRF estabelece que a atualização monetária do principal da dívida mobiliária refinanciada não poderá superar a variação do índice de preços previsto na LDO, ou em legislação específica (art. 5º, §3º).

Marcus Abraham esclarece que a dívida pública "constitui o somatório das obrigações do Estado perante todos os seus credores referentes aos empréstimos públicos contraídos no mercado interno ou externo, seja através dos contratos diretos com instituições financeiras ou demais credores, seja pela emissão de títulos, para financiar as despesas públicas não cobertas pelas receitas públicas ordinárias, especialmente as tributárias" (2017b, p. 121).

Por outro lado, a chamada dívida pública consolidada "engloba as obrigações relativas aos empréstimos de longo prazo, juntamente com todas as demais obrigações estatais, tais como as obrigações previdenciárias, com o pagamento de salários, aquisição de móveis ou imóveis, pagamento de fornecedores e prestadores de serviços, precatórios, etc." (ABRAHAM, 2017b, p. 121).

▸ **Como esse assunto foi cobrado em concurso?**

No Concurso do CESPE para Juiz Federal da 1ª Região em 2013, foi considerado CERTO o seguinte enunciado: "A lei orçamentária anual de um estado da Federação deve, obrigatoriamente, indicar todas as despesas referentes à sua dívida pública, mobiliária ou contratual".

O §4ºdo art. 5º da LRF estabelece a vedação a que seja consignado na lei orçamentária crédito com finalidade imprecisa ou com dotação ilimitada, concretizando a disposição contida no art. 167, VII da CRFB/88 que veda a concessão ou utilização de créditos ilimitados.

▸ **Como esse assunto foi cobrado em concurso?**

No Concurso do CESPE para Juiz Federal da 1ª Região em 2013, foi considerado ERRADO o seguinte enunciado: "Um município poderá, em sua lei de orçamento, consignar **dotação ilimitada** para despesas de programas voltados à superação de grave problema de mobilidade urbana".

O art. 167, §1º da Constituição da República determina que "nenhum investimento cuja execução ultrapasse um exercício financeiro poderá ser iniciado sem prévia inclusão no plano plurianual, ou sem lei que autorize a inclusão, sob pena de crime de responsabilidade", disposição parcialmente reproduzida no §5º do art. 5º da LRF, com a diferença de que, enquanto na CRFB a vedação incide sobre o início do investimento, a LRF foi mais longe, vedando a inserção de tal despesa também na Lei Orçamentária Anual.

Por fim, o §6º do art. 5º da LRF determina que serão incluídas na lei orçamentária, caracterizando-se como despesas da União, as do Banco Central do Brasil relativas a pessoal e encargos sociais, custeio administrativo, inclusive os destinados a benefícios e assistência aos servidores e a investimentos, uma vez que, segundo a lei 4.595/64, cuida-se de uma autarquia federal, com personalidade jurídica e patrimônio próprios, competindo-lhe cumprir e fazer cumprir as disposições que lhe são atribuídas pela legislação em vigor e as normas expedidas pelo Conselho Monetário Nacional.

▸ Como esse assunto foi cobrado em concurso?

No Concurso do CESPE para Juiz Federal da 2ª Região em 2011, foi considerado ERRADO o seguinte enunciado: "O orçamento monetário destina-se às despesas e receitas do BACEN".

Observe-se que o art. 5º da LRF contava ainda com um §7º que, por sua vez, foi vetado pela Mensagem Presidencial 627/2000. O texto vetado dispunha no seguinte sentido: "O projeto de lei orçamentária anual será encaminhado ao Poder Legislativo até o dia quinze de agosto de cada ano".

Contudo, conforme as exposições do veto, a Presidência da República entendeu que a Constituição Federal, no art. 35 do Ato das Disposições Constitucionais Transitórias já tria estabelecido, para a União, os respectivos prazos para o envio dos projetos de leis orçamentárias, cabendo aos demais entes federativos estabelecerem suas normas próprias sobre o assunto.

Assim, referido dispositivo estabelece que:

I. O projeto do plano plurianual, para vigência até o final do primeiro exercício financeiro do mandato presidencial subsequente, será encaminhado até quatro meses antes do encerramento do primeiro exercício financeiro e devolvido para sanção até o encerramento da sessão legislativa;

II. O projeto de lei de diretrizes orçamentárias será encaminhado até oito meses e meio antes do encerramento do exercício financeiro e devolvido para sanção até o encerramento do primeiro período da sessão legislativa;

III. O projeto de lei orçamentária da União será encaminhado até quatro meses antes do encerramento do exercício financeiro e devolvido para sanção até o encerramento da sessão legislativa.

Projeto de lei	Prazo para que o Executivo encaminhe ao Legislativo	Prazo para que o Legislativo devolva ao Executivo
PPA	Até 4 meses antes do encerramento do primeiro exercício financeiro do mandato (31 de agosto)	Até o encerramento do segundo período da sessão legislativa (22 de dezembro)
LDO	Até 8 meses e meio antes do encerramento do exercício financeiro (15 de abril)	Até o final do 1º período legislativo (17 de julho)
LOA	Até 4 meses antes do encerramento do exercício financeiro (31 de agosto)	Até o encerramento da sessão legislativa (22 de dezembro)

▸ **Como esse assunto foi cobrado em concurso?**

No Concurso da FAUEL para Advogado da Câmara de Maria Helena/PR em 2017, foi considerado ERRADO o seguinte enunciado: "A lei que instituir as Diretrizes Orçamentárias (LDO) estabelecerá as diretrizes, objetivos e metas da administração pública, pelo período de quatro anos, para as despesas de capital e outras delas decorrentes e para as relativas aos programas de duração continuada".

7.4. Controle abstrato de constitucionalidade das leis orçamentárias

Durante algum tempo, o Supremo Tribunal federal entendeu que as leis orçamentárias, por contarem com natureza concreta, não poderiam ser objeto de controle abstrato de constitucionalidade (ADIs 1.640, 2.057, 2.100 e 2.484), o que somente seria cabível contra ato dotado de abstração, generalidade e impessoalidade.

Em 2003, na ADI 2.925 esse entendimento começou a ser alterado. Naquela ocasião ao analisar o descumprimento da norma constitucional referente à destinação da CIDE, o STF entendeu que naquele caso específico a norma contaria com densidade normativa suficiente para que fosse objeto de controle abstrato de constitucionalidade.

Todavia, em 2008 (ADIs 4.048 e 4.049), o posicionamento do STF sofreu significativa mudança, passando a **admitir a possibilidade do controle abstrato de constitucionalidade das leis orçamentárias.**

▸ **Qual o entendimento atual do STF sobre o assunto?**

"Controle abstrato de constitucionalidade de normas orçamentárias. **Revisão de jurisprudência.** O STF deve exercer sua função precípua de fiscalização da constitucionalidade das leis e dos atos normativos quando houver um tema ou uma controvérsia constitucional suscitada em abstrato, independente do caráter geral ou específico, concreto ou abstrato de seu objeto. **Possibilidade de submissão das normas orçamentárias ao controle abstrato de constitucionalidade"** (STF, ADI-MC4.048/DF, Rel. Min. Gilmar Mendes, j. 14.05.2008, p. 21.08.2008).

▸ **Qual o entendimento atual do STF sobre o assunto?**

"A lei não precisa de densidade normativa para se expor ao controle abstrato de constitucionalidade, devido a que se trata de ato de aplicação primária da Constituição" (STF, ADI-MC 4.049/DF, Rel. Min. Carlos Britto, j. 05.11.2008, p. 07.05.2009).

▸ **Como esse assunto foi cobrado em concurso?**

No Concurso da FAUEL para Advogado da Prefeitura de São José/PR em 2017, foi considerado CERTO o seguinte enunciado: "Conforme jurisprudência do Supremo Tribunal Federal, as leis orçamentárias **podem** ser objeto de controle abstrato de constitucionalidade".

8. CICLO ORÇAMENTÁRIO

Ciclo orçamentário, nas palavras de Harrison Leite, "consiste numa série de fatos orçamentários que se sucedem, iniciando-se com a necessidade de determinado recurso, plenamente justificada, até a sua correta aplicação e posterior fiscalização. Logo, é um conjunto de etapas que não se adstringem a um exercício financeiro, visto que os fenômenos orçamentários não se exaurem com a sua ocorrência, deixando reflexos que serão objeto de análise por parte dos setores competentes" (2015, p. 96-97).

Assim, a expressão ciclo evidencia o caráter de **repetição periódica** das mesmas atividades dentro de seus respectivos prazos.

Ricardo Damasceno de Almeida e Marcelo Jucá Lisboa apresentam o ciclo orçamentário tradicionalmente dividido em quatro fases: a) elaboração e apresentação; b) autorização legislativa; c) programação e execução; d) avaliação e controle (2017, p. 149).

Considerando as alterações introduzidas na Constituição, os mesmos autores desdobram o ciclo orçamentário em oito fases: 1) formulação do planejamento plurianual, pelo Executivo; 2) apreciação e adequação do plano, pelo Legislativo; 3) proposição de metas e prioridades para a administração e da política de alocação de recursos pelo Executivo; 4) apreciação e adequação da LDO, pelo Legislativo; 5) elaboração da proposta de orçamento, pelo Executivo; 6) apreciação, adequação e autorização legislativa; 7) execução dos orçamentos aprovados; 8) avaliação da execução e julgamento das contas (ALMEIDA; LISBOA, 2017, p. 149).

Didaticamente optamos por dividir o ciclo orçamentário em três fases:

8.1. Proposta orçamentária

A iniciativa em relação às leis orçamentárias é **privativa do Poder Executivo**, caracterizando-se, ainda, como uma competência indelegável, uma vez que a elaboração do orçamento faz parte da função de planejamento, típica do Executivo.

Omitindo-se diante dessa competência, o Chefe do Poder Executivo poderá responder por crime de responsabilidade, conforme expressa disposição constitucional (art. 85, VI) e ainda de acordo com previsão específica na lei 1.079/50 (Presidente e Governador) e no Decreto-lei 201/67 (Prefeito).

▸ Importante

CRFB/88, Art. 84. Compete privativamente ao Presidente da República

XXIII - enviar ao Congresso Nacional o plano plurianual, o projeto de lei de diretrizes orçamentárias e as propostas de orçamento previstas nesta Constituição.

CRFB/88, Art. 61, §1º. São de iniciativa privativa do Presidente da República as leis que:

II - disponham sobre:

b) organização administrativa e judiciária, matéria tributária e orçamentária, serviços públicos e pessoal da administração dos Territórios.

▸ Como esse assunto foi cobrado em concurso?

No Concurso da FAUEL para Advogado da Câmara de Maria Helena/PR em 2017, foi considerado ERRADO o seguinte enunciado: "A Lei de Diretrizes Orçamentárias (LDO) e a Lei Orçamentária Anual (LOA) é de reserva de iniciativa do Poder Executivo, cabendo, todavia, ao Poder Legislativo, a reserva de iniciativa do Plano Plurianual".

▸ Como esse assunto foi cobrado em concurso?

No Concurso da FGV para Técnico de Nível Superior da Prefeitura de Salvador/BA em 2017, foi considerado CERTO o seguinte enunciado: "O plano plurianual, as diretrizes orçamentárias e os orçamentos anuais serão estabelecidos por meio de leis de iniciativa do Poder Executivo".

Para a elaboração da proposta orçamentária, cada Unidade Gestora (órgão investido na faculdade de gerir recursos orçamentários) elaborará a sua demanda individual, que será, a seguir, consolidada em um único projeto que será submetido ao Poder Legislativo. Para tanto, compete ao Poder Executivo de cada ente disponibilizar aos demais Poderes e ao Ministério Público, no mínimo 30 dias antes do prazo final para o encaminhamento de suas propostas orçamentárias, os estudos e as estimativas das receitas para o exercício subsequente, inclusive da corrente líquida e as respectivas memórias de cálculo (LRF, art. 12, §3º).

Destaque-se que o art. 99 da CRFB/88 assegura ao Poder Judiciário a **autonomia administrativa e financeira**, o que abrange a competência dos tribunais para a elaboração de suas propostas orçamentárias dentro dos limites estipulados conjuntamente com os demais Poderes na lei de diretrizes orçamentárias (CRFB/88, art. 99, §1º), sob pena de inconstitucionalidade.

Assim, o encaminhamento da proposta, ouvidos os tribunais interessados compete (CRFB/88, art. 99, §2º):

I. No âmbito da União, aos Presidentes do Supremo Tribunal Federal e dos Tribunais Superiores, com a aprovação dos respectivos tribunais;

II. No âmbito dos Estados e no do Distrito Federal e Territórios, aos Presidentes dos Tribunais de Justiça, com a aprovação dos respectivos tribunais.

Disposição semelhante alcança o Ministério Público, conforme disciplinado nos §§ 2º ao 6º do art. 127, da CRFB/88. Assim, "o Ministério Público elaborará sua proposta orçamentária dentro dos limites estabelecidos na lei de diretrizes orçamentárias".

▸ **Qual o entendimento atual do STF sobre o assunto?**

"Não obstante a autonomia institucional que foi conferida ao Ministério Público pela Carta Política, permanece na esfera exclusiva do Poder Executivo a competência para instaurar o processo de formação das leis orçamentárias em geral. A Constituição autoriza, apenas, a elaboração, na fase pré-legislativa, de sua proposta orçamentária, dentro dos limites estabelecidos na lei de diretrizes" (STF, ADI-MC 514/DF, Rel. Min. Celso de Mello, Pleno, j. 01.07. 1991, p. 18.03.1994).

Além do Poder Judiciário e do Ministério Público, às Defensorias Públicas Estaduais também é assegurada a **autonomia funcional e administrativa**, assim como a iniciativa de sua proposta orçamentária dentro dos limites estabelecidos na LDO e subordinando-se ao disposto no art. 99, §2º da Constituição (CRFB/88, art. 134, §2º, incluído pela EC 45/2004). Essa autonomia foi, mais tarde, com o advento da Emenda Constitucional nº 74, de 2013, estendida às Defensorias Públicas da União e do Distrito Federal.

▸ **Qual o entendimento atual do STF sobre o assunto?**

"A EC 45/04 outorgou expressamente autonomia funcional e administrativa às defensorias públicas estaduais, além da iniciativa para a propositura de seus orçamentos (art. 134, §2º): donde, ser inconstitucional a norma local que estabelece a vinculação da Defensoria Pública a Secretaria de Estado. A norma de autonomia inscrita no art. 134, §2º, da Constituição Federal pela EC 54/04 é de eficácia plena e aplicabilidade imediata, dado ser a Defensoria Pública um instrumento de efetivação dos direitos humanos. [...]" (STF, ADI 3.569-0/PE, Rel. Min. Sepúveda Pertence, Pleno, j. 02.04. 2007, p. 11.05.2007).

▸ **Qual o entendimento atual do STF sobre o assunto?**

"Nos termos do art. 134, §2º, da CF, não é dado ao chefe do Poder Executivo estadual, de forma unilateral, reduzir a proposta orçamentária da Defensoria Pública quando essa é compatível com a LDO. Caberia ao governador do Estado incorporar a PLOA a proposta nos exatos termos definidos pela Defensoria, podendo, contudo, pleitear à Assembleia Legislativa a redução pretendida, visto ser o Poder Legislativo a seara adequada para o debate de possíveis alterações no PLOA. A inserção da Defensoria Pública em capítulo destinado à proposta orçamentária do Poder Executivo, juntamente com as Secretarias de Estado, constitui desrespeito à autonomia administrativa da instituição, além de ingerência indevida no estabelecimento de sua programação administrativa e financeira" (STF, ADPF 307 MC-REF, Rel. Min. Dias Toffoli, j. 19.12. 2013, p. 27.03.2014).

ATENÇÃO: as leis de diretrizes orçamentárias elaboradas em 2016 (lei 13.408, art. 26) e 2017 (13.473, art. 24) incluíram novas exigências em relação aos Poderes Legislativo e Judiciário, o Ministério Público da União e a Defensoria da União. Assim, seus órgãos deverão encaminhar à Secretaria de Orçamento Federal do Ministério do Planejamento, Desenvolvimento e Gestão, por meio do Sistema Integrado de Planejamento e Orçamento – SIOP, até 15 de agosto do respectivo ano, suas propostas orçamentárias para fins de consolidação do Projeto de Lei Orçamentária.

Observe-se que tais disposições **não alcançam o Supremo Tribunal Federal, o Conselho Nacional de Justiça, o Ministério Público Federal e o Conselho Nacional do Ministério Público**.

Além disso, as propostas orçamentárias dos órgãos do Poder Judiciário e do Ministério Público da União, deverão ser objeto de parecer do Conselho Nacional de Justiça e do Conselho Nacional do Ministério Público, de que tratam os arts. 103-B e 130-A da Constituição Federal, respectivamente, a ser encaminhado à Comissão Mista a que se refere o §1º do art. 166 da CRFB/88, até 28 de setembro do respectivo ano, com cópia para a Secretaria de Orçamento Federal do Ministério do Planejamento, Desenvolvimento e Gestão.

Tais dispositivos, constantes das leis de diretrizes orçamentárias evidenciam que, também ao Poder Legislativo compete elaborar sua proposta orçamentária, a ser encaminhada ao Executivo, ainda que não exista disposição constitucional expressa nesse sentido.

> **Como esse assunto foi cobrado em concurso?**
>
> No Concurso do CESPE para Juiz Federal da 5ª Região em 2012, foi considerado CERTO o seguinte enunciado: "A prerrogativa da autonomia financeira dos poderes visa impedir o Poder Executivo de causar, em desfavor do Poder Judiciário, do Poder Legislativo e do MP, um estado de subordinação financeira capaz de comprometer, pela gestão arbitrária do orçamento, a independência político-jurídica dessas instituições".

Em todos esses casos (Judiciário, Ministério Público, Defensorias e Poder Legislativo) caso as propostas orçamentárias não sejam encaminhadas dentro dos prazos estabelecidos na LDO, o Poder Executivo considerará, para fins de consolidação da proposta orçamentária anual, os valores aprovados na **lei orçamentária vigente ajustados conforme limites previstos na própria LDO**.

Por outro lado, caso tais propostas sejam apresentadas, mas em desacordo com os limites estipulados na LDO, o Poder Executivo procederá aos ajustes necessários de forma a consolidar a proposta orçamentária a ser encaminhada ao Poder Legislativo, sendo esta a única situação em que será possível que o Executivo modifique os valores constantes nas propostas do Ministério Público, da Defensoria Pública, e dos Poderes Judiciário e Legislativo.

A proposta orçamentária a ser encaminhada pelo Poder Executivo ao Legislativo será composta da seguinte forma (art. 22 da lei 4.320/64):

I. Mensagem, que conterá: exposição circunstanciada da situação econômico-financeira, documentada com demonstração da dívida fundada e flutuante, saldos de créditos especiais, restos a pagar e outros compromissos financeiros exigíveis; exposição e justificação da política econômico-financeira do Governo, justificação da receita e despesa, particularmente no tocante ao orçamento de capital;

II. Projeto de lei orçamentária;

III. Tabelas explicativas (anexos)

8.2. Elaboração orçamentária

Essa segunda fase do ciclo orçamentário inicia-se com a apreciação, pelo Poder Legislativo, da proposta consolidada o que, no caso da União, dá-se mediante análise conjunta das duas Casas do Congresso Nacional, mas com apuração dos votos em separado, conforme previsão do Regimento do Congresso Nacional (Resolução n. 01/1970 e Resolução 01/2006).

Destaque-se que no âmbito federal a Constituição (art. 166, §1º) previu a criação de uma Comissão mista de Senadores e Deputados com competência para:

a) Examinar e emitir parecer sobre os projetos referidos neste artigo (inclusive créditos adicionais) e sobre as contas apresentadas anualmente pelo Presidente da República;

b) Examinar e emitir parecer sobre os planos e programas nacionais, regionais e setoriais previstos nesta Constituição e exercer o acompanhamento e fiscalização orçamentária;

c) Emitir parecer sobre as emendas às leis orçamentárias apresentadas na Comissão mista.

> **▸ Qual o entendimento atual do STF sobre o assunto?**
>
> "O relatório da Comissão Mista de Planos, Orçamentos Públicos e Fiscalização (CMO) do Congresso Nacional, mercê de ostentar confessadamente motivação ideologicamente enviesada, não vincula, per si, a apreciação pelas Casas Legislativas do parlamento Federal " (STF, ADI 5.468, Rel. Min. Luiz Fux, j. 30.06. 2016, p. 02.08.2017).

Segundo previsão da Resolução n. 01/2006 do Congresso Nacional, a Comissão Mista Permanente prevista no art. 166 da CRFB/88 é denominada Comissão Mista de Planos, Orçamentos Públicos e Fiscalização (CMO), sendo composta por 40 (quarenta) membros titulares, sendo 30 (trinta) deputados e 10 (dez) senadores.

A mesma Resolução n. 01/2006, que dispõe sobre a Comissão Mista Permanente bem como a tramitação das leis orçamentárias, estabelece ainda que, para o exercício de sua competência, a CMO poderá (art. 3º):

I. Determinar ao Tribunal de Contas da União a realização de fiscalizações, inspeções e auditorias, bem como requisitar informações sobre a fiscalização contábil, financeira, orçamentária, operacional e patrimonial e sobre resultados de fiscalizações, auditorias e inspeções realizadas;

II. Requerer informações e documentos aos órgãos e entidades federais;

III. Realizar audiências públicas com representantes e órgãos e entidades públicas e da sociedade civil;

IV. Realizar inspeções e diligências em órgãos da administração pública federal, das administrações estadual e municipal e em entidades privadas que recebam recursos ou administrem bens da União.

▸ Importante

Art. 4º da Resolução n. 01/2006 do Congresso Nacional: "A CMO realizará **audiências públicas** para o debate e o aprimoramento dos projetos de lei orçamentária anual, de lei de diretrizes orçamentárias e de lei do plano plurianual e para o acompanhamento e a fiscalização da execução orçamentária e financeira".

Para seu melhor funcionamento, serão constituídos quatro comitês permanentes no âmbito da CMO: 1.) Comitê de Avaliação, Fiscalização e Controle da Execução Orçamentária; 2.) Comitê de Avaliação da Receita; 3.) Comitê de Avaliação das Informações sobre Obras e Serviços com Índices de Irregularidades Graves; e 4.) Comitê de Exame da Admissibilidade de Emendas, com competências disciplinadas pela própria Resolução n. 01/2006-CN.

Assim, exercida a iniciativa vinculada do Poder Executivo sobre as leis orçamentárias, antes de o projeto ser submetido ao Poder Legislativo, será examinado pela Comissão Mista Permanente a qual caberá emitir parecer. É nesse momento de análise pela Comissão que os congressistas poderão apresentar emendas aos projetos de leis orçamentárias.

Ou seja, diferentemente do que ocorria na ordem constitucional anterior, **atualmente é possível ao legislador apresentar projeto de lei com o escopo de alterar o projeto orçamentário apresentado pelo Poder Executivo**, o que, segundo Harrison Leite representa "uma maior participação democrática nos gastos públicos, conferindo-lhes maior legitimidade, diferentemente do passado, em que o Legislativo não podia fazer qualquer emenda nesse sentido", evidenciando-se, assim, ainda segundo o autor, "uma forte razão para a natureza de lei em sentido material do orçamento" (2015, p. 101).

Tanto em relação ao Anexo de Metas e Prioridades da Lei de Diretrizes Orçamentárias (art. 87 da Resolução n. 01/2006-CN) quanto ao projeto de lei do plano plurianual, ou ao projeto que o revise (art. 97 da Resolução n. 01/2006-CN) poderão ser apresentadas emendas de Comissão e de Bancada Estadual observados os seguintes limites:

I. Até 5 (cinco) emendas, para as Comissões Permanentes do Senado Federal ou da Câmara dos Deputados;

II. Até 5 (cinco) emendas, para as Bancadas Estaduais do Congresso Nacional.

Por outro lado, quanto à LDO cada parlamentar poderá apresentar até 5 (cinco) emendas (art. 88 da Resolução n. 01/2006-CN) ao passo que no caso do PPA, cada parlamentar poderá apresentar até 10 (dez) emendas (art. 98 da Resolução n. 01/2006-CN).

Em relação à Lei Orçamentária Anual, são admitidos dois tipos de emendas ao projeto: emendas à receita e emenda à despesa.

Emendas à receita, são as que têm por finalidade alteração da estimativa de receita, inclusive as que propõem redução dessa estimativa em decorrência da aprovação de projeto de lei (art. 31 da Resolução n. 01/2006-CN).

As emendas de renúncia de receita, além de indicarem os recursos compensatórios necessários, provenientes de anulação de despesas ou de acréscimo de outra receita, deverão satisfazer às seguintes condições (art. 32 da Resolução n. 01/2006-CN):

I. Terem recebido, previamente ao exame da compatibilidade e da adequação orçamentária e financeira, parecer favorável de mérito, na Casa de origem, pelas Comissões Permanentes;

II. Estejam, até o prazo final para a apresentação das emendas, instruídas com a estimativa da renúncia de receita delas decorrentes, oriundas do Poder Executivo ou de órgão técnico especializado em matéria orçamentária do Poder Legislativo.

Já as emendas à despesa são classificadas como de remanejamento, de apropriação ou de cancelamento:

- **Emenda de remanejamento** → "é a que propõe acréscimo ou inclusão de dotações e, simultaneamente, como fonte exclusiva de recursos, a anulação equivalente de dotações constantes do projeto, exceto as da reserva de Contingência" (art. 38 da Resolução n. 01/2006-CN);
- **Emenda de apropriação** → "é a que propõe acréscimo ou inclusão de dotações e, simultaneamente, como fonte de recursos, a anulação equivalente de: I. recursos integrantes da Reserva de Recursos (art. 56 da Resolução n. 01/2006-CN); II. outras dotações, definidas no parecer preliminar" (art. 39 da Resolução n. 01/2006-CN);
- **Emenda de cancelamento** → "é a que propõe, exclusivamente, a redução de dotações constantes do projeto" (art. 40 da Resolução n. 01/2006-CN).

Em suma, os parlamentares não são livres para apresentar qualquer tipo de emenda, submetendo-se a restrições de ordem tanto material quanto formal. Assim, o art. 166, §§ 3º e 4º da CRFB/88 estabeleceu que as emendas ao projeto de lei do orçamento anual ou aos projetos que o modifiquem somente podem ser aprovadas caso sejam compatíveis com o plano plurianual e ainda:

I. Sejam compatíveis com o plano plurianual e com a lei de diretrizes orçamentárias;

II. Indiquem os recursos necessários, admitidos apenas os provenientes de anulação de despesa, excluídas as que incidam sobre:

   a) Dotações para pessoal e seus encargos;

   b) Serviço da dívida;

   c) Transferências tributárias para Estados, Municípios e Distrito Federal; ou

III. Sejam relacionadas:

   a) Com a correção de erros ou omissões; ou

   b) Com os dispositivos do texto do projeto de lei.

A exigência de que a emenda indique os recursos necessários compatibiliza-se ainda com a previsão do art. 63 da CRFB que vida o aumento de despesa prevista nos projetos de iniciativa exclusiva do Presidente da República, salvo os casos de anulação de despesa supramencionados.

▸ **Qual o entendimento atual do STF sobre o assunto?**

"Inconstitucionalidade formal caracterizada. Emenda parlamentar a projeto de iniciativa exclusiva do chefe do Executivo que resulta em aumento de despesa afronta os arts. 63, I, c/c o 61, §1º, II, c, da CF" (STF, ADI 4.009, Rel. Min. Eros Grau, j. 04.02. 2009, p. 29.05.2009).

▸ **Qual o entendimento atual do STF sobre o assunto?**

"As normas constitucionais de processo legislativo não impossibilitam, em regra, a modificação, por meio de emendas parlamentares, dos projetos de lei enviados pelo chefe do Poder Executivo no exercício de sua iniciativa privativa. Essa atribuição do Poder Legislativo esbarra, porém, em duas limitações: a) a impossibilidade de o parlamento veicular matérias diferentes das versadas no projeto de lei, de modo a desfigurá-lo; e b) a impossibilidade de as emendas parlamentares aos projetos de lei de iniciativa do Presidente da República, ressalvado o disposto no §3º e no §4º do art. 166, implicarem aumento de despesa pública (inciso I do art. 63 da CF)" (STF, ADI 2.583, Rel. Min. Cármen Lúcia, j. 1º.08. 2011, p. 26.08.2011).

▸ **Como esse assunto foi cobrado em concurso?**

No Concurso da FAUEL para Advogado da Câmara de Maria Helena/PR em 2017, foi considerado ERRADO o seguinte enunciado: "O orçamento é um ato administrativo do Poder Executivo, **não havendo previsão de emendas** ao projeto de Lei de Diretrizes Orçamentárias (LDO) e Lei Orçamentária Anual (LOA), ainda que sejam compatíveis com o Plano Plurianual".

Destaque-se que o Presidente da República poderá enviar mensagem ao Congresso Nacional para propor modificação nos projetos de lei de PPA, LDO e LOA enquanto não iniciada a votação, na Comissão mista, da parte cuja alteração é proposta (art. 166, §5º, da CRFB/88). Além disso, os pedidos para correção da programação orçamentária constante do projeto, originários de órgãos do Poder Executivo, somente serão examinados pelos Relatores se solicitados pelo Ministro de Estado da área correspondente, com a comprovação da ocorrência de erro ou omissão de ordem técnica ou legal, e encaminhados pelo Ministro do Planejamento, Orçamento e Gestão ao Presidente (art. 28, parágrafo único, da Resolução n. 01/2006-CN).

Apesar de ser de iniciativa privativa do Poder Executivo, no caso de não apresentação do projeto de lei orçamentária, o Poder Judiciário não conta com instrumentos para obrigá-lo a agir. Assim, a solução ante a omissão do Executivo, advém do disposto no art. 32 da lei 4.320/64, segundo o qual "se não receber a proposta orçamentária no prazo fixado nas Constituições ou nas Leis Orgânicas dos Municípios, o Poder Legislativo considerará como proposta a Lei Orçamentária vigente".

▸ **Como esse assunto foi cobrado em concurso?**

No Concurso da VUNESP para Advogado do Crbio/1ª Região em 2017, esse tema foi cobrado da seguinte forma: "Caso o Poder Legislativo não receba a proposta orçamentária no prazo fixado nas Constituições ou nas Leis Orgânicas dos Municípios, deverá: a) elaborar o projeto de lei orçamentária; b) considerar como proposta a lei do orçamento vigente; c) determinar que o Poder Executivo o faça no prazo de 30 dias; d) encaminhar reclamação ao Supremo Tribunal Federal; e) decretar intervenção". Segundo o gabarito oficial, foi considerada correta a alternativa "b".

Por outro lado, a omissão do Presidente da República poderá ser punida como **crime de responsabilidade** (art. 85, VI, da CRFB/88, c/c art. 10 da lei 1.079/50).

Assim, "caso o projeto de lei orçamentária não seja aprovado até 31 de dezembro, subsiste a lei anterior, fazendo as adaptações necessárias mediante autorização legislativa, apesar de esta solução ser divergente na doutrina" que, segundo Ricardo Damasceno de Almeida e Marcelo Jucá Lisboa (2016, p. 160), apresentam três posições:

a) A lei anterior deve ser mantida, fazendo-se as devidas adaptações, sendo que eventuais autorizações deverão depender do Poder Legislativo.

b) A lei anterior deve ser mantida com liberação de 1/12 mensalmente, até a aprovação de uma nova lei;

c) Promulgação do projeto pelo chefe do executivo sem qualquer alteração.

Já no caso de não aprovação da Lei de Diretrizes Orçamentárias até 17 de junho, **não haverá o encerramento do primeiro período da sessão legislativa.**

▸ **Importante**

CRFB/88, art. 57, §2º. A sessão legislativa não será interrompida sem a aprovação do projeto de lei de diretrizes orçamentárias.

▸ **Como esse assunto foi cobrado em concurso?**

No Concurso do CESPE para Juiz Federal da 5ª Região em 2012, foi considerado ERRADO o seguinte enunciado: "Caso não receba a proposta orçamentária no prazo fixado pela CF, o Poder Legislativo não poderá considerar como proposta a lei do orçamento vigente".

▸ **Como esse assunto foi cobrado em concurso?**

No Concurso da VUNESP para Advogado do Crbio/1ª Região em 2017, esse tema foi cobrado da seguinte forma: "Caso o Poder Legislativo não receba a proposta orçamentária no prazo fixado nas Constituições ou nas Leis Orgânicas dos Municípios, deverá: a) elaborar o projeto de lei orçamentária; b) considerar como proposta a lei do orçamento vigente; c) determinar que o Poder Executivo o faça no prazo de 30 dias; d) encaminhar reclamação ao Supremo Tribunal Federal; e) decretar intervenção". Segundo o gabarito oficial, foi considerada correta a alternativa "b".

Se, por um lado, não é possível a rejeição do projeto de Lei de Diretrizes Orçamentárias, o mesmo não há que se falar em relação à Lei Orçamentária Anual, que **poderá ser rejeitada pelo Congresso Nacional**, situação que levará à aplicação do §8º do art. 166 da CRFB/88, segundo o qual "os recursos que, em decorrência de veto, emenda ou rejeição do projeto de lei orçamentária anual, ficarem sem despesas correspondentes poderão ser utilizados, conforme o caso, mediante créditos especiais ou suplementares, com prévia e específica autorização legislativa".

Considerando os problemas decorrentes de eventual rejeição da LOA, José Afonso da Silva destaca que tal "só deve ser praticada em situação extrema de proposta distorcida, incongruente e impossível de ser consertada por via de emendas, dadas as limitações para estas" (2005. p. 748).

Carlos Alberto de Moraes Ramos Filho entende que na hipótese de rejeição do projeto de LOA (total ou parcial), "a solução para contornar o problema da ausência de lei orçamentária seria o Poder Executivo prorrogar o orçamento do exercício financeiro recém-encerrado e solicitar autorização legislativa para abertura de crédito suplementares especiais, conforme o caso (2017, p. 540).

▸ **Como esse assunto foi cobrado em concurso?**

No Concurso do CESPE para Juiz Federal da 5ª Região em 2012, foi considerado ERRADO o seguinte enunciado: "O Poder Legislativo não pode rejeitar o projeto de lei orçamentária".

No âmbito da União, apesar de não contar com expressa previsão constitucional, a solução encontrada pelo legislador nos últimos anos vem sendo permitir que, enquanto não aprovada a LOA pelo Poder Legislativo, o Poder Executivo realize execução provisória de 1/12 **do projeto de lei orçamentária que está em tramitação no Congresso Nacional**, o que representam os chamados 'duodécimos'.

Após o recebimento de parecer favorável da CMO, os projetos de PPA, LDO e LOA serão enviados ao Plenário das duas Casas do Congresso Nacional para apreciação, na forma do Regimento Comum, em **sessão conjunta**. Aprovado o projeto, será encaminhado para a sanção do Poder Executivo, na forma do art. 66, *caput*, da CRFB/88.

Harrison Leite chama atenção para a confusão, por vezes existente, entre sessão conjunta e sessão unicameral: "Na sessão conjunta do Congresso Nacional, os parlamentares se reúnem no mesmo espaço para apreciarem juntos os projetos, porém, havendo a fase de votação, a maioria deve ser alcançada tanto no âmbito dos Senadores, quanto no âmbito dos Deputados Federais. Assim, a discussão é conjunta, mas a votação é separada (bicameral). Na sessão unicameral tem-se a votação como um todo, considerando-se o voto o deputado igual ao do senador. Cada parlamentar tem direito a um voto e a apuração é feita considerando que há uma única votação" (2015, p. 103).

Há que se destacar que, decorrido o prazo de 15 (quinze) dias, o silêncio do Presidente da República importará sanção tácita ao projeto (Art. 66, §3º, da CRFB/88). Por outro lado, se o Presidente da República considerar o projeto, no todo ou em parte, inconstitucional ou contrário ao interesse público, poderá vetá-lo total ou parcialmente, no prazo de 15 (quinze) dias úteis, contados da data do recebimento, e comunicará, dentro de 48 (quarenta e oito) horas, ao Presidente do Senado Federal os motivos do veto (Art. 66, §1º, da CRFB/88).

Eventual veto será apreciado em sessão conjunta, dentro de trinta dias a contar de seu recebimento, só podendo ser rejeitado pelo voto da maioria absoluta dos Deputados e Senadores, com votação secreta. Não sendo mantido o veto, o projeto será enviado ao Presidente da República, para promulgação.

Após a promulgação, a lei orçamentária deverá ser publicada gerando os efeitos do art. 3º da Lei de Introdução às normas do Direito Brasileiro (Decreto-lei 4.657/1942), segundo o qual "ninguém se escusa de cumprir a lei, alegando que não a conhece".

8.3. Execução orçamentária

A partir da sua publicação, a Lei Orçamentária Anual entra em vigor e passa a ser executada a partir de 1º de janeiro, autorizando o Poder Executivo a gastar os recursos nela aprovados.

Assim, a execução orçamentária materializará aquilo que foi previsto na LOA de cada ente federativo, desde a arrecadação das receitas até a realização das despesas. Para tanto, o art. 8º da Lei de Responsabilidade Fiscal prevê a Programação Financeira, conceituada por Marcus Abraham como "um conjunto de atividades com o objetivo de ajustar o ritmo de execução do orçamento ao fluxo provável de recursos financeiros". Assim, "logo após a sanção presidencial à Lei Orçamentária aprovada pelo Congresso Nacional, o Poder Executivo mediante *decreto* estabelece em até trinta dias a **programação financeira** e o **cronograma de desembolso** mensal por órgãos, observadas as metas de resultados fiscais dispostas na Lei de Diretrizes Orçamentárias" (2017b, p. 126).

Nesse sentido, os recursos legalmente vinculados a finalidade específica serão utilizados exclusivamente para atender ao objeto de sua vinculação, ainda que em exercício diverso daquele em que ocorrer o ingresso (art. 8º, parágrafo único, da LRF).

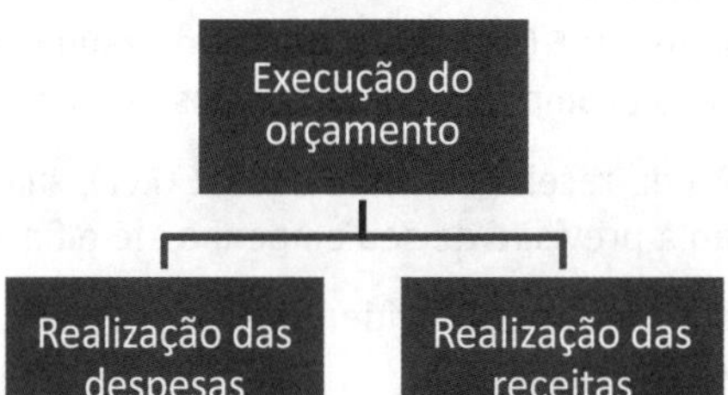

Além disso, segundo disposição do art. 165, §3º da CRFB/88, e com o objetivo de permitir maior transparência na execução orçamentária, o Poder Executivo publicará, até trinta dias após o encerramento de cada bimestre, relatório resumido da execução orçamentária (RREO) que, segundo disciplina conferida pelo art. 52 da LRF, será composto de:

I. balanço orçamentário, que especificará por categoria econômica, as:

a) receitas por fonte, informando as realizadas e a realizar, bem como a previsão atualizada;

b) despesas por grupo de natureza, discriminando a dotação para o exercício, a despesa liquidada e o saldo;

II. demonstrativo da execução das:

a) receitas, por categoria econômica e fonte, especificando a previsão inicial, a previsão atualizada para o exercício, a receita realizada no bimestre, a realizada no exercício e a previsão a realizar;

b) despesas, por categoria econômica e grupo de natureza da despesa, discriminando dotação inicial, dotação para o exercício, despesas empenhada e liquidada, no bimestre e no exercício;

c) despesas, por função e subfunção.

> ▸ **Como esse assunto foi cobrado em concurso?**
>
> No Concurso do TRE/PE para Analista Judiciário em 2017, foi considerado ERRADO o seguinte enunciado: "O balanço orçamentário deve conter as receitas por grupo de natureza e as despesas por fonte".

Ainda segundo a LRF (Art. 53), o Relatório Resumido de Execução Orçamentária será acompanhado de demonstrativos relacionados a:

I. apuração da receita corrente líquida (RCL), sua evolução, assim como a previsão de seu empenho até o final do exercício;

II. receitas e despesas previdenciárias a que se refere o inciso IV do art. 50 da LRF;

III. resultados nominal e primário;

IV. despesas com juros;

V. restos a pagar, detalhando, por Poder e órgão, os valores inscritos, os pagamentos realizados e o montante a pagar.

O RREO será elaborado e publicado pelo Poder Executivo da União, dos Estados, do Distrito Federal e dos Municípios, de forma a abranger os órgãos da Administração Direta e entidades da Administração indireta de todos os poderes. Sua disciplina foi conferida pelo Manual de Demonstrativos Fiscais elaborado pela Secretaria do Tesouro Nacional que determina, a necessidade de que o RREO contemple os seguintes demonstrativos (BRASIL, 2014, p. 119-120):

- Balanço Orçamentário;
- Demonstrativo da Execução das Despesas por Função/ Subfunção;
- Demonstrativo da Receita Corrente Líquida;
- Demonstrativo das Receitas e Despesas Previdenciárias;
- Demonstrativo do Resultado Nominal;
- Demonstrativo do Resultado Primário;
- Demonstrativo dos Restos a Pagar por Poder e Órgão;
- Demonstrativo das Receitas e Despesas com Manutenção e Desenvolvimento do Ensino;
- Demonstrativos das Receitas e Despesas com Ações e Serviços Públicos de Saúde;
- Demonstrativo Simplificado do Relatório Resumido da Execução Orçamentária.

Além destes demonstrativos, também deverão ser elaborados e publicados até trinta dias após o encerramento do último bimestre, os seguintes:

- Demonstrativo das Receitas de Operações de Crédito e Despesas de Capital;
- Demonstrativo da Projeção Atuarial do Regime de Previdência;
- Demonstrativo da Receita de Alienação de Ativos e Aplicação dos Recursos; e
- Demonstrativo das Parcerias Público-Privadas.

Além do RREO, a LRF estabelece também a necessidade de se emitir o Relatório de Gestão Fiscal (RGF), importante instrumento de transparência fiscal, "através do qual se permite realizar o controle, o monitoramento e a publicidade do cumprimento, por parte dos entes federativos, dos limites estabelecidos na LRF, quais sejam, aqueles definidos em percentuais da Receita Corrente Líquida (RCL) a respeito das despesas com pessoal, dívida consolidada líquida, concessão de garantias e contratação de operações de crédito". (ABRAHAM, 2017b, p. 264). O Relatório de Gestão Fiscal deverá conter:

I. Comparativo com os limites da LRF dos seguintes montantes:

   a) Despesa total com pessoal, distinguindo a com inativos e pensionistas;

   b) Dívidas consolidada e mobiliária;

   c) Concessão de garantias;

   d) Operações de crédito, inclusive por antecipação de receita.

II. Indicação das medidas corretivas adotadas ou a adotar, se ultrapassado qualquer dos limites.

> **▸ Como esse assunto foi cobrado em concurso?**
>
> No Concurso do TRE/PE para Analista Judiciário em 2017, foi considerado ERRADO o seguinte enunciado: "O relatório de gestão fiscal deve conter o total da despesa com pessoal, excluídos os pensionistas".

Para o último quadrimestre, a LRF traz especificações em relação aos demonstrativos, na forma do art. 55, III.

A respeito da execução orçamentária, há que se destacar a previsão do art. 9º da LRF, segundo o qual "se verificado, ao final de um bimestre, que a realização da receita poderá não comportar o cumprimento das metas de resultado primário ou nominal estabelecidas no Anexo de Metas Fiscais, os Poderes e o Ministério Público promoverão, por ato próprio e nos montantes necessários, nos trinta dias subsequentes, limitação de empenho e movimentação financeira, segundo critérios fixados pela lei de diretrizes orçamentárias".

> **▸ Como esse assunto foi cobrado em concurso?**
>
> No Concurso do CESPE para Juiz Federal da 1ª Região em 2013, foi considerado ERRADO o seguinte enunciado: "Sendo a realização da receita prevista no orçamento incompatível com as metas fiscais da lei de diretrizes orçamentárias, conforme apuração bimestral, o MP e o Poder Judiciário **não estarão sujeitos às regras de limitação de empenho** da despesa e de movimentação financeira".

Ou seja, para que não haja despesa incompatível com a receita, a LRF estabelece a necessidade de limitação de empenho o que, contudo, não poderá alcançar as despesas que constituam obrigações constitucionais e legais do ente, inclusive aquelas destinadas ao pagamento do serviço da dívida, e as ressalvadas pela lei de diretrizes orçamentárias (art. 9º, §3º, da LRF). Havendo o restabelecimento da receita prevista, ainda que parcial, a recomposição das dotações cujos empenhos foram limitados dar-se-á de forma proporcional às reduções efetivadas (art. 9º, §2º, da LRF).

Já o repasse dos recursos aos demais órgãos e poderes, será conforme a disposição do art. 168 da CRFB/88, sendo-lhes entregues até o dia 20 de cada mês, em duodécimos.

▸ **Qual o entendimento atual do STF sobre o assunto?**

"O direito prescrito no art. 168 da CF/1988 instrumentaliza o postulado da Separação de Poderes e, dessa perspectiva, institui um dos fundamentos essenciais para a permanência do Estado Democrático de Direito, impedindo a sujeição dos demais Poderes e órgãos autônomos da República a arbítrios e ilegalidades perpetradas no âmbito do Poder Executivo respectivo. É dever de cada um dos Poderes, por ato próprio, proceder aos ajustes necessários, com limitação de empenho (despesa), ante a frustração de receitas que inviabilize o cumprimento de suas obrigações (LC 101/2000, art. 9º), operando-se esses ajustes em um ambiente de diálogo institucional, em que o Poder Executivo sinaliza o montante da frustração de receita - calculada a partir do que fora projetado no momento da edição da lei orçamentária e a receita efetivamente arrecadada no curso do exercício financeiro de referência - e os demais Poderes e órgãos autônomos da República, no exercício de sua autonomia administrativa, promovem os cortes necessários em suas despesas para adequarem as metas fiscais de sua responsabilidade aos limites constitucionais e legais autorizados, conforme sua conveniência e oportunidade". [...] (STF, MS 34.483, Rel. Min. Dias Toffoli, j. 22.11. 2016, 2ª T, p. 08.08.2017).

9. EXERCÍCIO FINANCEIRO

No Brasil, em respeito ao **princípio da anualidade ou periodicidade**, o orçamento deve ser elaborado de forma a que sua execução se realize dentro do chamado exercício financeiro, qual seja "o período definido para fins de segregação e organização dos registros relativos à arrecadação de receitas, à execução de despesas e aos atos gerais de administração financeira e patrimonial da administração pública. No Brasil, o exercício financeiro tem duração de doze meses e coincide com o ano civil" (Disponível em: https://www12.senado.leg.br/orcamento/glossario/exercicio-financeiro Acesso em 28 out. 2017).

> **Importante**
>
> Lei 4.320/64
>
> Art. 34. O exercício financeiro coincidirá com o ano civil.
>
> Art. 35. Pertencem ao exercício financeiro:
>
> I - As receitas nele arrecadadas;
>
> II - As despesas nele legalmente empenhadas

> **Como esse assunto foi cobrado em concurso?**
>
> No Concurso da FMP para Procurador do Estado do Acre em 2017, foi considerado ERRADO o seguinte enunciado: "O espaço temporal dentro do qual o orçamento é executado chama-se exercício orçamentário".

A doutrina destaca que o art. 35 da lei 4.320/64 estabelece o regime contábil para as receitas e despesas de forma a caracterizar o regime de escrituração misto no Brasil, qual seja, o **regime de caixa para as receitas** e o **regime de competência para as despesas** (ALMEIDA; LISBOA, 2017, p. 166). Nesse sentido, os autores apresentam ambos os regimes da seguinte forma:

a) **Regime de caixa** significa que será considerado, para o cômputo das receitas, apenas as (receitas) que ingressarem **efetivamente** no patrimônio do ente estatal, livre de condições.

Assim, o **regime de caixa** é adotado para as receitas efetivamente obtidas ou recebidas, de forma que as receitas lançadas e não arrecadadas pertencem ao exercício financeiro na condição de dívida ativa, cujo conceito encontra-se disciplinado no art. 39, §2º da lei 4.320/64: "Dívida Ativa Tributária é o crédito da Fazenda Pública dessa natureza, proveniente de obrigação legal relativa a tributos e respectivos adicionais e multas, e Dívida Ativa não Tributária são os demais créditos da Fazenda Pública, tais como os provenientes de empréstimos compulsórios, contribuições estabelecidas em lei, multa de qualquer origem ou natureza, exceto as tributárias, foros, laudêmios, aluguéis ou taxas de ocupação, custas processuais, preços de serviços prestados por estabelecimentos públicos, indenizações, reposições, restituições, alcances dos responsáveis definitivamente julgados, bem assim os créditos decorrentes de obrigações em moeda estrangeira, de sub-rogação de hipoteca, fiança, aval ou outra garantia, de contratos em geral ou de outras obrigações legais".

b) **Regime de competência** significa que, ainda que não efetivamente satisfeitos, serão considerados aqueles valores correspondentes a despesas que, embora ainda permaneçam (tais valores) na esfera de poder do ente estatal, serão objeto de futura liquidação, o que se verifica mediante o empenho (ato que cria para o Estado a obrigação de pagar, ainda que em momento ulterior).

Dessa forma "as despesas serão consideradas quando forem empenhadas, ou seja, pagas ou não pagas" (ALMEIDA; LISBOA, 207, p. 167), entendendo-se por empenho "o ato emanado de autoridade competente que cria para o Estado obrigação de pagamento pendente ou não de implemento de condição" (art. 58 da lei 4.320/64).

> **▸ Como esse assunto foi cobrado em concurso?**
>
> No Concurso do TRE/PE para Analista Judiciário em 2017, foi considerado ERRADO o seguinte enunciado: "A despesa pública e os resultados dos fluxos financeiros devem obedecer ao regime de competência".

> **▸ Como esse assunto foi cobrado em concurso?**
>
> No Concurso do CESPE para Juiz Federal da 5ª Região em 2012, foi considerado ERRADO o seguinte enunciado: "No Brasil, adota-se expressamente o regime contábil misto, sendo o **regime de caixa aplicado às despesas públicas e do de competência, às receitas públicas**".

> **▸ Importante**
>
> "O ciclo orçamentário não se confunde com o exercício financeiro, pois este corresponde a uma das fases do ciclo, ou seja, à execução do orçamento, tendo em vista que a fase de preparação da proposta orçamentária e sua conversão em lei (elaboração legislativa) precedem o exercício financeiro (RAMOS FILHO, Carlos Alberto, 2017, p. 512).

10. CRÉDITOS ADICIONAIS

Durante a execução do orçamento, as dotações inicialmente aprovadas na LOA podem revelar-se insuficientes para realização dos programas de trabalho, ou pode ocorrer a necessidade de realização de despesa não autorizada inicialmente. Assim, a LOA poderá ser alterada no decorrer de sua execução por meio de créditos adicionais, que são autorizações de despesa não computadas ou insuficientemente dotadas na LOA (BRASIL, 2017, p. 97).

Nesse sentido, a lei 4.320/64 conceitua créditos adicionais como **"as autorizações de despesa não computadas ou insuficientemente dotadas na Lei do Orçamento"** (art. 40). São classificados em suplementares, especiais e extraordinários.

▸ Importante

Lei 4.320/64, art. 41. Os créditos adicionais classificam-se em:

I - suplementares, os destinados a reforço de dotação orçamentária;

II - especiais, os destinados a despesas para as quais não haja dotação orçamentária;

III - extraordinários, os destinados a despesas urgentes e imprevistas, em caso de guerra, comoção intestina ou calamidade pública.

▸ Importante

CRFB/88, art. 167. São vedados:

V - a abertura de crédito suplementar ou especial sem prévia autorização legislativa e sem indicação dos recursos correspondentes.

▸ Qual o entendimento atual do STF sobre o assunto?

"Medida cautelar em ação direta de inconstitucionalidade. MP 402, de 23-11-2007, convertida na Lei 11.656, de 16-4-2008. Abertura de crédito extraordinário (...) Violação que alcança o inciso V do mesmo artigo, na medida em que o ato normativo adversado vem a categorizar como de natureza extraordinária crédito que, em verdade, não passa de especial, ou suplementar" (STF, ADI 4.049 MC, Rel. Min. Ayres Britto, j. 05.11.2008, Pleno, p. 08.05.2009).

O art. 46 da Lei 4.320/64 determina que "o ato que abrir crédito adicional indicará a importância, a espécie do mesmo e a classificação da despesa, até onde for possível". Dessa forma, consagra o princípio da quantificação dos créditos orçamentários que, segundo Ricardo Damasceno de Almeida e Marcelo Jucá Lisboa, "se completa com as regras que proíbem a realização de despesas ou a assunção de obrigações diretas que excedam os créditos orçamentários (CF, art. 167, II) e a realização de operações de crédito que excedam o montante das despesas de capital (art. 12 da lei 4.320/64), ressalvadas as autorizadas mediante créditos suplementares (art. 42, I, da lei 4.320/64) ou especiais (art. 41, II, da lei 4.320/64), com finalidade precisa, aprovados pelo Poder Legislativo por maioria absoluta (art. 167, III, da CF)" (2017, p. 189).

10.1. Créditos suplementares

São aqueles créditos destinados a **reforço de dotação orçamentária**. A LOA poderá conter autorização para abertura de créditos suplementares, limitados a determinada importância ou percentual, sem a necessidade de submissão ao Poder Legislativo. Os créditos suplementares terão **vigência no exercício em que forem abertos** (BRASIL, 2017, p. 97).

Entretanto, "esgotado o limite autorizado na Lei Orçamentária, caso o Poder Executivo necessite abrir outros créditos suplementares, terá que submeter seu pedido ao Poder Legislativo, podendo, então, ser concedidas novas autorizações por meio de **leis específicas**" (RAMOS FILHO, 2017, p. 557).

Segundo o art. 43 da lei 4.320/64, a abertura de créditos **suplementares e especiais** depende da existência de recursos disponíveis para ocorrer a despesa e será precedida de exposição justificativa. Para tanto, o mesmo dispositivo reconhece como recursos, desde que não comprometidos:

- O superávit financeiro apurado em balanço patrimonial do exercício anterior;
- Os provenientes de excesso de arrecadação;
- Os resultantes de anulação parcial ou total de dotações orçamentárias ou de créditos adicionais, autorizados em lei;
- O produto de operações de crédito autorizadas, em forma que juridicamente possibilite ao poder executivo realizá-las.

Da mesma forma, o art. 166, §8º da CRFB/88 estabelece que poderão ser utilizados, conforme o caso, mediante créditos especiais ou suplementares, os recursos que, em decorrência de veto, emenda ou rejeição do projeto de lei orçamentária anual, fiquem sem despesas correspondentes, desde que com prévia e específica autorização legislativa.

> **Importante**
>
> CRFB/88, art. 107, §5º, do ADCT. É vedada a abertura de crédito **suplementar ou especial** que amplie o montante total autorizado de despesa primária sujeita aos limites de que trata o art. 107 do Ato das Disposições Constitucionais Transitórias (incluído pela EC 95/2016).

> **Como esse assunto foi cobrado em concurso?**
>
> No Concurso do TRE/PE para Analista Judiciário em 2017, foi considerado ERRADO o seguinte enunciado: "Enquanto o crédito especial é incorporado ao orçamento, por adição da importância autorizada à dotação orçamentária, a despesa com crédito suplementar apresenta-se separadamente do orçamento".

> **Como esse assunto foi cobrado em concurso?**
>
> No Concurso do CESPE para Juiz Federal da 1ª Região em 2015, foi considerado ERRADO o seguinte enunciado: "É admissível a abertura de crédito suplementar sem a indicação dos recursos correspondentes, desde que o crédito seja destinado a custear despesas decorrentes de calamidades públicas".

> **Como esse assunto foi cobrado em concurso?**
>
> No Concurso do CESPE para Juiz Federal da 2ª Região em 2012, esse tema foi abordado da seguinte forma: "Quando, no decorrer da execução orçamentária, uma dotação se revelar insuficiente, o Poder Executivo poderá lançar mão da abertura de: a) crédito suplementar, após autorização legislativa; b) crédito especial, independentemente da existência de recursos disponíveis para a realização da despesa; c) créditos especiais ou suplementares, por meio de medidas provisórias; d) crédito especial, após aprovação legal; e) crédito extraordinário, por meio de decreto". Segundo o gabarito definitivo, foi considerada correta a alternativa "a".

10.2. Créditos especiais

Os créditos especiais são destinados a **despesas para as quais não haja dotação orçamentária específica**, devendo ser autorizados por **lei**. Note-se que sua abertura depende da existência de recursos disponíveis. Os créditos especiais não poderão ter vigência além do exercício em que forem autorizados, salvo se o ato de autorização for promulgado nos últimos quatro meses, caso em que, reabertos nos limites dos seus saldos, serão incorporados ao orçamento do exercício (BRASIL, 2017, p. 97).

Quanto à origem dos recursos, os créditos especiais seguem o mesmo regramento dos créditos suplementares (art. 43 da lei 4.320/64 e art. 166, §8º, da CRFB/88).

▸ **Como esse assunto foi cobrado em concurso?**

No Concurso do TRE/PE para Analista Judiciário em 2017, foi considerado ERRADO o seguinte enunciado: "As alterações orçamentárias são realizadas por meio de créditos suplementares, especiais ou extraordinários, sendo vedada a alteração na modalidade de aplicação".

▸ **Como esse assunto foi cobrado em concurso?**

No Concurso do CESPE para Juiz Federal da 1ª Região em 2015, foi considerado ERRADO o seguinte enunciado: "A autorização para a abertura de **créditos especiais** pelo Poder Executivo pode estar contida na própria lei orçamentária".

▸ **Como esse assunto foi cobrado em concurso?**

No Concurso do CESPE para Juiz Federal da 1ª Região em 2011, o tema foi abordado da seguinte forma: "Supondo que, em janeiro de 2014, ano de realização da Copa do Mundo de Futebol no Brasil, o governo federal verifique a necessidade de realizar uma obra de mobilidade urbana que deverá estar pronta em junho de 2014, por ser indispensável para a cerimônia de abertura dos jogos, assinale a opção correspondente às normas por meio das quais pode ser criada a dotação necessária à referida obra: a) lei de criação de crédito especial ou lei do plano plurianual; b) lei orçamentária anual ou lei do plano plurianual; c) lei do plano plurianual ou lei de criação de crédito suplementar; d) lei orçamentária anual ou lei de criação de crédito suplementar; e) lei orçamentária anual ou lei de criação de crédito especial". Segundo o gabarito definitivo, foi considerada correta a alternativa "e".

10.3. Créditos extraordinários

Os créditos extraordinários, por sua vez, são destinados a **despesas urgentes e imprevisíveis**, como as decorrentes de **guerra, comoção interna ou calamidade pública**, conforme art. 167 da CF. Na União, serão abertos por **medida provisória**. Não poderão ter vigência além do exercício em que forem autorizados, salvo se o ato de autorização for promulgado nos últimos quatro meses daquele exercício, caso em que, reabertos nos limites dos seus saldos, serão incorporados ao orçamento do exercício financeiro subsequente (BRASIL, 2017, p. 97).

Segundo o art. 44 da lei nº 4.320/64, "os créditos extraordinários serão abertos por decreto do Poder Executivo, **que deles dará imediato conhecimento ao Poder Legislativo**". Entretanto, tal dispositivo deve ser compreendido analisando-se, conjuntamente, o art. 62 da CRFB/88, que disciplina a edição de medidas provisórias. Assim, tanto na União, quanto em estados nos quais a Constituição local preveja a edição de tais medidas, os créditos extraordinários serão abertos através delas. Nos demais casos será utilizado o decreto, conforme previsão legal.

No caso de créditos extraordinários não se exige a existência de recursos disponíveis, como ocorre com os créditos especiais e suplementares. Nessa situação diante da urgência e imprevisibilidade, será possível a cobrança de impostos extraordinários (art. 154, II, da CRFB/88) ou de empréstimos compulsórios (art. 148, I, da CRFB/88) para a captação de recursos.

> **▸ Qual o entendimento atual do STF sobre o assunto?**
>
> "Além dos requisitos de relevância e urgência (art. 62), a Constituição exige que a abertura do crédito extraordinário seja feita apenas para atender a despesas imprevisíveis e urgentes. Ao contrário do que ocorre em relação aos requisitos de relevância e urgência (art. 62), que se submetem a uma ampla margem de discricionariedade por parte do Presidente da República, os requisitos de imprevisibilidade e urgência (art. 167, § 3º) recebem densificação normativa da Constituição. Os conteúdos semânticos das expressões "guerra", "comoção interna" e "calamidade pública" constituem vetores para a interpretação/aplicação do art. 167, § 3º c/c o art. 62, § 1º, inciso I, alínea "d", da Constituição.

"Guerra", "comoção interna" e "calamidade pública" são conceitos que representam realidades ou situações fáticas de extrema gravidade e de consequências imprevisíveis para a ordem pública e a paz social, e que dessa forma requerem, com a devida urgência, a adoção de medidas singulares e extraordinárias. A leitura atenta e a análise interpretativa do texto e da exposição de motivos da MP nº 405/2007 demonstram que os créditos abertos são destinados a prover despesas correntes, que não estão qualificadas pela imprevisibilidade ou pela urgência. A edição da MP nº 405/2007 configurou um patente desvirtuamento dos parâmetros constitucionais que permitem a edição de medidas provisórias para a abertura de créditos extraordinários" (STF, ADI-MC 4.048/DF, Rel. Min. Gilmar Mendes, j. 14.05.2008, Pleno, p. 22.08. 2008).

▸ Como esse assunto foi cobrado em concurso?

No Concurso do CESPE para Juiz Federal da 2ª Região em 2012, foi considerado ERRADO o seguinte enunciado: "A abertura de crédito extraordinário somente será admitida para atender a despesas imprevisíveis e urgentes, como as decorrentes de guerra, comoção ou calamidade pública, porém **não caberá ao Poder Judiciário a análise desses requisitos**".

Capítulo 3

Despesas Públicas

1. CONCEITO DE DESPESAS PÚBLICAS

Em clássica definição, Aliomar Baleeiro aponta dois conceitos para a locução "despesa pública". Inicialmente "designa o conjunto dos dispêndios do Estado, ou de outra pessoa de Direito público, para o funcionamento dos serviços públicos", de forma a configurar parte do orçamento, formando, "o complexo da distribuição e emprego das receitas para o custeio dos diferentes setores da administração" (1998, p. 73).

Por outro lado, despesa pública também pode ser considerada "a aplicação de certa quantia, em dinheiro, por parte da autoridade ou agente público competente, dentro de uma autorização legislativa, para execução de fim a cargo do governo. Envolve, em regra geral, fins de serviço público, regulados pelo Direito Administrativo e, quase sempre, realizados segundo a técnica da Ciência da Administração" (BALEEIRO, 1998, p. 73).

Assim, Ricardo Damasceno de Almeida e Marcelo Jucá Lisboa concluem que a "despesa pública pode ser entendida como a aplicação de certa quantia em dinheiro pela autoridade ou agente público competente dentro de uma autorização legislativa para execução de um determinado fim, a cargo do governo. Toda despesa pública efetivar-se-á por um ente da administração pública, centralizada ou descentralizada e será precedida da devida autorização orçamentária legislativa" (2017, p. 114-115).

Kiyoshi Harada, por sua vez, acatando o conceito de Aliomar Baleeiro, enfatiza que o importante é "ressaltar que a despesa púbica há de corresponder, invariavelmente, a um dispêndio relacionado com uma finalidade de interesse público", sendo executada, invariavelmente em conformidade com a autorização legislativa, qual seja, nos limites da Lei Orçamentária Anual e com a rígida observância da Lei de Responsabilidade Fiscal (LC 101/2000) (2017, p. 22).

> **Como esse assunto foi cobrado em concurso?**
>
> No Concurso do MP/PR para Promotor de Justiça substituto em 2017, foi considerado ERRADO o seguinte enunciado: "Não se considera aumento de despesa a prorrogação daquela criada por prazo determinado".

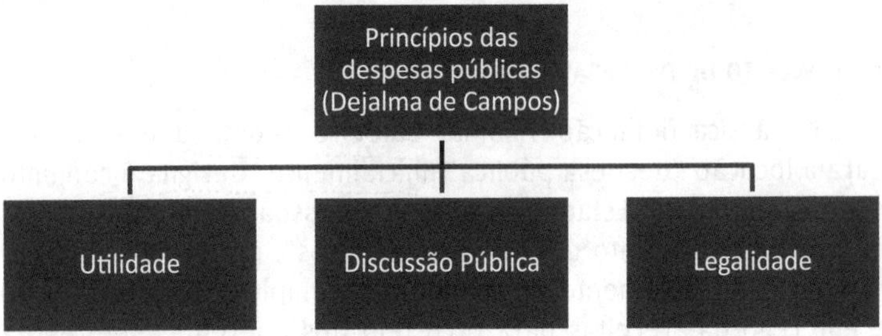

2. ESPÉCIES DE DESPESAS PÚBLICAS

A doutrina através de diferentes critérios procura classificar a despesa pública, tema bastante recorrente em concursos públicos e cujo estudo merece especial atenção.

2.1. Quanto à competência

A classificação das despesas públicas quanto à competência leva em consideração a distribuição das competências dos entes políticos no Brasil. Assim, as despesas poderão ser:

a) **Federais**: aquelas que visam ao atendimento dos fins e serviços da União, estando, portanto, previstas em orçamento Federal;

b) **Estaduais**: aquelas que objetivam atender aos fins e serviços dos estados. Nesse ponto merece destaque o fato de que a CRFB/88 reservou aos Estados as competências que não lhes sejam vedadas pela própria Constituição. Assim, não havendo expressa competência federal ou não se inserindo na ideia de "peculiar interesse municipal" (art. 15, II, da CRFB), a competência será do Estado.

c) **Municipais**: são as despesas relacionadas ao exercício da competência dos municípios (art. 30 da CRFB/88).

d) **Distritais**: são as despesas relacionadas aos fins e serviços do Distrito Federal.

2.2. Quanto à periodicidade ou regularidade

a) **Despesas ordinárias**: são aquelas despesas que compõem a rotina do serviço público, renovando-se ano a ano. Ou seja, "são aquelas que comumente ocorrem, voltadas às necessidades públicas estáveis, permanentes e periódicas, como as despesas de manutenção da máquina, aí incluídas as despesas de pessoal, materiais de consumo, dentre outras" (LEITE, 2015, p. 228).

b) **Despesas extraordinárias**: são aquelas que visam ao atendimento de necessidades públicas acidentais, imprevisíveis e urgentes, tais como aquelas decorrentes de guerra, comoção interna ou calamidade pública (art. 167, §3º, da CRFB/88). Não sendo, portanto, despesas regulares, não se encontram previstas no orçamento, exigindo-se, para tanto, a abertura de créditos por meio de medidas provisórias.

c) **Despesas especiais**: nem toda a doutrina apresenta essa modalidade de classificação. Para Carlos Alberto de Moraes Ramos Filho "são aquelas que decorrem de fato **previsível**, mas que o Estado não sabe **quando** ocorrerá, ou seja, o Estado tem certeza de sua realização, só não tendo condições de prever o real momento de sua execução" (2017, p. 171). Ex. pagamentos oriundos de sentenças judiciais, indenizações e desapropriações.

2.3. Quanto à natureza

a) **Despesa orçamentária**: "são aquelas fixadas e especificadas na lei do orçamento ou na lei de créditos adicionais, previamente autorizadas pelo Poder Legislativo, com base em normas legais, e obedecem durante sua execução as fases previstas para a sua realização, quais sejam: fixação, empenho, liquidação e pagamento" (ALMEIDA; LISBOA, 2017, p. 121).

b) **Despesa extraorçamentária**: "são os dispêndios realizados com os recursos financeiros transitórios oriundos de receitas extraorçamentárias, portanto não consignadas na lei do orçamento ou em créditos adicionais, tais como: pagamentos de restos a pagar, restituição de depósitos, resgate de operações de crédito por Antecipação de Receita, entre outras. São despesas que independem de autorização orçamentária, uma vez que não pertencem à administração pública, tratando-se, em verdade, de devolução de recursos financeiros pertencentes a terceiros" (ALMEIDA; LISBOA, 2017, p. 121).

2.4. Quanto ao critério econômico

a) **Despesa-compra, despesa real ou despesa de serviço:** realizada para a compra de produtos e serviços (aquisição de bens de consumo, folha de pagamento do funcionalismo, etc.) (HARADA, 2017, p. 25). Nesse caso, há uma contraprestação em favor do Estado.

b) **Despesa-transferência (*transfer expenditure*):** aquela que não corresponde à aplicação governamental direta, limitando-se a criar rendimentos para os indivíduos sem qualquer contraprestação destes (juros da dívida pública, pensões, subvenções sem encargos, etc) (HARADA, 2017, p. 25).

2.5. Quanto à extensão ou ao ambiente

a) **Despesa interna:** realizada dentro do país, em moeda nacional, para o atendimento de necessidades interna.

b) **Despesa externa:** realizada fora do país, em moeda estrangeira, para o pagamento de dívidas externas.

2.6. Quanto à natureza legal

a) **Despesas correntes:** "gastos improdutivos, que não implicam aumento do patrimônio, ou seja, não enriquecem o patrimônio público e são necessárias à execução dos serviços púbicos e à vida do Estado, sendo, assim, verdadeiras despesas operacionais e economicamente improdutivas" (ALMEIDA; LISBOA, 2017, p. 121).

Duas são as modalidades de despesas correntes:

I. Despesas de custeio: "dotações para a manutenção de serviços anteriormente criados, inclusive as destinadas a atender a obras de conservação e adaptação de bens imóveis" (art. 12, §1º, da lei 4.320/64). Ex. Pessoal Civil, Pessoal Militar, Material de Consumo, Serviços de Terceiros, Encargos Diversos (art. 13 da lei 4.320/64).

II. Transferências correntes: "dotações para despesas as quais não corresponda contraprestação direta em bens ou serviços, inclusive para contribuições e subvenções destinadas a atender à manifestação de outras entidades de direito público ou privado" (art. 12, §2º, da lei 4.320/64). Ex. Subvenções Sociais, Subvenções Econômicas, Inativos, Pensionistas, Salário Família e Abono Familiar, Juros da Dívida Pública, Contribuições de Previdência Social, Diversas Transferências Correntes (art. 13 da lei 4.320/64).

Em relação às subvenções, quais sejam, as transferências destinadas a cobrir despesas de custeio das entidades beneficiadas, a lei 4.320/64 distingue-as em duas modalidades:

- Subvenções sociais → as que se destinem a instituições públicas ou privadas de caráter assistencial ou cultural, sem finalidade lucrativa;
- Subvenções econômicas → as que se destinem a empresas públicas ou privadas de caráter industrial, comercial, agrícola ou pastoril.

▸ Importante

Lei 4.320/64 - Das Subvenções Sociais

Art. 16. Fundamentalmente e nos limites das possibilidades financeiras a concessão de subvenções sociais visará a prestação de serviços essenciais de assistência social, médica e educacional, sempre que a suplementação de recursos de origem privada aplicados a esse objetivo revelar-se mais econômica.

Parágrafo único. O valor das subvenções sempre que possível, será calculado com base em unidades de serviços efetivamente prestados ou postos à disposição dos interessados obedecidos os padrões mínimos de eficiência previamente fixados.

Art. 17. Somente à instituição cujas condições de funcionamento forem julgadas satisfatórias pelos órgãos oficiais de fiscalização serão concedidas subvenções.

O Decreto 93.872/86 fixou em seu art. 60, §3º, as condições para a concessão de subvenções sociais. Nessa esteira, Ricardo Almeida e Marcelo Lisboa apontam como requisitos para sua concessão (2017, p. 138):

a) Que a entidade política tenha disponibilidade de recursos financeiros;

b) Que o direcionamento de recursos se dê apenas para os serviços de assistência social, serviços médicos e serviços educacionais, todos eles contemplados no capítulo I, do Título VIII, da Constituição Federal, pertinente à ordem social;

c) Que a subvenção social seja motivada pela entidade política, a fim de limitar o direcionamento de despesa pública às hipóteses em que tragam efetivas utilidades à entidade contemplada, representadas, por exemplo, pelo aumento do número de pessoas necessitadas ou melhoria da qualidade do atendimento.

▸ **Importante**

Lei 4.320/64 - Das Subvenções Econômicas

Art. 18. A cobertura dos déficits de manutenção das empresas públicas, de natureza autárquica ou não, far-se-á mediante subvenções econômicas expressamente incluídas nas despesas correntes do orçamento da União, do Estado, do Município ou do Distrito Federal.

Parágrafo único. Consideram-se, igualmente, como subvenções econômicas:

a) As dotações destinadas a cobrir a diferença entre os preços de mercado e os preços de revenda, pelo Governo, de gêneros alimentícios ou outros materiais.

b) As dotações destinadas ao pagamento de bonificações a produtores de determinados gêneros ou materiais.

Art. 19. A Lei de Orçamento não consignará ajuda financeira, a qualquer título, a empresa de fins lucrativos, salvo quando se tratar de subvenções cuja concessão tenha sido expressamente autorizada em lei especial.

Esclarecendo a importância das subvenções, Harrison Leite afirma que é através delas que "os Estados ajudam as instituições assistenciais, sem fins lucrativos, quando secundam o Estado naquilo que lhe é essencial". Prossegue o autor destacando a necessidade de critérios rígidos na prestação de contas de tais repasses, além da necessidade de previsão na lei orçamentária anual (2015, p. 230).

▸ **Importante**

CRFB/88, art. 19. É vedado à União, aos Estados, ao Distrito Federal e aos Municípios:

I - estabelecer cultos religiosos ou igrejas, **subvencioná-los**, embaraçar-lhes o funcionamento ou manter com eles ou seus representantes relações de dependência ou aliança, ressalvada, na forma da lei, a colaboração de interesse público.

▸ **Qual o entendimento atual do STF sobre o assunto?**

"O Brasil é uma república laica, surgindo absolutamente neutro quanto às religiões". (STF, ADPF 54, Rel. Min. Marco Aurélio, j. 12.04. 2012, Plenário, p. 30.04.2013).

b) **Despesas de capital:** gastos produtivos, por envolverem dispêndios que têm por escopo a aquisição ou construção de bens de capital que contribuam para a formação de novos bens. São, portanto, as que determinam uma modificação do patrimônio público através de seu crescimento, sendo, pois, economicamente produtivas, e assim se dividem (ALMEIDA; LISBOA, 2017, p. 125):

I. **Investimentos:** as dotações para o planejamento e a execução de obras, inclusive as destinadas à aquisição de imóveis considerados necessários à realização destas últimas, bem como para os programas especiais de trabalho, aquisição de instalações, equipamentos e material permanente e constituição ou aumento do capital de empresas que não sejam de caráter comercial ou financeiro (art. 12, §4º, da lei 4.320/64). São considerados investimentos: Obras públicas, Serviços em regime de programação especial, equipamentos e instalações, Material permanente, Participação em constituição ou aumento de capital de empresas ou entidades industriais ou agrícolas (art. 13 da lei 4.320/64).

II. **Inversões financeiras**: dotações destinadas a: a) aquisição de imóveis, ou de **bens de capital já em utilização**; b) aquisição de títulos representativos do capital de empresas ou entidades de qualquer espécie, já constituídas, quando a operação não importe aumento do capital; c) constituição ou aumento do capital de entidades ou empresas que visem a objetivos comerciais ou financeiros, inclusive operações bancárias ou de seguros (art. 12, §5º, da lei 4.320/64). São consideradas inversões financeiras: Aquisição de imóveis, Participação em constituição ou aumento de capital de empresas ou entidades comerciais ou financeiras, Aquisição de títulos representativos de capital de empresa em funcionamento, Constituição de fundos rotativos, Concessão de empréstimos e Diversas inversões financeiras (art. 13 da lei 4.320/64).

▸ Como esse assunto foi cobrado em concurso?

No Concurso da FAUEL para Advogado da Prefeitura de São José/PR em 2017, foi considerado ERRADO o seguinte enunciado: "A aquisição de imóveis, ou de bens de capital já em utilização, classificam-se como investimentos".

▸ Como esse assunto foi cobrado em concurso?

No Concurso do TRE/PE para Analista Judiciário em 2017, foi considerado ERRADO o seguinte enunciado: "Obras públicas, subvenções econômicas e juros da dívida pública são despesas de capital".

> **Como esse assunto foi cobrado em concurso?**
>
> No Concurso do CESPE para Juiz Federal da 2ª Região em 2012, esse tema foi abordado da seguinte forma: "As despesas que caracterizam inversão financeira incluem a dotação para: a) pagamento de juros da dívida pública; b) aquisição de material permanente; c) amortização da dívida pública; d) obra pública; e) aquisição de títulos representativos do capital de empresas em funcionamento". Segundo o gabarito definitivo, foi considerada correta a alternativa "e".

III. **Transferências de Capital**: dotações para investimentos ou inversões financeiras que outras pessoas de direito público ou privado devem realizar, independentemente de contraprestação direta em bens ou serviços, constituindo essas transferências auxílios ou contribuições, segundo derivem diretamente da Lei de Orçamento ou de lei especialmente anterior, bem como as dotações por amortização da dívida pública (art. 12, §6º, da lei 4.320/64). São transferências de capital: Amortização da dívida pública, Auxílios para obras públicas, Auxílios para equipamentos e instalações, auxílios para inversões financeiras e Outras contribuições (art. 13 da lei 4.320/64).

3. EXECUÇÃO DAS DESPESAS PÚBLICAS

A despesa pública deve passar por duas fases, quais sejam: a fixação (ou instituição) e a realização.

A fixação da despesa pública ocorre com a sua inserção no orçamento, mediante correspondente dotação orçamentária. Nesse sentido, estabelece o §8º do art. 165 da CRFB que: "a lei orçamentária anual não conterá dispositivo estranho à previsão da receita e à **fixação da despesa**, não se incluindo na proibição a autorização para abertura de créditos suplementares e contratação de operações de crédito, ainda que por antecipação de receita, nos termos da lei".

> **Como esse assunto foi cobrado em concurso?**
>
> No Concurso da FAUEL para Advogado da Câmara de Maria Helena/PR em 2017, foi considerado CERTO o seguinte enunciado: "A Lei Orçamentária Anual (LOA) poderá conter autorização para abertura de créditos suplementares e contratação de operações de crédito, ainda que por antecipação de receita".

Assim, observando-se desde a devida elaboração da proposta orçamentária até a sua aprovação pelo Poder Legislativo (ciclo orçamentário), ter-se-á o crédito ou dotação orçamentária, qual seja, a autorização para que o administrador gaste determinados valores, inaugurando-se, dessa forma, a fase de **realização das despesas**.

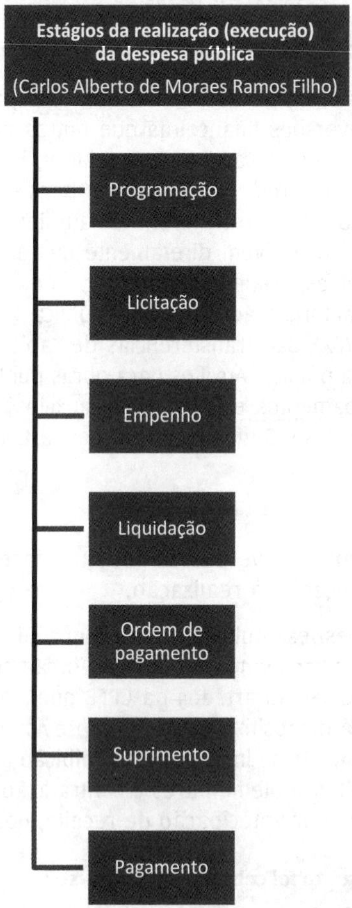

3.1. Programação

Nesse momento, o Poder Executivo através do **Programa de Desembolso**, estabelece uma programação mensal para a utilização de créditos orçamentários disponíveis para o período, buscando-se, dessa forma, a manutenção do equilíbrio durante toda a execução do orçamento (LRF, art. 8º).

3.2. Licitação

A CRFB/88 estabelece que "ressalvados os casos especificados na legislação, as obras, serviços, compras e alienações serão contratados mediante processo de licitação pública que assegure igualdade de condições a todos os concorrentes, com cláusulas que estabeleçam obrigações de pagamento, mantidas as condições efetivas da proposta, nos termos da lei, o qual somente permitirá as exigências de qualificação técnica e econômica indispensáveis à garantia do cumprimento das obrigações" (art. 37, XXI).

Com base nisso, a licitação pode ser conceituada como "o procedimento administrativo formal em que a Administração Pública convoca, por meio de condições estabelecidas em ato próprio (edital ou convite), empresas interessadas na apresentação de propostas para o oferecimento de bens e serviços" (TCU, 2010. p. 19).

O tema "licitações" é especificamente abordado na doutrina de Direito Administrativo, não merecendo maior aprofundamento neste momento.

3.3. Empenho

O empenho de despesa é conceituado pelo art. 58 da lei 4.320/64 como "o ato emanado de autoridade competente que cria para o Estado obrigação de pagamento pendente ou não de implemento de condição".

Assim, segundo a doutrina "o empenho constitui-se em ato administrativo necessário à formalização de obrigação que tenha o Estado como sujeito passivo (devedor). É a partir do empenho que é criada a obrigação de pagamento, implicando na dedução de seu valor da dotação orçamentária, fazendo com que a quantia empenhada fique indisponível para nova aplicação (ALMEIDA; LISBOA, 2017, p. 203).

Ou seja, como **toda despesa exige prévio empenho** (art. 60 da lei 4.320/64), antes de se realizar uma determinada despesa deve-se identificar a respectiva dotação orçamentária. Da mesma forma, "o empenho da despesa não poderá exceder o limite dos créditos concedidos" (art. 59 da lei 4.320/64).

Observe-se que o empenho, por si só, não gera direito adquirido àquele que se diz credor, nem cria para a Administração, necessariamente, um dever de pagar, já que pode ser cancelado unilateralmente no caso de não haver a realização da prestação empenhada, ou seja, se o credor não cumprir com a sua contraprestação (RAMOS FILHO, 2017, p. 207).

▸ **Qual o entendimento atual do STF sobre o assunto?**

"1. O Estado do Ceará não comprovou terem sido os pagamentos efetuados à União referentes aos valores cobrados em decorrência da cessão dos servidores federais àquele ente federativo. A ausência de informações sobre o débito que estaria sendo quitado pelo Estado, agregada à divergência entre o valor transferido e o cobrado pela União, impede seja reconhecida a plena quitação da dívida. 2. Notas de empenho de despesa, quando desacompanhadas da comprovação de sua liquidação, não são documentos hábeis para demonstrar ter havido efetivo pagamento da dívida. (STF, ACO 534/CE, Rel. Min. Cármen Lúcia, j. 06.03.2008, Plenário, p. 18.04.2008).

Após o empenho, exige-se que seja extraído um documento denominado **nota de empenho**, que indicará o nome do credor, a representação e a importância da despesa bem como a dedução desta do saldo da dotação própria (art. 61 da lei 4.320/64).

Atenção: o empenho é sempre obrigatório. Contudo, a lei 4.320/64 admite a dispensa da emissão da nota de empenho em casos especiais previstos na legislação específica.

A legislação menciona três tipos de empenho, assim definidos por Valdecir Paschoal (2015, p. 84):

a) **Empenho ordinário** → "aquele utilizado para despesas normais que não apresentem nenhuma característica especial. A quase totalidade dos gastos é processada através desse tipo de empenho. São despesas de valores definidos, que devem ser pagos numa única prestação".

b) **Empenho por estimativa** → "é utilizado quando não se pode determinar com exatidão o montante da despesa, como, por exemplo, conta de água, de luz e de telefone, alguns adiantamentos a servidores etc. Assim, devemos fazer uma estimativa de quanto será gasto ao longo do exercício financeiro. Nesse tipo de empenho, utiliza-se um documento chamado nota de subempenho, que é o registro do valor efetivo a ser deduzido da importância total empenhada por estimativa. Se a estimativa for menor que o valor exato, faz-se o empenho complementar da diferença; se for maior, anula-se a parte referente à diferença, revertendo-se o saldo à dotação originária".

c) **Empenho global** → "é utilizado para casos de despesas contratuais e outra sujeitas a parcelamento. Nesse caso, deve ser emitido o empenho global, deduzindo-se os valores correspondentes nas respectivas quotas mensais, trimestrais, semestrais etc., as quais podem ser controladas também através das notas de subempenho. O objetivo desse tipo de empenho é o de evitar o excesso de burocracia decorrente do empenhamento mensal de cada parcela do contrato".

Segundo disposição do Decreto 93.872/86, "as despesas relativas a contratos, convênios, acordos ou ajustes de vigência plurianual, serão empenhadas em cada exercício financeiro pela parte nele a ser executada" (art. 27). Por outro lado, a fim de evitar consequências financeiras graves para o futuro mandato, a lei 4.320/64 veda aos Municípios empenhar, no último mês do mandato do Prefeito, mais do que o duodécimo da despesa prevista no orçamento vigente (art. 59, §1º).

Conforme já destacado, se o credor não cumprir com a sua contraprestação, o empenho será **anulado**, situação que exigirá a emissão da Nota de Anulação do Empenho, possibilitando o retorno do empenho anulado ao saldo orçamentário, tornando-o disponível para novo empenho.

Por outro lado, destaca Harrison Leite, "se o empenho for insuficiente para atender ao compromisso firmado, poderá ser reforçado, passando o seu novo valor a ser o valor inicial mais o do reforço, ou, quando o mesmo exceder o montante da despesa realizada, poderá ser anulado apenas parcialmente" (2015, p. 241).

▸ **Como esse assunto foi cobrado em concurso?**

No Concurso do TRE/PE para Analista Judiciário em 2017, foi considerado ERRADO o seguinte enunciado: "Empenho é ato contábil que registra a obrigação do Estado de efetuar pagamento a terceiro, pendente ou não de implemento de condições".

3.4. Liquidação

O pagamento da despesa só será efetuado quando ordenado após sua regular liquidação, que consiste na verificação do direito adquirido pelo credor tendo por base os títulos e documentos comprobatórios do respectivo crédito (Arts. 62 e 63 da lei 4.320/64). Essa verificação tem por fim apurar:

I. A origem e o objeto do que se deve pagar;

II. A importância exata a pagar;

III. A quem se deve pagar a importância, para extinguir a obrigação.

E mais: a liquidação da despesa por fornecimentos feitos ou serviços prestados terá por base (art. 63, §2º da lei 4.320/64):

I. O contrato, ajuste ou acordo respectivo;

II. A nota de empenho;

III. Os comprovantes de entrega de material ou da prestação efetiva do serviço.

Assim, na fase da liquidação será verificado o **efetivo cumprimento da prestação do credor**. Para tanto, a lei 8.666/93, ao disciplinar as licitações e contratos, estabelece a necessidade de se designar um fiscal para acompanhamento dos contratos públicos: "a execução do contrato deverá ser acompanhada e fiscalizada por um representante da Administração especialmente designado, permitida a contratação de terceiros para assisti-lo e subsidiá-lo de informações pertinentes a essa atribuição".

A fiscalização da execução do contrato constitui-se naquilo que a doutrina administrativista denomina "cláusula exorbitante", na medida em que o representante da Administração deverá, dentre outras medidas, anotar em registro próprio todas as ocorrências relacionadas com a execução do contrato, determinando o que for necessário à regularização das faltas ou defeitos observados (NOHARA, 2017, p. 437-438).

▸ **Como esse assunto foi cobrado em concurso?**

No Concurso do CESPE para Juiz Federal da 2ª Região em 2012, esse tema foi abordado da seguinte forma: "A verificação do direito adquirido pelo credor, tendo por base os títulos e documentos comprobatórios do respectivo crédito, constitui: a) o pagamento da despesa; b) a nota de extinção da obrigação; c) a liquidação da despesa; d) o empenho; e) a ordem de pagamento". Segundo o gabarito definitivo, foi considerada correta a alternativa "c".

3.5. Ordem de pagamento

Reconhecida a existência de um crédito, a autoridade competente emitirá documento denominado "ordem de pagamento" determinando que a despesa seja paga, o que se dará em documentos processados pelo serviço de contabilidade (art. 64 da lei 4.320/64).

3.6. Suprimento

É a entrega pelo tesouro público aos agentes pagadores dos meios de pagamento para liquidação (quitação) dos débitos marcados para determinado período (LEMES, Fábio Nogueira. *Orçamentos municipais e procedimentos legislativos:* orçamentos, procedimentos, legislação. 2.ed. Bauru: SP: Edipro, 1995. p. 86 *apud* RAMOS FILHO, 2017, p. 212).

3.7. Pagamento

A última etapa da realização da despesa pública é o pagamento, que será efetuado pela tesouraria ou pagadoria regularmente instituídos por estabelecimentos bancários credenciados e, em casos excepcionais, por meio de adiantamento (art. 65 da lei 4.320/64).

Importante

Apesar de a realização da despesa pública ter sido apresentada em sete fases, a maioria da doutrina funde-as de forma a destacar apenas três momentos, quais sejam:

Empenho → Liquidação → Pagamento

4. REGIME DE ADIANTAMENTO

O art. 65 da lei 4.320/64 estabeleceu expressamente que, em casos excepcionais, o pagamento da despesa será efetuado por meio de adiantamento, ou **suprimento de fundos**, regime aplicável aos casos de despesas expressamente definidos em lei e consistente na entrega de numerário a servidor, sempre precedida de empenho na dotação própria para o fim de realizar despesas, que não possam subordinar-se ao processo normal de aplicação (art. 68 da lei 4.320/64).

Cuida-se, dessa forma, de uma modalidade simplificada de se realizar a despesa pública.

A própria lei 4.320/64 estabelece restrições à utilização do regime de adiantamento, estabelecendo, em seu art. 69, que "não se fará adiantamento a servidor em alcance nem a responsável por dois adiantamentos".

Segundo o disposto no parágrafo único art. 81 do Decreto-lei 200/67, o funcionário que receber suprimento de fundos é obrigado a prestar contas de sua aplicação procedendo-se, automaticamente, a tomada de contas se não o fizer no prazo assinalado. Assim, o servidor em alcance nada mais é que aquele que não cumpriu tal obrigação. Da mesma forma, um terceiro adiantamento a um funcionário só seria possível após a comprovação dos adiantamentos que já lhe foram feitos anteriormente.

Como esse assunto foi cobrado em concurso?

No Concurso da VUNESP para Procurador Jurídico da Prefeitura de Porto Ferreira/SP em 2017, esse tema foi cobrado da seguinte forma: "É aplicável aos casos de despesas expressamente definidos em lei e consiste na entrega de numerário a servidor, sempre precedida de empenho na dotação própria para o fim de realizar despesas, que não possam subordinar-se ao processo normal de aplicação. Tal previsão, estabelecida na Lei nº 4.320/64, refere-se: a) aos créditos especiais; b) aos restos a pagar; c) à nota de empenho; d) ao regime de adiantamento; e) às transferências voluntárias". Segundo o gabarito oficial, foi considerada correta a alternativa "d".

5. RESTOS A PAGAR

O art. 36 da lei nº 4.320/64 conceitua como restos a pagar "as despesas empenhadas, mas não pagas até o dia 31 de dezembro distinguindo-se as processadas e as não processadas". Assim, o empenho não processado equivale à despesa empenhada, mas não liquidada, ao passo que o empenho processado é a despesa empenhada e liquidada.

▸ **Como esse assunto foi cobrado em concurso?**

No Concurso da FMP para Procurador do Estado do Acre em 2017, foi considerado ERRADO o seguinte enunciado: "A Lei de Orçamento denomina Restos a Pagar as despesas postergadas para o governo seguinte".

▸ **Como esse assunto foi cobrado em concurso?**

No Concurso do TRE/PE para Analista Judiciário em 2017, foi considerado ERRADO o seguinte enunciado: "Restos a pagar são despesas pendentes de empenho e pagamento quando do encerramento do exercício financeiro".

▸ **Como esse assunto foi cobrado em concurso?**

No Concurso do CESPE para Juiz Federal da 5ª Região em 2012, foi considerado ERRADO o seguinte enunciado: "As despesas empenhadas, não liquidadas e não pagas até 31 de dezembro são consideradas restos a pagar processados".

Destaca Harrison Leite que "os valores inscritos em restos a pagar deverão ser pagos durante o exercício financeiro subsequente, ou seja, até 31 de dezembro do ano seguinte à realização do empenho. Se não forem pagos, os saldos remanescentes serão automaticamente cancelados, uma vez que **é vedada a reinserção de empenhos em restos a pagar**" (2015, p. 250).

Destaque-se, contudo, que os empenhos que correm a conta de créditos com vigência plurianual, que não tenham sido liquidados, só serão computados como Restos a Pagar no último ano de vigência do crédito. (art. 36, parágrafo único, da lei 4.320/64).

O tema também foi tratado pela Lei de Responsabilidade Fiscal que, em seu art. 42 fixou regras sobre os restos a pagar em final de mandato, estabelecendo que "é vedado ao titular de Poder ou órgão referido no art. 20, **nos últimos dois quadrimestres do seu mandato**, contrair obrigação de despesa que não possa ser cumprida integralmente dentro dele, ou que tenha parcelas a serem pagas no exercício seguinte sem que haja suficiente disponibilidade de caixa para esse efeito".

▸ **Como esse assunto foi cobrado em concurso?**

No Concurso do IADES para Advogado do CRF/DF em 2017, foi considerado ERRADO o seguinte enunciado: "A inscrição em restos a pagar está vedada no último ano de mandato do presidente, do governador ou do prefeito municipal".

Já o parágrafo único do mesmo dispositivo estabelece que "na determinação da disponibilidade de caixa serão considerados os encargos e despesas compromissadas a pagar até o final do exercício".

Para Marcus Abraham tem-se aqui mais uma norma da LRF que busca impedir a utilização da máquina administrativa para a realização de atos no último ano de gestão de natureza "populista" ou se comprometa o orçamento subsequente com "heranças fiscais" deixadas ao sucessor (2017b, p. 233-234), o que feriria o princípio do equilíbrio financeiro.

Em verdade essa norma busca a concretização do **princípio do planejamento fiscal**, assemelhando-se com o disposto no art. 167, §1º da CRFB/88: "nenhum investimento cuja execução ultrapasse um exercício financeiro poderá ser iniciado sem prévia inclusão no plano plurianual, ou sem lei que autorize a inclusão, sob pena de crime de responsabilidade".

Qual o entendimento atual do STJ sobre o assunto?

"[...] 3. A vedação prevista no art. 42 da Lei de Responsabilidade Fiscal - LC 101/2000 - é norma tão-somente dirigida ao titular do Poder ou órgão referido no seu art. 20, dentre os quais se inclui o Prefeito do Município, inclusive no que se refere às consequências de natureza penal e administrativa previstas no Código Penal (art. 359) e da Lei de Improbidade Administrativa (Lei 8.429/92). 4. Não traz, entretanto, qualquer previsão quanto à nulidade dos atos administrativos nesse contexto praticados pela gestão anterior de Município. 5. Ainda que irregular a despesa contratada com inobservância da LC 101/2000, o fato é que o ato praticado pela administração anterior gerou direito subjetivo de crédito a um terceiro, devidamente reconhecido pelas instâncias ordinárias, motivo pelo qual não há como não ser levado em consideração o princípio geral de direito que veda o enriquecimento ilícito de qualquer das partes contratantes. [...] (STJ, REsp 706.744/MG, Rel. Min. Eliana Calmon, j. 07.02.2006, Segunda Turma, p. 06.03.2006).

A doutrina chama a atenção para a expressão "contrair obrigação de despesa", entendendo Carlos Alberto de Moraes Ramos Filho que a despesa deve ser considerada contraída com a celebração do contrato. Dessa forma "se o contrato prevê despesas a serem pagas após o mandato, a disponibilidade de caixa ao final do mandato deve conter os recursos necessários ao pagamento do que restar do contrato após o final do mandato. Não é necessário o empenho para caracterizar a obrigação de despesa, que é caracterizada pela adesão ao contrato" (2017, p. 592).

Visando garantir a incidência do **princípio da transparência fiscal** e a observância das regras da contabilidade pública, o art. 50 da LRF determinou que as inscrições em restos a pagar deverão ser escrituradas de modo a evidenciar o montante e a variação da dívida pública no período, detalhando, pelo menos, a natureza e o tipo de credor (inciso V).

Por fim, cumpre destacar as previsões contidas no Código Penal, incluídas pela lei 10.028/2000, relacionadas aos restos a pagar:

Importante

Código Penal Brasileiro

Inscrição de despesas não empenhadas em restos a pagar

Art. 359-B. Ordenar ou autorizar a inscrição em restos a pagar, de despesa que não tenha sido previamente empenhada ou que exceda limite estabelecido em lei:

Pena - detenção, de 6 (seis) meses a 2 (dois) anos.

Assunção de obrigação no último ano do mandato ou legislatura

Art. 359-C. Ordenar ou autorizar a assunção de obrigação, nos dois últimos quadrimestres do último ano do mandato ou legislatura, cuja despesa não possa ser paga no mesmo exercício financeiro ou, caso reste parcela a ser paga no exercício seguinte, que não tenha contrapartida suficiente de disponibilidade de caixa.

Pena - reclusão, de 1 (um) a 4 (quatro) anos

Não cancelamento de restos a pagar

Art. 359-F. Deixar de ordenar, de autorizar ou de promover o cancelamento do montante de restos a pagar inscrito em valor superior ao permitido em lei:

Pena - detenção, de 6 (seis) meses a 2 (dois) anos.

▸ Como esse assunto foi cobrado em concurso?

No Concurso do TRE/PE para Analista Judiciário em 2017, foi considerado CERTO o seguinte enunciado: "A despesa com inscrição em restos a pagar cancelada constitui uma despesa de exercício anterior se o direito do credor ainda estiver em vigor".

▸ Como esse assunto foi cobrado em concurso?

No Concurso do IADES para Advogado do CRF/DF em 2017, foi considerado ERRADO o seguinte enunciado: "Somente é permitida a inscrição em restos a pagar a partir do décimo dia do início do exercício, devendo ser liquidados até dia 10/12 de cada ano".

6. CONTINGENCIAMENTO DE DOTAÇÕES

Contingenciamento pode ser compreendido como o **bloqueio das dotações orçamentárias**, procedimento realizado pelo Poder Executivo com objetivo de assegurar o equilíbrio orçamentário, ou seja, equilibrar a execução das despesas e a disponibilidade efetiva de recursos (Disponível em https://www12.senado.leg.br/noticias/glossario-legislativo/contingenciamento Acesso em 10 dez. 2017)

7. DISCIPLINA CONSTITUCIONAL DOS PRECATÓRIOS

As despesas da Administração pública decorrentes do pagamento de condenações judiciais são disciplinadas por uma sistemática própria, prevista no art. 100 da CRFB/88, que, em seus vinte parágrafos, estabelece o regime constitucional dos precatórios e das requisições de pequeno valor, conforme redação que lhes foi conferida pela Emenda Constitucional n. 62/2009.

Ou seja, "diversamente do particular que, quando condenado, é obrigado a realizar o pagamento imediatamente em dinheiro ao vencedor da demanda judicial, a Fazenda Pública condenada em uma ação realiza o respectivo pagamento apenas no exercício financeiro seguinte, após a inclusão de tal despesa no seu orçamento, desde que apresentada até 1º de julho do ano anterior" (ABRAHAM, 2017b, p. 133).

> **▸ Importante**
>
> CRFB/88, art. 100. Os pagamentos devidos pelas Fazendas Públicas Federal, Estaduais, Distrital e Municipais, em virtude de sentença judiciária, far-se-ão exclusivamente na ordem cronológica de apresentação dos precatórios e à conta dos créditos respectivos, proibida a designação de casos ou de pessoas nas dotações orçamentárias e nos créditos adicionais abertos para este fim.

> **▸ Como esse assunto foi cobrado em concurso?**
>
> No Concurso da FMP para Procurador do Estado do Acre em 2017, foi considerado ERRADO o seguinte enunciado: "Além dos precatórios, existem outros meios não usuais de pagamento dos débitos do poder público oriundos de ação judicial, como é o caso do empenho".

O STF já se manifestou no sentido de apresentar o regime de precatórios como uma garantia constitucional do cumprimento de decisão judicial contra a Fazenda Pública, que se define em regras de natureza processual conducentes à efetividade da sentença condenatória transita em julgado por quantia certa contra entidades de direito público. Além de homenagear o direito de propriedade (inciso XXII do art. 5º da CF), prestigia o acesso à jurisdição e a coisa julgada (incisos XXXV e XXXVI do art. 5º da CF) (STF, ADI 2.356 MC/DF, Rel. Min. Néri da Silveira, j. 25.11.2010, p. 19.05.2011).

Ante a disposição constitucional, Regis Fernandes de Oliveira e Estevão Horvath definem o precatório ou ofício precatório como "a solicitação que o juiz de primeiro grau faz ao presidente do tribunal respectivo para que este requisite a verba necessária para o pagamento do crédito de algum credor perante a União, o Estado, o Distrito Federal ou o Município, em face de decisão judicial" (2003, p. 161).

Tomando-se como pressuposto a regra da impenhorabilidade dos bens públicos, o regime dos precatórios alcança todos os entes e entidades que prestam serviços públicos, ou seja, além da administração direta, abrange também a administração indireta, sejam pessoas de direito público (autarquias e fundações de direito público), sejam empresas estatais (empresas públicas e sociedades de economia mista), desde que não atuem em regime de concorrência e distribuam lucros a seus acionistas.

▸ **Qual o entendimento atual do STF sobre o assunto?**

"Os pagamentos devidos, em razão de pronunciamento judicial, pelos **Conselhos de Fiscalização não se submetem ao regime de precatórios.** O Plenário reconheceu que os conselhos de fiscalização profissional são autarquias especiais - pessoas jurídicas de direito público, que se submetem à fiscalização do Tribunal de Contas da União (TCU) e ao sistema de concurso público para a seleção de pessoal. Entretanto, **eles não participam do orçamento público,** não recebem aporte do Poder Central nem se confundem com a Fazenda Pública" (STF, RE 938.837/SP, Rel. Min. Marco Aurélio, j. 19.04.2017. Info 861).

▸ **Qual o entendimento atual do STF sobre o assunto?**

"**Os privilégios da Fazenda Pública são inextensíveis às sociedades de economia mista que executam atividades em regime de concorrência ou que tenham como objetivo distribuir lucros aos seus acionistas.** Portanto, a empresa Centrais Elétricas do Norte do Brasil S.A. - Eletronorte não pode se beneficiar do sistema de pagamento por precatório de dívidas decorrentes de decisões judiciais (art. 100 da Constituição) (STF, RE 599.628/DF, Rel. Min. Ayres Brito, j. 25.05.2011. p. 17.10.2011).

▸ **Como esse assunto foi cobrado em concurso?**

No Concurso do CESPE para Juiz Federal da 5ª Região em 2012, foi considerado CERTO o seguinte enunciado: "As sociedades de economia mista que exerçam atividade econômica em regime de concorrência ou que tenham como objetivo **distribuir lucros** aos seus acionistas **não podem beneficiar-se** do sistema de pagamento por precatório de dívidas decorrentes de decisões judiciais".

▸ **Qual o entendimento atual do STF sobre o assunto?**

"À **Empresa Brasileira de Correios e Telégrafos**, pessoa jurídica equiparada à Fazenda Pública, é aplicável o privilégio da impenhorabilidade de seus bens, rendas e serviços. Recepção do art. 12 do DL 509/1969 e não incidência da restrição contida no art. 173, §1º, da CF, que submete a empresa pública, a sociedade de economia mista e outras entidades que explorem atividade econômica ao regime próprio das empresas privadas, inclusive quanto às obrigações trabalhistas e tributárias. Empresa pública que não exerce atividade econômica e presta serviço público da competência da União Federal e por ala mantido. Execução. **Observância ao regime de precatório**, sob pena de vulneração do disposto no art. 100 da CF (STF, RE 393/032 AgR, Rel. Min. Cármen Lúcia, j. 27.10.2009. p. 18.12.2009).

Destaque-se que é o Presidente do Tribunal quem determina o pagamento dos precatórios, o que representa o desempenho de atividade administrativa e não jurisdicional, conforme entendimento já sumulado:

> STJ, súmula 311: Os atos do presidente do tribunal que disponham sobre o processamento e pagamento de precatório não tem caráter jurisdicional.
>
> STF, súmula 733. Não cabe recurso extraordinário contra decisão proferida no processamento de precatórios.

Guilherme Freire de Melo Barros esclarece que "o não cabimento do recurso extraordinário – nem tampouco do recurso especial – se justifica, uma vez que, sendo atividade administrativa, sua decisão não é tomada no processo judicial. Não se preenchem, pois, os requisitos recursais específicos (CR, art. 105, inc. III). Questões incidentais, pertinentes à execução, incidência de juros e correção monetária, são resolvidas pelo juízo de primeiro grau. Em contrapartida, exatamente porque se trata de atividade administrativa, sua atuação está sujeita a controle pela via do mandado de segurança. É o que ocorre caso o presidente do Tribunal decida questões jurídicas, em flagrante usurpação de competência do juízo da execução" (*Poder público em juízo para concursos*. 3.ed. Salvador: Juspodivm, 2013. p.146).

Para o cumprimento das obrigações, a Constituição estabelece como obrigatória a inclusão, no orçamento das entidades de direito público, de verba necessária ao pagamento de seus débitos, oriundos de sentenças transitadas em julgado, constantes de precatórios judiciários apresentados até **1º de julho**, fazendo-se o **pagamento até o final do exercício seguinte**, quando terão seus valores atualizados monetariamente (art. 100, §5º).

> ▸ **Como esse assunto foi cobrado em concurso?**
>
> No Concurso da FMP para Procurador do Estado do Acre em 2017, foi considerado ERRADO o seguinte enunciado: "Os precatórios devem ser apresentados até 1º de julho de cada ano, para pagamento **até o final do exercício**".

Assim, o pagamento dos precatórios dependerá da sua inclusão na Lei Orçamentária. A partir disso, as dotações orçamentárias e os créditos abertos serão consignados diretamente ao Poder Judiciário, cabendo ao Presidente do Tribunal que proferir a decisão exequenda determinar o pagamento integral e autorizar, a requerimento do credor e exclusivamente para os casos de preterimento de seu direito de precedência ou de não alocação orçamentária do valor necessário à satisfação do seu débito, **o sequestro** da quantia respectiva (art. 100, §6º da CRFB/88).

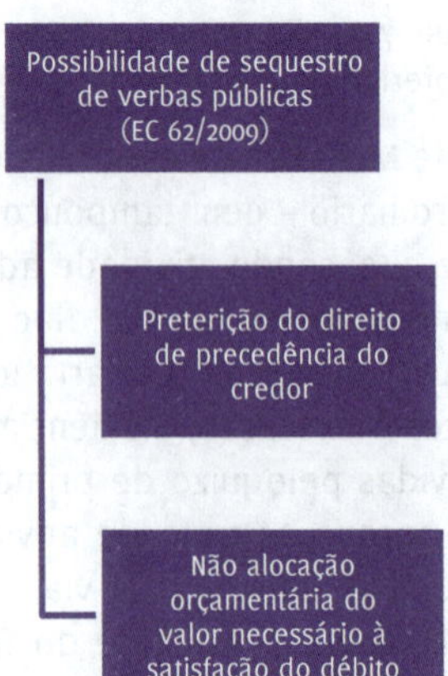

▸ **Qual o entendimento atual do STF sobre o assunto?**

Súmula Vinculante n. 17. Durante o período previsto no §1º do art. 100 da Constituição, não incidem juros de mora sobre os precatórios que nele sejam pagos.

"Em caso de inadimplemento do prazo constitucional, os juros moratórios passam a incidir a partir do primeiro dia do exercício financeiro seguinte ao que deveria ter sido pago o precatório" (STF, RE 940.236 AgR, Rel. Min. Roberto Barroso, j. 06.06.2017. p. 10.08.2017).

▸ **Como esse assunto foi cobrado em concurso?**

No Concurso do CESPE para Juiz Federal da 1ª Região em 2015, foi considerado CERTO o seguinte enunciado: "Não há incidência de juros moratórios entre a data da elaboração da conta em execução e a da expedição do precatório ou da requisição de pequeno valor".

O pagamento dos precatórios deve seguir a ordem cronológica de apresentação à Secretaria do Tribunal. Nesse sentido, a Lei de Responsabilidade Fiscal, em seu art. 10 estabeleceu que "a execução orçamentária e financeira **identificará os beneficiários** de pagamento de sentenças judiciais, por meio de sistema de contabilidade e administração financeira, para fins de observância da ordem cronológica determinada no art. 100 da Constituição".

▸ **Como esse assunto foi cobrado em concurso?**

No Concurso do IADES para Advogado do CRF/DF em 2017, foi considerado ERRADO o seguinte enunciado: "A execução orçamentária e financeira **não poderá**, por meio dos respectivos sistemas de contabilidade e de administração financeira, **identificar os beneficiários** de pagamento de sentenças judiciais, sob alegação de observância da ordem cronológica determinada na Constituição Federal aos pagamentos mediante precatórios".

A própria Constituição foi bastante rigorosa no trato da questão. Assim, estabeleceu que incorrerá em crime de responsabilidade, além de responder perante o Conselho Nacional de Justiça, o Presidente do Tribunal competente que, por ato comissivo ou omissivo, retardar ou tentar frustrar a liquidação regular de precatórios (art. 100, §7º).

▸ **Como esse assunto foi cobrado em concurso?**

No Concurso do CESPE para Juiz Federal da 1ª Região em 2013, foi considerado ERRADO o seguinte enunciado: "Na execução por quantia certa contra a fazenda pública, o juiz requisitará o pagamento por intermédio do presidente do tribunal. Feita a requisição, competirá ao juiz da execução, após ouvido o MP, determinar o sequestro de bens quando preterida a ordem de pagamento dos precatórios".

▸ **Como esse assunto foi cobrado em concurso?**

No Concurso da FMP para Procurador do Estado do Acre em 2017, foi considerado ERRADO o seguinte enunciado: "Caso o precatório não seja quitado até o final do prazo legal, por razões de força maior, outro deve obrigatoriamente ser extraído para substituí-lo, por razões de organização orçamentária".

7.1. Preferência dos débitos de natureza alimentícia

Os débitos de natureza alimentícia contam com uma ordem cronológica própria. Assim, compreendem aqueles decorrentes de salários, vencimentos, proventos, pensões e suas complementações, benefícios previdenciários e indenizações por morte ou por invalidez, fundadas em responsabilidade civil, em virtude de sentença judicial transitada em julgado, e serão pagos com preferência sobre todos os demais débitos, exceto sobre aqueles referidos no §2º deste artigo (art. 100, §1º, da CRFB/88).

Em razão disso, o STF editou a súmula 655, com o seguinte teor: "A exceção prevista no art. 100, *caput*, da Constituição, em favor dos créditos de natureza alimentícia, não dispensa a expedição de precatório, limitando-se a isentá-los da observância da ordem cronológica dos precatórios decorrentes de condenação de outra natureza".

▸ **Qual o entendimento atual do STF sobre o assunto?**

"A execução provisória de obrigação de fazer em face da Fazenda Pública não atrai o regime constitucional dos precatórios. [...] O caso trata de execução de obrigações de fazer, mediante implantação de benefício equivalente à metade do valor de pensão instituída por militar decesso em favor da companheira, a par da outra metade a ser percebida pela esposa, até então favorecida com a integralidade da verba. [...] Considerou, entretanto, que a sistemática dos precatórios não se aplica no caso concreto, por se tratar de obrigação de fazer, ou seja, implantação de pensão instituída por militar. Asseverou que toda decisão não autossuficiente pode ser cumprida de maneira imediata, na pendência de recursos não recebidos com efeito suspensivo. Não há parâmetro constitucional nem legal que obste a pretensão de executar provisoriamente a sentença condenatória de obrigação de fazer relativa à implementação de pensão de militar, antes do trânsito em julgado dos embargos do devedor opostos pela Fazenda Pública. Assim, inexiste razão para que a obrigação de fazer tenha seu efeito financeiro postergado em função do trânsito em julgado, sob pena de hipertrofiar uma regra constitucional de índole excepcionalíssima" (STF, RE 573.872, Rel. Min. Edson Fachin, j. 24.05.2017, Info 866).

▸ **Qual o entendimento atual do STJ sobre o assunto?**

"[...] os benefícios previdenciários (incluídos os acidentários), de natureza reconhecidamente alimentar" (STJ, REsp 713.090, Rel. Min. Gilson Dipp, j. 03.03.2005, p. 28.03.2005).

▸ **Qual o entendimento atual do STF sobre o assunto?**

"A definição contida no §1º-A do art. 100 da CF, de crédito de natureza alimentícia, não é exaustiva [...]. Conforme o disposto nos arts. 22 e 23 da lei 9.806/1994, os honorários advocatícios incluídos na condenação pertencem ao advogado, consubstanciando prestação alimentícia cuja satisfação pela Fazenda ocorre via precatório, observada ordem especial restrita aos créditos de natureza alimentícia, ficando afastado o parcelamento previsto no art. 78 do ADCT, presente na EC 30, de 2000" (STF, RE 470.407, Rel. Min. Marco Aurélio, j. 09.05.2006, Primeira Turma, p. 13.10.2006).

7.2. Preferência em razão de idade, doença ou deficiência

Os débitos de natureza alimentícia cujos titulares, originários ou por sucessão hereditária, tenham 60 (sessenta) anos de idade, ou sejam portadores de doença grave, ou pessoas com deficiência, assim definidos na forma da lei, serão pagos com preferência sobre todos os demais débitos, até o valor equivalente ao triplo fixado em lei para os fins do disposto no §3º deste artigo, **admitido o fracionamento para essa finalidade, sendo que o restante será pago na ordem cronológica de apresentação do precatório** (art. 100, §2º).

Observe-se que a redação original do §2º do art. 100 (anterior à EC 94/2016) exigia que o credor idoso contasse com 60 (sessenta) anos ou mais "na data da expedição do precatório". Contudo, o STF entendeu tratar-se de norma violadora da isonomia, portanto, inconstitucional. Dessa forma, a "superpreferência" "alcança as pessoas que venham a atingir 60 anos enquanto não ocorrido o pagamento do débito constante do precatório" (RAMOS FILHO, 2017, p. 227).

▸ **Qual o entendimento atual do STF sobre o assunto?**

"O pagamento prioritário, até certo limite, de precatórios devidos a titulares idosos ou que sejam portadores de doença grave promove, com razoabilidade, a **dignidade da pessoa humana** (CF, art. 1º, III) e a **proporcionalidade** (CF, art. 5º, LIV), situando-se dentro da margem de conformação do legislador constituinte para operacionalização da novel preferência subjetiva criada pela EC 62/2009. A expressão 'na data de expedição do precatório', contida no art. 100, §2º, da CF, com redação dada pela EC 62/2009, enquanto baliza temporal para a aplicação da preferência no pagamento de idosos, ultraja a isonomia (CF, art. 5º, *caput*) entre os cidadãos credores da Fazenda Pública, na medida em que discrimina, sem qualquer fundamento, aqueles que venham a alcançar a idade de sessenta anos não na data da expedição do precatório, mas sim posteriormente, enquanto pendente este e ainda não ocorrido o pagamento" (STF, ADI 4.425, Rel. Min. Luiz Fux, j. 14.03.2013, p. 19.12.2013).

Para a caracterização da doença grave, o critério adotado pelo Conselho da Justiça Federal é aquele utilizado na legislação do Imposto de Renda. Assim, conforme o art. 13 da Resolução 115 de 29 de junho de 2010, do CNJ, acrescido pela Resolução 123, de 9 de novembro de 2010, do mesmo CNJ, são considerados portadores de doenças graves os credores acometidos das seguintes moléstias:

a) Tuberculose ativa;

b) Alienação mental;

c) Neoplasia maligna;

d) Cegueira;

e) Esclerose múltipla;

f) Hanseníase;

g) Paralisia irreversível e incapacitante;

h) Cardiopatia grave;

i) Doença de Parkinson;

j) Espondiloartrose anquilosante;

k) Nefropatia grave;

l) Estado avançado da doença de Paget (osteíte deformante);

m) Contaminação por radiação;

n) Síndrome da deficiência imunológica adquirida (AIDS);

o) Hepatopatia grave;

p) Moléstias profissionais.

Leonardo Cunha destaca que, "segundo disposto no parágrafo único do art. 13 da Resolução 115/2010 do CNJ, para além dessas doenças, pode, ainda, ser beneficiado pela preferência constitucional o credor portador de doença grave, assim considerada com base na conclusão da medicina especializada comprovada em laudo médico oficial, mesmo que a doença tenha sido contraída após o início do processo" (2016, p. 377-378).

> **▸ Como esse assunto foi cobrado em concurso?**
>
> No Concurso da FMP para Procurador do Estado do Acre em 2017, foi considerado ERRADO o seguinte enunciado: "A Constituição Federal prevê que os pagamentos do poder público, oriundos de ação judicial, sejam feitos através dos precatórios, e que estes sigam rígida ordem cronológica de apresentação, não admitindo qualquer exceção ou mesmo classificação".

7.3. Requisição de Pequeno Valor

O disposto no *caput* do art. 100 relativamente à expedição de precatórios não se aplica aos pagamentos de obrigações definidas em leis como de pequeno valor que as Fazendas referidas devam fazer em virtude de sentença judicial transitada em julgado (art. 100, §3º). Nesses casos a quitação deverá se dar em 60 dias a partir da intimação do devedor.

Para fins do disposto no §3º, poderão ser fixados, por leis próprias, valores distintos às entidades de direito público, segundo as diferentes capacidades econômicas, **sendo o mínimo igual ao valor do maior benefício do regime geral de previdência social** (art. 100, §4º). Apesar dessa previsão, a regra geral é a de que seja considerado pequeno valor até 30 salários mínimos nos municípios, até 40 salários mínimos nos estados e no Distrito Federal e até 60 salários mínimos no âmbito federal.

Em relação às ações plúrimas (litisconsórcio ativo), o STJ entende que para a aferição da existência do RPV deve-se ter em conta o valor pleiteado individualmente e não o valor total da ação. Esse entendimento, na compreensão de Harrison Leite é elogiável, já que "beneficia o credor de pequena quantia e o estimula às ações plúrimas, que contribuem, e muito, para a economia e a celeridade processual" (2015, p. 265).

> **▸ Qual o entendimento atual do STJ sobre o assunto?**
>
> "O Juizado Especial Federal Cível é absolutamente competente para processar e julgar causas afetas à Justiça Federal até o valor de sessenta salários mínimos (art. 3º, *caput* e §3º, da Lei n. 10.259/2001). A jurisprudência do STF é firme no sentido de que, na hipótese de litisconsórcio ativo, o valor da causa para fins de fixação da competência é calculado dividindo-se o montante total pelo número de litisconsortes" (STJ, REsp 1.257.935/PB, Rel. Min. Eliana Calmon, j. 18.10.2012, p. 29.10.2012).

7.4. Fracionamento do precatório

O §8º do art. 100 da CRFB/88 veda a expedição de precatórios complementares ou suplementares de valor pago, bem como o fracionamento, repartição ou quebra do valor da execução para fins de enquadramento de parcela como requisição de pequeno valor. Com isso, o credor não poderia se valer, ao mesmo tempo, de um pagamento imediato e de outra parte mediante precatório.

▸ Como esse assunto foi cobrado em concurso?

No Concurso do CESPE para Juiz Federal da 5ª Região em 2015, foi considerado ERRADO o seguinte enunciado: "A jurisprudência majoritária do STF **admite o fracionamento** da execução contra a fazenda pública para que parte do crédito seja paga ao credor por meio de precatório e a outra parte, mediante complemento positivo, feito por via administrativa e antes do trânsito em julgado".

Há que se destacar ainda, que, em regra, não é possível a execução provisória da sentença, já que a expedição do precatório somente poderá alcançar o valor acerca do qual não haja mais litígio. "Disso resulta que, se os embargos da Fazenda Pública forem parciais, valor do montante não questionado torna-se definitivo, sendo possível a expedição do precatório para essa parcela" (BARROS, 2013, p. 143-144).

▸ Qual o entendimento atual do STJ sobre o assunto?

"É viável a expedição de precatório ou requisição de pequeno valor quanto à parte incontroversa, malgrado o manejo de embargos parciais à execução" (STJ, AgRg no REsp 1.045.921/AL, Rel. Min. Castro Meira, Segunda Turma, j. 02.04.2009, p. 27.04.209).

▸ Como esse assunto foi cobrado em concurso?

No Concurso do CESPE para Juiz Federal da 5ª Região em 2012, foi considerado ERRADO o seguinte enunciado: "Devido ao regime constitucional do precatório, como regra, nos casos de obrigações de fazer, não fazer e dar coisa, **não é possível a concessão de tutela antecipada em face do poder público**".

O próprio texto constitucional traz importante exceção à impossibilidade de fracionamento. Cuida-se da disposição constante do §2º do art. 100, qual seja, no caso em que o credor possua sessenta anos de idade, ou mais, seja portador de doença grave, ou ainda, pessoa com deficiência (EC 94/2016). Nessas hipóteses serão pagos até o valor equivalente ao triplo do fixado na lei para o RPV, admitindo-se o fracionamento para essa finalidade, sendo que o restante será pago na ordem cronológica de apresentação do precatório.

Do mesmo modo, o STF admite o fracionamento para pagamento de honorários advocatícios.

▸ **Qual o entendimento atual do STF sobre o assunto?**

"Honorários advocatícios. Verba de natureza alimentar, a qual não se confunde com o débito principal. Ausência de caráter acessório. Titulares diversos. Possibilidade de pagamento autônomo. **Requerimento desvinculado da expedição do ofício requisitório principal.** [...] " (STF RE 564.132/RS, Rel. Min. Eros Grau, Plenário, j. 30.10.2014).

▸ **Como esse assunto foi cobrado em concurso?**

No Concurso do CESPE para Juiz Federal da 1ª Região em 2015, foi considerado ERRADO o seguinte enunciado: "Se o crédito principal observar o regime dos precatórios, os honorários advocatícios **não poderão ser executados mediante requisições de pequeno valor**, ainda que se restrinjam ao valor limite dessas requisições".

Por outro lado, apesar da disposição constitucional, a doutrina destaca a possibilidade de expedição do precatório complementar, cabível no caso de dívida não inteiramente satisfeita perante o titular do precatório (LEITE, 2015, p, 267).

▸ **Qual o entendimento atual do STJ sobre o assunto?**

"Os pagamentos de complementação de débitos da Fazenda Pública Federal, Estadual ou Municipal, decorrentes de decisões judiciais, deverão ser objeto de novo precatório, sem, contudo, ser necessária nova citação da Fazenda Pública" (STJ, AgRg no AI 646.081/SP, Rel. Min. Ricardo Lewandowski, Primeira Turma, j. 26.11.2013, Info 730).

7.5. Cessão de precatórios

Incluídos pela Emenda Constitucional n. 62/2009, os §§ 13 e 14 do art. 100 da CRFB/88 disciplinaram a possibilidade de cessão, total ou parcial, dos créditos em precatórios a terceiros, independentemente da concordância do devedor. Nesse caso, a cessão somente produzirá efeitos após comunicação, por meio de petição protocolizada, ao tribunal de origem e à entidade devedora.

▸ **Como esse assunto foi cobrado em concurso?**

No Concurso do CESPE para Juiz Federal da 1ª Região em 2015, o tema dos precatórios foi abordado da seguinte forma: "Aos sessenta e cinco anos de idade, Antônio foi atropelado culposamente por um automóvel da administração pública federal o que lhe ocasionou invalidez para o exercício do trabalho. A vítima ingressou com uma ação fundada em responsabilidade civil do Estado, na qual logrou êxito, uma vez que a sentença que condenou a União a lhe pagar indenização transitou em julgado. O precatório gerado foi inscrito no orçamento aprovado para o exercício fiscal do ano de 2015. Considerando essa situação hipotética, assinale a opção correta em conformidade com a disciplina constitucional dos precatórios: a) Antônio, independentemente da concordância do ente ou órgão devedor, poderá ceder seus precatórios a terceiros; b) O crédito somente será válido se houver dotação na lei orçamentária anual com a designação expressa de que o precatório é de titularidade de Antônio; c) O crédito de Antônio não possui natureza alimentar, uma vez que foi fundamentado em ato ilícito civil da administração pública federal que ensejou indenização por invalidez; d) Dado que Antônio tem mais de sessenta anos, o crédito terá prioridade sobre todos os demais créditos, e deverá ser pago integralmente independentemente do seu valor; e) Caso o crédito de Antônio seja considerado por lei como de pequeno valor, seu precatório será pago com preferência sobre todos os demais". Segundo o gabarito definitivo, foi considerada correta a alternativa "a".

7.6. Regime Especial da EC 62/2009

A Emenda Constitucional n. 62/2009, além das alterações introduzidas no art. 100 da CRFB/88, introduziu o art. 97 no ADCT, criando um regime especial para o pagamento dos precatórios, mais vantajoso à Fazenda Pública. Por essa razão foi chamada de "Emenda do Calote".

Assim, foi incluído o §15 ao art. 100 visando sanar os graves atrasos de pagamentos de precatórios por parte de Estados e Municípios, segundo o qual: "Sem prejuízo no disposto neste artigo, lei complementar a esta Constituição Federal poderá estabelecer regime especial para pagamento de crédito de precatórios de Estados, Distrito Federal e Municípios, dispondo sobre vinculações à receita corrente líquida e forma e prazo de liquidação".

Para possibilitar a redução das dívidas de tais entes até que fosse editada a lei complementar, a própria EC 62/2009 incluiu o art. 97 ao ADCT estabelecendo que "Até que seja editada a lei complementar de que trata o §15 do art. 100 da Constituição federal, os Estados, o Distrito Federal e os Municípios que, na data da publicação desta Emenda Constitucional, estejam em mora na quitação de precatórios vencidos, relativos às suas administrações direta e indireta, inclusive os emitidos durante o período de vigência do regime especial instituído por este artigo, farão esses pagamentos de acordo com as normas a seguir estabelecidas, sendo inaplicável o disposto no art. 100 desta Constituição Federal, exceto em seus §§ 2º, 3º, 9º, 10, 11, 12 13 e 14, e sem prejuízo dos acordos de juízos conciliatórios já formalizados na data de promulgação desta Emenda Constitucional".

Dentre outras novidades, o regime especial estabelecido pelo art. 97 do ADCT previa a realização de **"leilão de precatórios"** através dos quais os credores competiriam entre si oferecendo deságios em relação aos valores que têm para receber. Além disso, foi fixada uma sistemática de pagamento de precatórios de forma parcelada em **15 anos**.

Contudo, referido regime foi considerado **inconstitucional** pelo STF pelo fato de estabelecer nova moratória ou uma espécie de "concordata" dos débitos judiciais da Fazenda Pública (Estados, Distrito Federal e Municípios).

▸ **Qual o entendimento atual do STF sobre o assunto?**

"O regime 'especial' de pagamento de precatórios para Estados e Municípios criado pela EC 62/09, ao veicular nova moratória na quitação dos débitos judiciais da fazenda Pública e ao impor o contingenciamento de recursos para esse fim, viola a cláusula constitucional do Estado de Direito (CF, art. 1º, *caput*), o princípio da Separação de Poderes (CF, art. 2º), o postulado da isonomia (CF, art. 5º), a garantia do acesso à justiça e a efetividade da tutela jurisdicional (CF, art. 5º, XXXV), o direito adquirido e à coisa julgada (CF, art. 5º, XXXVI)" (STF, ADI 4.425, Rel. Min. Luiz Fux, j. 14.03.2013, p. 19.12.2013).

Em decisão tomada em questão de ordem nas Ações Diretas de Inconstitucionalidade 4.357 e 4.425, o STF acabou por modular os efeitos da declaração de inconstitucionalidade, mantendo-se parcialmente o regime especial criado pela EC 62/2009 pelo período de **5 anos**, contados a partir de janeiro de 2016.

> **Qual o entendimento atual do STF sobre o assunto?**
>
> "[...] Quanto às formas alternativas de pagamento previstas no regime especial: (i) consideram-se válidas as compensações, os leilões e os pagamentos à vista por ordem crescente de crédito previstos na Emenda Constitucional nº 62/2009, desde que realizados até 25.03.2015, data a partir da qual não será possível a quitação de precatórios por tais modalidades; (ii) fica mantida a possibilidade de realização de acordos diretos, observada a ordem de preferência dos credores e de acordo com lei própria da entidade devedora, com redução máxima de 40% do valor do crédito atualizado".
>
> "Quanto às formas alternativas de pagamento previstas no regime especial: (i) consideram-se válidas as compensações, os leilões e os pagamentos à vista por ordem crescente de crédito previstos na Emenda Constitucional nº 62/2009, desde que realizados até 25.03.2015, data a partir da qual não será possível a quitação de precatórios por tais modalidades; (ii) fica mantida a possibilidade de realização de acordos diretos, observada a ordem de preferência dos credores e de acordo com lei própria da entidade devedora, com redução máxima de 40% do valor do crédito atualizado". (STF, QO na ADI 4.425, Rel. Min. Luiz Fux, j. 25.03.2015).

Além das disposições transcritas no quadro acima, também foram mantidas pelo período de 5 anos a vinculação de percentuais mínimos da receita corrente líquida ao pagamento dos precatórios (art. 97, §10, do ADCT) e as sanções para o caso de não liberação tempestiva dos recursos destinados ao pagamento dos precatórios, conforme previsão do art. 97, §10, do ADCT.

Assim que se encerrassem os 5 anos, contados a partir de janeiro de 2016, o regime especial seria completamente extinto, voltando a valer apenas as regras contidas no art. 100 da CRFB/88.

7.7. Regime especial de pagamento para os casos de precatórios em mora - de acordo com a EC 99/2017

Em 15 de dezembro de 2016 o regime dos precatórios foi alterado com a Emenda Constitucional nº 94, que acrescentou os arts. 101 a 105 ao Ato das Disposições Constitucionais Transitórias, além de alterar o art. 100 da CRFB/88, com o intuito de viabilizar a quitação dos precatórios de Estados e Municípios. Segundo aquela emenda, tais precatórios pendentes até 25 de março de 2015 e aqueles a vencer até **31 de dezembro de 2020** poderiam ser pagos até este último ano, mediante um regime especial.

> **Importante**
>
> Em 13 de abril de 2017 o então Procurador-Geral da República, Rodrigo Janot, ajuizou no Supremo Tribunal Federal a Ação Direta de Inconstitucionalidade 5679, com pedido de liminar, contra o art. 2º da EC 94/2016, na parte em que insere o artigo 101, parágrafo 2º, incisos I e II, no Ato das Disposições Constitucionais Transitórias (ADCT) da Constituição Federal, que trata da possibilidade de utilização de depósitos judiciais para pagamento de precatórios. Para o Procurador-Geral, "a medida ultrapassou os limites de reforma à Constituição estabelecidos pelo poder constituinte originário ao poder constituinte derivado e violam cláusulas pétreas relativas à divisão das funções estatais aos direitos e garantias individuais". (Disponível em: http://www.stf.jus.br/portal/cms/verNoticiaDetalhe.asp?idConteudo=340700 Acesso em 07 dez. 2017).
>
> Em 12 de junho de 2016 o Ministro Luis Roberto Barroso concedeu liminar para explicitar as salvaguardas necessárias para a utilização dos depósitos judicias para o pagamento de precatórios conforme previsão da EC 94/2016, na qual elencou três condições para a aplicação das regras da Emenda Constitucional n. 94: **"prévia constituição do fundo garantidor, destinação exclusiva a precatórios em atraso até 25/03/2015 e exigência de que os valores dos depósitos sejam repassados diretamente ao tribunal competente, sem passar pelo caixa dos tesouros locais"** (Disponível em: http://www.stf.jus.br/portal/cms/verNoticiaDetalhe.asp?idConteudo=346442 Acesso em 07 dez. 2017).

Contudo, em **14 de dezembro de 2017**, o regime jurídico dos precatórios foi novamente alterado, o que certamente será objeto de questionamentos nos mais variados concursos públicos. A alteração ocorreu por meio da **Emenda Constitucional nº 99**, resultado da PEC 45/2017, tendo como principal novidade a alteração do art. 101 do Ato das Disposições Constitucionais Transitórias, **estendendo de 2020 para 2024** o prazo para que Estados, o Distrito Federal e os municípios quitem seus precatórios dentro do regime especial aprovado pelo Congresso por meio da EC 94, de 2016.

O art. 101 do ADCT (com redação dada pela EC 99/17) estabeleceu que os Estados, o Distrito Federal e os Municípios que, em 25 de março de 2015, se encontravam em mora no pagamento de seus precatórios quitarão, **até 31 de dezembro de 2024**, seus débitos vencidos e os que vencerão dentro desse período, **atualizados pelo índice Nacional de Preços ao Consumidor Amplo Especial (IPCA-E), ou por outro índice que venha a substituí-lo**, depositando mensalmente em conta especial do Tribunal de Justiça local, **sob única e exclusiva administração deste**, 1/12 (um doze avos) do valor calculado percentualmente sobre suas **receitas correntes líquidas**, apuradas no segundo mês anterior ao mês de pagamento, em percentual suficiente para a quitação de seus débitos e, ainda que variável, nunca inferior, em cada exercício, ao percentual praticado na data da entrada em vigor do regime especial a que se refere este artigo, em conformidade com o plano de pagamento a ser anualmente apresentado ao Tribunal de Justiça local.

Para fins deste regime especial, o §1º do art. 101 do ADCT conceitua como **receita corrente líquida** "o somatório das receitas tributárias, patrimoniais, industriais, agropecuárias, de contribuições e de serviços, de transferências correntes e outras receitas correntes, incluindo as oriundas do §1º do art. 20 da Constituição Federal, verificado no período compreendido pelo segundo mês imediatamente anterior ao de referência e os onze meses precedentes, excluídas as duplicidades e deduzidas":

I. Nos Estados, as parcelas entregues aos Municípios, por determinação constitucional;

II. Nos Estados, no Distrito Federal e nos Municípios, a contribuição dos servidores para custeio de seu sistema de previdência e assistência social e as receitas provenientes da compensação financeira referida no §9º do art. 201 da Constituição Federal.

Segundo o §2º do mesmo art. 101 do ADCT, o débito de precatórios será pago com **recursos orçamentários próprios provenientes das fontes de receita corrente líquida** referidas no §1º e adicionalmente, poderão ser utilizados os seguintes instrumentos:

I. até **75% (setenta e cinco por cento) dos depósitos judiciais e dos depósitos administrativos em dinheiro referentes a**

processos judiciais ou administrativos, tributários ou não tributários, nos quais sejam parte os Estados, o Distrito Federal ou os Municípios, e as respectivas autarquias, fundações e empresas estatais dependentes, mediante a instituição de **fundo garantidor** em montante equivalente a 1/3 (um terço) dos recursos levantados, constituído pela parcela restante dos depósitos judiciais e remunerado pela taxa referencial do Sistema Especial de Liquidação e de Custódia (Selic) para títulos federais, nunca inferior aos índices e critérios aplicados aos depósitos levantados;

II. até **30% (trinta por cento) dos demais depósitos judiciais da localidade sob jurisdição do respectivo Tribunal de Justiça**, mediante a instituição de **fundo garantidor** em montante equivalente aos recursos levantados, constituído pela parcela restante dos depósitos judiciais e remunerado pela taxa referencial do Sistema Especial de Liquidação e de Custódia (Selic) para títulos federais, nunca inferior aos índices e critérios aplicados aos depósitos levantados, destinando-se

   a) no caso do Distrito Federal, 100% (cem por cento) desses recursos ao próprio Distrito Federal;

   b) no caso dos Estados, 50% (cinquenta por cento) desses recursos ao próprio Estado e 50% (cinquenta por cento) aos respectivos Municípios, conforme a circunscrição judiciária onde estão depositados os recursos, e, se houver mais de um Município na mesma circunscrição judiciária, os recursos serão rateados entre os Municípios concorrentes, proporcionalmente às respectivas populações, utilizado como referência o último levantamento censitário ou a mais recente estimativa populacional da Fundação Instituto Brasileiro de Geografia e Estatística (IBGE);

III. empréstimos, **excetuados para esse fim os limites de endividamento** de que tratam os incisos VI e VII do *caput* do art. 52 da Constituição Federal e quaisquer outros limites de endividamento previstos em lei, **não se aplicando a esses empréstimos a vedação de vinculação de receita** prevista no inciso IV do *caput* do art. 167 da Constituição Federal;

IV. a totalidade dos depósitos em precatórios e requisições diretas de pagamento de obrigações de pequeno valor efetuados até 31 de dezembro de 2009 e ainda não levantados, com o **cancelamento dos respectivos requisitórios** e a baixa das obrigações, assegurada a revalidação dos requisitórios pelos juízos dos processos perante os Tribunais, a requerimento dos credores e após a oitiva da entidade devedora, mantidas a posição de ordem cronológica original e a remuneração de todo o período.

A EC 99/2017 também incluiu novos parágrafos ao art. 101 do ADCT. Nesse sentido, o §3º estabelece que "os recursos adicionais previstos nos incisos I, II e IV do § 2º deste artigo serão transferidos diretamente pela instituição financeira depositária para a **conta especial** referida no *caput* deste artigo, sob **única e exclusiva administração do Tribunal de Justiça local**, e essa transferência deverá ser realizada em até sessenta dias contados a partir da entrada em vigor deste parágrafo, sob pena de **responsabilização pessoal do dirigente da instituição financeira por improbidade**".

Já segundo o §4º, no prazo de até seis meses contados da entrada em vigor do regime especial a que se refere este artigo, a União, diretamente, ou por intermédio das instituições financeiras oficiais sob seu controle, disponibilizará aos Estados, ao Distrito Federal e aos Municípios, bem como às respectivas autarquias, fundações e empresas estatais dependentes, **linha de crédito especial** para pagamento dos precatórios submetidos ao regime especial de pagamento de que trata este artigo, observadas as seguintes condições:

I. no financiamento dos saldos remanescentes de precatórios a pagar a que se refere este parágrafo serão adotados os índices e critérios de atualização que incidem sobre o pagamento de precatórios, nos termos do § 12 do art. 100 da Constituição Federal;

II. o financiamento dos saldos remanescentes de precatórios a pagar a que se refere este parágrafo será feito em parcelas mensais suficientes à satisfação da dívida assim constituída;

III. o valor de cada parcela a que se refere o inciso II deste parágrafo será calculado percentualmente sobre a receita corrente líquida, respectivamente, do Estado, do Distrito Federal e do Município, no segundo mês anterior ao pagamento, em percentual equivalente à média do comprometimento percentual mensal de 2012 até o final do período referido no *caput* deste artigo, considerados para esse fim somente os recursos próprios de cada ente da Federação aplicados no pagamento de precatórios;

IV. nos empréstimos a que se refere este parágrafo **não se aplicam os limites de endividamento** de que tratam os incisos VI e VII do *caput* do art. 52 da Constituição Federal e quaisquer outros limites de endividamento previstos em lei.

Já o art. 102 do ADCT teve o *caput* mantido pela EC 99/2017. Por outro lado, o então parágrafo único (EC 94/2016) foi transformado em parágrafo primeiro, havendo a inclusão de novo parágrafo.

Nesse sentido, mencionado artigo estabelece que enquanto viger o regime especial previsto na EC 94/2016, pelo menos **50% (cinquenta por cento)** dos recursos que, nos termos do art. 101 do ADCT, forem destinados ao pagamento dos precatórios em mora serão utilizados no pagamento segundo a ordem cronológica de apresentação, respeitadas as preferências dos créditos alimentares, e, nessas, as relativas à idade, ao estado de saúde e à deficiência, nos termos do § 2º do art. 100 da Constituição Federal, sobre todos os demais créditos de todos os anos.

No mais, a aplicação dos recursos remanescentes, por opção a ser exercida por Estados, Distrito Federal e Municípios, por ato do respectivo Poder Executivo, observada a ordem de preferência dos credores, poderá ser destinada ao pagamento mediante **acordos diretos, perante Juízos Auxiliares de Conciliação de Precatórios, com redução máxima de 40% (quarenta por cento) do valor do crédito atualizado**, desde que em relação ao crédito não penda recurso ou defesa judicial e que sejam observados os requisitos definidos na regulamentação editada pelo ente federado (art. 102,§1º).

Na vigência do regime especial previsto no art. 101 do ADCT, **as preferências relativas à idade, ao estado de saúde e à deficiência serão atendidas até o valor equivalente ao quíntuplo fixado em lei para as requisições de pequeno valor** (art. 100, §3º), admitido o fracionamento para essa finalidade, e o restante será pago em ordem cronológica de apresentação do precatório (art. 102, §2º).

Enquanto os Estados, o Distrito Federal e os Municípios estiverem efetuando o pagamento da parcela mensal devida como previsto no *caput* do art. 101 do ADCT, nem eles, nem as respectivas autarquias, fundações e empresas estatais dependentes poderão sofrer **sequestro de valores**, exceto no caso de não liberação tempestiva dos recursos (art. 103, ADCT).

A EC 99/2017 também acrescentou o parágrafo único ao art. 103 do ADCT, estabelecendo restrições às desapropriações efetuadas pelos entes federativos com significativos débitos no regime de precatórios. Assim: "Na vigência do regime especial previsto no art. 101 deste Ato das Disposições Constitucionais Transitórias, ficam **vedadas desapropriações** pelos Estados, pelo Distrito Federal e pelos Municípios, cujos estoques de precatórios ainda pendentes de pagamento, incluídos os precatórios a pagar de suas entidades da administração indireta, sejam **superiores a 70% (setenta por cento) das respectivas receitas correntes líquidas**, excetuadas as desapropriações para fins de **necessidade pública nas áreas de saúde, educação, segurança pública, transporte público, saneamento básico e habitação de interesse social**".

O art. 104, por sua vez, estabelece sanções para os casos em que os recursos referidos no art. 101 não sejam tempestivamente liberados, no todo ou em parte:

I. o Presidente do Tribunal de Justiça local determinará o **sequestro**, até o limite do valor não liberado, das contas do ente federado inadimplente (observado o art. 103 *caput*, do ADCT);

II. o chefe do Poder Executivo do ente federado inadimplente responderá, na forma da legislação de **responsabilidade fiscal e de improbidade administrativa**;

III. a União **reterá os recursos** referentes aos repasses ao Fundo de Participação dos Estados e do Distrito Federal e ao Fundo de Participação dos Municípios e os depositará na conta especial referida no art. 101 deste Ato das Disposições Constitucionais Transitórias, para utilização como nele previsto;

IV. os Estados **reterão os repasses** previstos no parágrafo único do art. 158 da Constituição Federal e os depositarão na conta especial referida no art. 101 deste Ato das Disposições Constitucionais Transitórias, para utilização como nele previsto.

Além disso, enquanto perdurar a omissão, o ente federado não poderá contrair empréstimo externo ou interno, exceto para os fins previstos no § 2º do art. 101 do ADCT, e ficará impedido de receber transferências voluntárias (art. 104, Parágrafo único, do ADCT).

Observe-se que o art. 105, incluído no ADCT determinou que enquanto viger o regime de pagamento de precatórios previsto no art. 101 deste Ato das Disposições Constitucionais Transitórias, é **facultada aos credores de precatórios, próprios ou de terceiros, a compensação com débitos de natureza tributária ou de outra natureza** que até 25 de março de 2015 tenham sido inscritos na dívida ativa dos Estados, do Distrito Federal ou dos Municípios, observados os requisitos definidos em **lei própria do ente federado**. Para tanto, os entes federativos deverão regulamentar o regime de compensações até 120 dias a partir de 1º de janeiro de 2018, sob pena de ficarem os credores de precatórios autorizados a exercer tal faculdade. Observe-se, contudo, que não se aplica a tais compensações qualquer tipo de vinculação, como as transferências a outros entes e as destinadas à educação, à saúde e a outras finalidades.

Em suma, essas podem ser apontadas como as principais alterações advindas com a Emenda Constitucional n. 99, de 2017:

- Prorrogação do prazo de 2020 para 2024 para que estados e municípios quitem seus precatórios (art. 101, *caput*, do ADCT);
- Inclusão da obrigatoriedade de atualização pelo IPCA-E ou outro índice que venha a substituí-lo (art. 101, *caput*, do ADCT);
- Obrigatoriedade da constituição de fundo garantidor, em montante equivalente a 1/3 dos recursos levantados do que sobrar (25%) dos depósitos judiciais e dos depósitos administrativos em dinheiro referentes a processos judiciais ou administrativos, tributários ou não tributários, nos quais

sejam parte os Estados, o DF ou os Municípios, e as respectivas autarquias, fundações e empresas estatais dependentes (art. 101, §2º, I, do ADCT);

- Aumento de 20% para 30% dos demais depósitos judiciais da localidade sob jurisdição do respectivo Tribunal de Justiça, mediante instituição de fundo garantidor (art. 101, §2º, II, do ADCT);
- Divisão entre estados (50%) e municípios (50%), dos recursos oriundos dos demais depósitos judiciais da localidade sob jurisdição do respectivo Tribunal de Justiça (art. 101, §2º, II, "b", do ADCT);
- Criação, pela União, de linha de crédito especial para o pagamento dos precatórios, no prazo de até seis meses da entrada em vigor do regime especial (art. 101, §4º, do ADCT);
- Fixação do limite de cinco vezes o valor dos requisitórios de pequeno valor para a validade das preferências relativas à idade, ao estado de saúde e à deficiência, para fins do regime especial de pagamento dos precatórios (art. 102, §2º);
- Restrições estabelecidas às desapropriações dos entes federativos cujos estoques de precatórios ainda pendentes de pagamento, incluídos os precatórios a pagar de suas entidades da administração indireta, sejam superiores a 70% (setenta por cento) das respectivas receitas correntes líquidas, excetuadas as desapropriações para fins de necessidade pública nas áreas de saúde, educação, segurança pública, transporte público, saneamento básico e habitação de interesse social (art. 103, parágrafo único, do ADCT).
- Fixação do prazo de 120 dias para que os entes federativos regulamentem as regras sobre a compensação dos precatórios com débitos tributários ou de outra natureza.

7.8. Comprometimento da receita corrente líquida com o pagamento de precatórios e obrigações de pequeno valor

A Emenda Constitucional n. 94/2016 também incluiu os §§ 17 a 20 no art. 100 da CRFB/88, determinando que a União, os Estados, o Distrito Federal e os Municípios deverão aferir mensalmente, em base anual, o comprometimento de suas respectivas receitas correntes líquidas com o pagamento de precatórios e obrigações de pequeno valor. Tais dispositivos não sofreram qualquer alteração em decorrência da EC 99/2017.

Para tanto, a definição de corrente líquida repetiu o mesmo conceito adotado no §1º do art. 101 do ADCT (incluindo-se deduções relacionadas à União), qual seja: "o somatório das receitas tributárias, patrimoniais, industriais, agropecuárias, de contribuições e de serviços, de transferências correntes e outras receitas correntes, incluindo as oriundas do §1º do art. 20 da Constituição Federal, verificado no período compreendido pelo segundo mês imediatamente anterior ao de referência e os onze meses precedentes, excluídas as duplicidades e deduzidas":

I. **Na União,** as parcelas entregues aos Estados, ao Distrito Federal e aos Municípios por determinação constitucional;

II. Nos Estados, as parcelas entregues aos Municípios, por determinação constitucional;

III. Nos Estados, no Distrito Federal e nos Municípios, a contribuição dos servidores para custeio de seu sistema de previdência e assistência social e as receitas provenientes da compensação financeira referida no §9º do art. 201 da Constituição Federal.

Foi estabelecido, ainda, que caso o montante total de débitos decorrentes de condenações judiciais em precatórios e obrigações de pequeno valor, em período de 12 (doze) meses, ultrapasse a média do comprometimento percentual da receita corrente líquida nos 5 (cinco) anos imediatamente anteriores, a parcela que exceder esse percentual poderá ser financiada, excetuada dos limites de endividamento de que tratam os incisos VI e VII do art. 52 da Constituição Federal e de quaisquer outros limites de endividamento previstos, não se aplicando a esse financiamento a vedação de vinculação de receita prevista no inciso IV do art. 167 da Constituição Federal (art. 100, §19).

Da mesma forma, caso haja precatório com valor superior a 15% (quinze por cento) do montante dos precatórios apresentados nos termos do § 5º do artigo 100, 15% (quinze por cento) do valor deste precatório serão pagos até o final do exercício seguinte e o restante em parcelas iguais nos cinco exercícios subsequentes, acrescidas de juros de mora e correção monetária, ou mediante acordos diretos, perante Juízos Auxiliares de Conciliação de Precatórios, com redução máxima de 40% (quarenta por cento) do valor do crédito atualizado, desde que em relação ao crédito não penda recurso ou defesa judicial e que sejam observados os requisitos definidos na regulamentação editada pelo ente federado (art. 100, §20).

8. DESPESAS COM PESSOAL

As despesas com pessoal representam uma parcela bastante significativa dos gastos públicos, assim como são decisivas no relacionamento político entre governantes e servidores públicos das mais variadas carreiras. Por esse motivo, tanto a Constituição de 1967 como a atual procuraram estabelecer limites a tais gastos.

> ▸ **Importante**
>
> CRFB/88, art. 169. A despesa com pessoal ativo e inativo da União, dos Estados, do Distrito Federal e dos Municípios não poderá exceder os limites estabelecidos em lei complementar.

> ▸ **Qual o entendimento do STF sobre o assunto?**
>
> "A expressão 'não poderá exceder', presente no art. 169 da CF, conjugada com o caráter nacional da lei complementar ali mencionada, assentam a noção de marco negativo imposto a todos os membros da Federação, no sentido de que os parâmetros de controle de gastos ali estabelecidos, não podem ser ultrapassados, sob pena de se atentar contra o intuito de preservação do equilíbrio orçamentário (receita/despesa) consagrado na norma" (STF, ADI 5.499 Ref-MC, Rel. Teori Zavascki, Pleno, j. 10.03.2016, p. 22.04.2016).

Em obediência ao regramento constitucional, a Lei de Responsabilidade Fiscal disciplinou as despesas com pessoal (arts. 18 a 23), iniciando por conceituá-la como "o somatório dos gastos do ente da Federação com os ativos, os inativos e os pensionistas, relativos a mandatos eletivos, cargos, funções ou empregos, civis, militares, e de membros de Poder, com quaisquer espécies remuneratórias, tais como vencimentos e vantagens, fixas e variáveis, subsídios, proventos da aposentadoria, reformas e pensões, inclusive adicionais, gratificações, horas extras e vantagens pessoais de qualquer natureza, bem como encargos sociais e contribuições recolhidas pelo ente às entidades de previdência" (art. 18, *caput*, da LRF).

A apuração da despesa total com pessoal será feita somando-se a realizada no mês em referência com as doze imediatamente anteriores, adotando-se o regime de competência. Por outro lado, o gasto com contratos de terceirização de mão-de-obra que se referem à **substituição de servidores e empregados públicos** serão contabilizados como "Outras Despesas de Pessoal" (art. 18, §1º), entrando, portanto, no cômputo da despesa com pessoal.

▸ Como esse assunto foi cobrado em concurso?

No Concurso da FMP para Procurador do Estado do Acre em 2017, foi considerado CERTO o seguinte enunciado: "A LC 101/2000 admite a substituição de servidores e empregados públicos por contratos de terceirização de mão de obra, desde que considerados estes na despesa total com pessoal".

O ponto mais importante da LRF em relação às despesas com pessoal, diz respeito à estipulação de limites tanto globais quanto específicos, setoriais ou individuais. Nesse sentido, como **limites globais**, o art. 19 da LRF prescreve que a despesa total com pessoal, em cada período de apuração e em cada ente da Federação, não poderá exceder os seguintes percentuais da **receita corrente líquida**:

- União: 50% (cinquenta por cento);
- Estados: 60% (sessenta por cento);
- Municípios: 60% (sessenta por cento);

▸ Como esse assunto foi cobrado em concurso?

No Concurso da FAUEL para Advogado da Prefeitura de São José/PR em 2017, foi considerado CERTO o seguinte enunciado: "Conforme a Lei Complementar 101/2001, a despesa com pessoal ativo e inativo dos Municípios não poderá exceder o percentual de 60% (sessenta por cento) da receita corrente líquida".

Entretanto, na verificação de tais limites, por expressa previsão legal, não serão incluídas as despesas:

- De indenização por demissão de servidores ou empregados;
- Relativas a incentivos à demissão voluntária;
- Derivadas da convocação extraordinária do Congresso Nacional em caso de urgência ou interesse público relevante (art. 57, II, §6º, da CRFB/88);
- Decorrentes de decisão judicial e da competência de período anterior ao da apuração a que se refere o §2º do art. 18 da LRF;
- Com pessoal, do Distrito Federal e dos Estados do Amapá e Roraima, custeadas com recursos transferidos pela União na forma dos incisos XIII e XIV do art. 21 da Constituição e do art. 31 da Emenda Constitucional nº 19;
- Com inativos, ainda que por intermédio de fundo específico, custeadas por recursos provenientes:
  a) Da arrecadação de contribuições dos segurados;
  b) Da compensação financeira de que trata o §9º do art. 201 da Constituição;
  c) Das demais receitas diretamente arrecadadas por fundo vinculado a tal finalidade, inclusive o produto da alienação de bens, direitos e ativos, bem como seu superávit financeiro

Já os limites específicos, setoriais ou individuais foram traçados no art. 20 da Lei de Responsabilidade Fiscal, conforme tabela infra:

Limites para as despesas com pessoal - % da Receita Corrente Líquida	
União	Poder Legislativo (inclusive Tribunal de Contas) - 2,5%
	Poder Judiciário - 6%
	Poder Executivo - 40,9% (3% para DF e ex-territórios e 37,9% para União)
	Ministério Público da União - 0,6%

Limites para as despesas com pessoal - % da Receita Corrente Líquida	
Estados	Poder Legislativo (inclusive Tribunal de Contas) - 3%
	Poder Judiciário - 6%
	Poder Executivo - 49%
	Ministério Público Estadual - 2%
Municípios	Poder Legislativo (inclusive Tribunal de Contas do Município) - 6%
	Poder Executivo - 54%

Destaque-se que nos Poderes Legislativo e Judiciário de cada esfera, os limites serão repartidos entre seus órgãos de forma proporcional à média das despesas com pessoal, em percentual da receita corrente líquida, verificadas nos três exercícios financeiros imediatamente anteriores ao da publicação da LRF (art. 20, §1º da LRF).

Também é importante destacar que em alguns Estados, atém do Tribunal de Contas Estadual existe ainda um Tribunal de Contas dos Municípios. Nessa situação, o limite de gasto do Poder Legislativo é acrescido de 0,4%, passando para 3,4%, ao passo que o do Executivo será de 48,6% (art. 20, §4º da LRF).

▸ **Como esse assunto foi cobrado em concurso?**

No Concurso do IMA para Advogado da Prefeitura de Penalva/MA em 2017, esse tema foi cobrado da seguinte forma: "De acordo com a Lei de Responsabilidade Fiscal, a repartição dos limites globais das despesas não poderá exceder os seguintes percentuais na esfera estadual de: I. 2,5% para o Legislativo, incluído o Tribunal de Contas do Estado. II. 3% para o Judiciário. III. 49% para o Executivo. IV. 2% para o Ministério Público dos Estados. Está correto o que se afirma apenas em: a) I e II; b) II e III; c) III e IV; d) I e IV". Segundo o gabarito oficial, foi considerada correta a alternativa "c".

▸ **Importante**

CRFB/88, art. 25-A, §1º. A Câmara Municipal não gastará mais de setenta por cento de sua receita com folha de pagamento, incluído o gasto com subsídio de seus Vereadores.

Como consequência para o aumento de gastos com despesas de pessoal em desacordo com a Lei de Responsabilidade Fiscal, o art. 21 fixou como consequência a **nulidade de pleno direito**. Assim, conforme compilação feita por Harrison Leite, é possível afirmar que será nulo de pleno direito o ato que provoque aumento da despesa com pessoal e não atenda (2015, p. 296):

1. As exigências para a criação das despesas obrigatórias de caráter continuado (art. 17 da LRF);
2. As exigências para criação, expansão ou aperfeiçoamento de despesa (art. 16);
3. As exigências do §1º do art. 169 da CF/88 (previsão na LDO);
4. O percentual de reserva de cargos e empregos públicos para os portadores de deficiências e os critérios de sua admissão definidos em lei;
5. O limite de comprometimento aplicado às despesas com pessoal inativo;
6. O ato de que resulte aumento da despesa com pessoal expedido nos 180 dias anteriores ao final do mandato do titular do respectivo poder ou órgão; e
7. O ato que promova a vinculação ou equiparação de quaisquer espécies remuneratórias ao salário-mínimo.

▸ **Como esse assunto foi cobrado em concurso?**

No Concurso do CESPE para Juiz Federal da 5ª Região em 2012, foi considerado ERRADO o seguinte enunciado: "Não havendo suficiente dotação orçamentária ou autorização específica na respectiva lei de diretrizes orçamentárias, **serão anuláveis**, nos termos da LRF, os atos que impliquem aumento da despesa com pessoal".

▸ **Importante**

Código Penal, art. 359-G. Ordenar, autorizar ou executar ato que acarrete aumento de despesa total com pessoal, nos cento e oitenta dias anteriores ao final do mandato ou da legislatura.

Pena – reclusão, de 1 (um) a 4 (quatro) anos.

8.1. Controle das despesas com pessoal

Tanto a Lei de Responsabilidade Fiscal quanto a Constituição estabeleceram mecanismos para o controle das despesas com pessoal. Inicialmente cumpre destacar o chamado **"limite de alerta"**, previsto no art. 59, §1º, II da LRF, segundo o qual os Tribunais de Contas alertarão os Poderes ou órgãos quando o montante de despesas total com pessoal ultrapassar 90% do limite.

Esse alerta foi disciplinado pela Resolução nº 142, de 2001, contando com natureza de "ato administrativo preventivo", decorrendo "da função orientadora de controle externo do TCU, consubstanciando mecanismo de correção para eventuais desvios e instrumento eficaz de controle da gestão das finanças públicas" (ABRAHAM, 2017, p. 281).

Por outro lado, o parágrafo único do art. 22 da LRF estabeleceu o chamado **"limite prudencial"**. Assim: "se a despesa total com pessoal exceder a 95% do limite, são vedados ao Poder ou órgão referido no art. 20 que houver incorrido no excesso":

I. concessão de vantagem, aumento, reajuste ou adequação de remuneração a qualquer título, salvo os derivados de sentença judicial ou de determinação legal ou contratual, ressalvada a revisão geral anual (art. 37, X, da CRFB/88);

II. criação de cargo, emprego ou função;

III. alteração de estrutura de carreira que implique aumento de despesa;

IV. provimento de cargo público, admissão ou contratação de pessoal a qualquer título, ressalvada a reposição decorrente de aposentadoria ou falecimento de servidores das áreas de educação, saúde e segurança;

V. contratação de hora extra, salvo no caso do disposto no inciso II, §6º do art. 57 da Constituição e as situações previstas na lei de diretrizes orçamentárias.

No caso de a despesa total com pessoal, do Poder ou órgão, ultrapassar os limites globais, sem prejuízo das medidas supramencionadas (art. 22 da LRF), o percentual excedente terá de ser eliminado nos dois quadrimestres seguintes, sendo pelo menos um terço no primeiro, adotando-se as medidas previstas na Constituição da República, quais sejam:

a) redução em pelo menos vinte por cento das despesas com cargos em comissão e funções de confiança (art. 169, §3º, I);

b) exoneração dos servidores não estáveis (art. 169, §3º, II);

c) se as medias anteriores não forem suficientes, o servidor estável poderá perder o cargo, desde que ato normativo motivado de cada um dos Poderes especifique a atividade funcional, o órgão ou unidade administrativa objeto da redução de pessoal. Neste caso o servidor que perder o cargo fará jus a indenização correspondente a um mês de remuneração por ano de serviço (art. 169, §§ 4º e 5º). (Esse dispositivo foi regulamentado pela lei 9.801/1999).

No mais, a CRFB/88 determinou que o cargo objeto da redução supratranscrita, será considerado extinto, vedada a criação de cargo, emprego ou função com atribuições iguais ou assemelhadas pelo prazo de quatro anos (art. 169, §6º).

▸ **Como esse assunto foi cobrado em concurso?**

No Concurso do TJ/SP para Juiz Substituto em 2017, esse tema foi cobrado da seguinte forma: "Atingindo-se o limite global de despesas com pessoal, nos termos do artigo 169 da Constituição Federal de 1988, os cargos públicos objeto de redução: a) permanecerão vagos até que, respeitado o limite de gastos com pessoal, e a critério de juízo discricionário do Chefe do Poder respectivo, venham a ser novamente providos, aproveitando-se os servidores exonerados; b) serão extintos e só poderão ser criados após 5 (cinco) anos, respeitado o limite de gastos com pessoal; c) permanecerão vagos pelo período de 4 (quatro) anos, após o que, respeitado o limite de gastos com pessoal, poderão ser novamente providos, aproveitando-se os servidores exonerados; d) serão extintos e só poderão ser criados após 4 (quatro) anos, respeitado o limite de gastos com pessoal". Segundo o gabarito oficial, foi considerada correta a alternativa "d".

A Lei de Responsabilidade Fiscal, nos §§ 1º e 2º do art. 23, complementando as disposições constitucionais, previu ainda a possibilidade de redução de vencimentos, Contudo, na ADI 2.238, o

STF suspendeu a eficácia de tais previsões ante a inexistência de previsão semelhante no texto constitucional.

▸ Como esse assunto foi cobrado em concurso?

Na XXII prova da OAB organizada pela FGV em 2017 esse tema foi cobrado da seguinte forma: "O governador do estado Alfa, diante de grave crise financeira que assola as contas estaduais, elaborou numerosos projetos de lei para diminuir os gastos públicos e atender ao disposto na Lei de Responsabilidade Fiscal. Dentre esses projetos encontram-se: i) corte de 25% (vinte e cinco por cento) dos cargos em comissão do Poder Executivo; ii) redução dos subsídios e vencimentos dos servidores públicos estáveis em 10% (dez por cento) de seu valor nominal. Com relação à constitucionalidade de tais projetos, assinale a afirmativa correta: a) Os projetos são constitucionais, porque cabe ao Estado zelar por suas finanças, à luz dos princípios aplicáveis à Administração Pública; b) O projeto que determina o corte de cargos em comissão é inconstitucional, pois resultará na exoneração dos servidores que os ocupam; c) O projeto que reduz diretamente os subsídios e vencimentos pagos aos servidores públicos é inconstitucional; d) Os projetos são inconstitucionais, porque há direito adquirido à imutabilidade de regime jurídico dos servidores públicos". Segundo o gabarito oficial, foi considerada correta a alternativa "c".

▸ Importante

Lei 10.028/2000, art. 5º Constitui infração administrativa contra as leis de finanças públicas:

IV - deixar de ordenar ou de promover, na forma e nos prazos da lei, a execução de medida para a redução do montante da despesa total com pessoal que houver excedido a repartição por Poder do limite máximo.

Uma vez não alcançada a redução no prazo estabelecido, e enquanto perdurar o excesso, o ente não poderá:

- Receber transferências voluntárias (exceto aquelas destinadas à ações de educação, saúde e assistência social);
- Obter garantia, direta ou indireta, de outro ente;
- Contratar operações de crédito, ressalvadas as destinadas ao refinanciamento da dívida mobiliária e as que visem à redução das despesas com pessoal.

ATENÇÃO: as medidas supramencionadas aplicam-se **imediatamente** se a despesa total com pessoal exceder o limite no **primeiro quadrimestre do último ano do mandato** dos titulares dos Poderes ou órgãos referidos no art. 20.

> **Qual o entendimento do STF sobre o assunto?**
>
> "O art. 169 da Constituição não é oponível ao direito subjetivo do servidor ou inativo a determinada vantagem. Não está na violação de direitos subjetivos o caminho legítimo para reduzir ao limite decorrente daquele preceito as despesas de pessoal do Estado" (STF, AI AgR 363.129/PB, Rel. Min. Sepúlveda Pertence, 1ª Turma, j. 08.10.2002).

9. DESPESAS COM A SEGURIDADE SOCIAL

Buscando garantir o equilíbrio fiscal e evitar que o Poder Público conceda vantagens e benefícios sem a existência dos respectivos recursos financeiros, a Lei de Responsabilidade Fiscal também cuidou das despesas com a seguridade social, complementando o disposto no §5º do art. 195 da CRFB/88, segundo o qual: "nenhum benefício ou serviço da seguridade social poderá ser criado, majorado ou estendido sem a correspondente fonte de custeio total".

Assim, nenhum benefício ou serviço relativo à seguridade social poderá ser criado, majorado ou estendido sem a indicação da fonte de custeio total, atendidas as exigências do art. 17 da LRF, sobre a despesa obrigatória de caráter continuado, "tais como a sua estimativa trienal, a indicação da origem dos recursos que as suportarão, a comprovação de que não afetarão as metas fiscais e um plano de compensação mediante aumento permanente de receitas ou diminuição de despesas" (ABRAHAM, 2017, p. 192).

Contudo, é dispensada da compensação referida no art. 17 o aumento de despesa decorrente de:

- Concessão de benefício a quem satisfaça as condições de habilitação prevista na legislação pertinente (art. 24, §1º, I);
- Expansão quantitativa do atendimento e dos serviços prestados;
- Reajustamento de valor do benefício ou serviço, a fim de preservar o seu valor real.

Considerando a amplitude constitucional da expressão "seguridade social" (art. 194), o §2º do art. 24 da LRF estabeleceu que o disposto naquele artigo aplica-se a benefício ou serviço de saúde, previdência e assistência social, inclusive os destinados aos servidores públicos e militares, ativos e inativos, e aos pensionistas.

▸ **Qual o entendimento do STF sobre o assunto?**

"Instituição de subsídio mensal e vitalício aos ex-Governadores daquele Estado, de natureza idêntica ao percebido pelo atual chefe do Poder Executivo estadual. Garantia de pensão ao cônjuge supérstite, na metade do valor percebido em vida pelo titular. Segundo a nova redação acrescentada ao Ato das Disposições Constitucionais Gerais e Transitórias da Constituição de Mato Grosso do Sul, introduzida pela EC 35/2006, os ex-Governadores sul-mato-grossenses que exerceram mandato integral, em 'caráter permanente', receberiam subsídio mensal e vitalício, igual ao percebido pelo Governador do Estado. [...] No vigente ordenamento republicano e democrático brasileiro, os cargos políticos de chefia do Poder Executivo não são exercidos nem ocupados 'em caráter permanente', por serem os mandatos temporários e seus ocupantes, transitórios. Conquanto a norma faça menção ao termo 'benefício', não se tem configurado esse instituto de direito administrativo e previdenciário, que requer atual e presente desempenho de cargo público. Afronta o equilíbrio federativo e os princípios da igualdade, da impessoalidade, da moralidade pública e da responsabilidade dos gastos públicos" (STF, ADI 3.853, Rel. Min. Cármen Lúcia, Pleno, j. 12.09.2007, p. 26.10.2007).

10. TRANSFERÊNCIAS VOLUNTÁRIAS

Apesar de a Constituição da República ter elencado diversas fontes de receitas para que os entes federativos possam obtenham recursos de modo a cumprir suas obrigações constitucionais, nem sempre há uma paridade entre aquilo que é auferido e o que se deve gastar, "carecendo os entes federativos, no mais das vezes, de transferências de recursos arrecadados por outros entes da Federação" (LEITE, 2015, p. 303).

As transferências podem ser de três tipos: a) transferências obrigatórias, que decorrem de previsão constitucional (abordadas no capítulo das receitas públicas); b) transferências automáticas, quais seja, "resultantes de previsão legal ou de ato administrativo (geralmente portarias dos Ministérios) e são destinadas a custear serviços públicos e programas, no mais das vezes da área social, como saúde, educação e assistência social"; c) transferências voluntárias (art. 25 da LRF).

A própria Lei de Responsabilidade Fiscal cuidou de conceituar a transferência voluntária: "a entrega de recursos correntes ou de capital a outro ente da Federação, a título de cooperação, auxílio ou assistência financeira, que não decorra de determinação constitucional, legal ou os destinados ao Sistema Único de Saúde" (art. 25, *caput*).

Para que ocorra uma transferência voluntária, além das condições e exigências previstas na Lei de Diretrizes Orçamentárias, deverão ser atendidos aos seguintes requisitos (art. 25, §1º, da LRF):

- Existência de dotação orçamentária específica;
- Observância do disposto no inciso X do art. 167 da Constituição (não destinar a transferência ao pagamento de pessoal ativo, inativo e de pensionista do beneficiário);
- Comprovação, por parte do beneficiário de:
  a) Que se acha em dia quanto ao pagamento de tributos, empréstimos e financiamentos devidos ao ente transferidor, bem como quando à prestação de contas de recursos anteriormente dele recebidos;
  b) Cumprimento dos limites constitucionais relativos à educação e à saúde;
  c) Observância dos limites das dívidas consolidada e mobiliária, de operações de crédito, inclusive por antecipação de receita, de inscrição em Restos a Pagar e de despesa total com pessoal;
  d) Previsão orçamentária de contrapartida.

Há que se atentar que a previsão do §1º do art. 25 da LRF não exclui outras condições indicadas pela própria LRF para a efetivação de transferências voluntárias. Assim, "para que tais operações possam ser realizadas, é imprescindível, ainda, que o ente da Federação interessado em receber os recursos (RAMOS FILHO, 2017, p. 266):

- Tenha instituído e previsto os tributos de sua competência e esteja efetivamente os arrecadando (art. 11, parágrafo único);
- Esteja cumprindo os limites legais de despesa com pessoal (art. 23, §3º, inciso I) e da dívida consolidada (art. 31, §2º);
- Caso tenha contratado operação de crédito com instituição financeira com infração do disposto na LRF, tenha efetuado o cancelamento, amortização ou tenha constituído reserva específica na LOA para o exercício seguinte (art. 33, §3º);
- Esteja cumprindo os prazos das iniciativas e ações para a consolidação das Contas nacionais (art. 51, §2º);
- Tenha publicado o Relatório de Gestão Fiscal no prazo legal (art. 55, §3º).

▸ **Importante**

LRF, art. 25.

§2º É vedada a utilização de recursos transferidos em finalidade diversa da pactuada.

§3º Para fins da aplicação das sanções de suspensão de transferências voluntárias constantes desta Lei Complementar, excetuam-se aquelas relativas a ações de educação, saúde e assistência social.

▸ **Como esse assunto foi cobrado em concurso?**

No Concurso do CESPE para Juiz Federal da 1ª Região em 2013, foi considerado ERRADO o seguinte enunciado: "O município que instituir taxa, realizar as estimativas da receita associada, mas não efetivar a sua arrecadação, não poderá receber transferências voluntárias da União, por ausência de requisito essencial da gestão fiscal responsável".

No âmbito federal, o tema é tratado pelo Decreto nº 6.170, de 2007 (com alterações introduzidas pelo Decreto nº 8.180, de 2013) que dispõe sobre as normas relativas às transferências de recursos da União mediante convênios e contratos de repasse, além de termos de execução descentralizada celebrados pelos órgãos e entidades da administração pública federal com órgãos ou entidades públicas ou privadas sem fins lucrativos, para a execução de programas, projetos e atividades que envolvam a transferência de recursos ou a descentralização de créditos oriundos dos

Orçamentos Fiscal e da Seguridade Social. Para tanto, o próprio Decreto apresenta as seguintes definições (art. 1º, §1º):

I. **convênio** - acordo, ajuste ou qualquer outro instrumento que discipline a transferência de recursos financeiros de dotações consignadas nos Orçamentos Fiscal e da Seguridade Social da União e tenha como partícipe, de um lado, órgão ou entidade da administração pública federal, direta ou indireta, e, de outro lado, órgão ou entidade da administração pública estadual, distrital ou municipal, direta ou indireta, ou ainda, entidades privadas sem fins lucrativos, visando a execução de programa de governo, envolvendo a realização de projeto, atividade, serviço, aquisição de bens ou evento de interesse recíproco, em regime de mútua cooperação;

II. **contrato de repasse** - instrumento administrativo, de interesse recíproco, por meio do qual a transferência dos recursos financeiros se processa por intermédio de instituição ou agente financeiro público federal, que atua como mandatário da União.

III. **termo de execução descentralizada** - instrumento por meio do qual é ajustada a descentralização de crédito entre órgãos e/ou entidades integrantes dos Orçamentos Fiscal e da Seguridade Social da União, para execução de ações de interesse da unidade orçamentária descentralizadora e consecução do objeto previsto no programa de trabalho, respeitada fielmente a classificação funcional programática.

11. DESTINAÇÃO DE RECURSOS PÚBLICOS PARA O SETOR PRIVADO

A Lei de Responsabilidade Fiscal também buscou disciplinar a destinação de recursos públicos para o setor privado (arts. 26 a 28), exigindo, para tanto, autorização em lei específica **(princípio da legalidade)**, além do atendimento às condições estabelecidas na lei de diretrizes orçamentárias e previsão no orçamento ou em seus créditos adicionais, regra aplicável a toda a administração indireta, inclusive fundações públicas e empresas estatais, exceto, no exercício de suas atribuições precípuas, as instituições financeiras e o Banco Central do Brasil.

Destaque-se que a noção de "destinação de recursos públicos para o setor privado" abrange a concessão de empréstimos, financiamentos e refinanciamentos, inclusive as respectivas prorrogações e a composição de dívidas, a concessão de subvenções e a participação em constituição ou aumento de capital" (art. 26, §2º, da LRF).

> **Importante**
>
> Lei 4.320/64, art. 12, §3º. Consideram-se subvenções, para os efeitos desta lei, as transferências destinadas a cobrir despesas de custeio das entidades beneficiadas, distinguindo-se como:
>
> I - subvenções sociais, as que se destinem a instituições públicas ou privadas de caráter assistencial ou cultural, sem finalidade lucrativa;
>
> II - subvenções econômicas, as que se destinem a empresas públicas ou privadas de caráter industrial, comercial, agrícola ou pastoril.

> **Como esse assunto foi cobrado em concurso?**
>
> No Concurso da FMP para Procurador do Estado do Acre em 2017, foi considerado CERTO o seguinte enunciado: "É lícito ao Poder Público, para atender aos serviços de assistência social, médica e educacional, oferecer subvenções sociais de suplementação a recursos de origem privada, em vez de aplicar diretamente os recursos nesses serviços, se assim se revelar mais econômico".

> **Como esse assunto foi cobrado em concurso?**
>
> No Concurso da FMP para Procurador do Estado do Acre em 2017, foi considerado ERRADO o seguinte enunciado: "É ilegal o orçamento adotar subvenções econômicas, na forma de bonificações, a produtores de determinados gêneros e materiais, mesmo relevantes".

Concessão de crédito

Na concessão de crédito por ente da Federação a pessoa física, ou jurídica que não esteja sob seu controle direto ou indireto, os encargos financeiros, comissões e despesas congêneres não serão inferiores aos definidos em lei ou ao custo de captação (art. 27, *caput*, da LRF). Busca-se, dessa forma, atender aos princípios da transparência fiscal e da moralidade administrativa, "uma vez que tem como objetivo vedar que sejam concedidos créditos a particulares, sejam pessoas físicas ou jurídicas, com custo menor do que estes arcariam no mercado, evitando assim que condições favoráveis ou vantajosas lhes sejam dadas às custas do dinheiro público" (ABRAHAM, 2017, p. 200).

Por outro lado, o parágrafo único do mesmo art. 27 estabelece que dependem de autorização em lei específica as prorrogações e composições de dívidas decorrentes de operações de crédito, bem como a concessão de empréstimos ou financiamentos em desacordo com o *caput*, sendo o subsídio correspondente consignado na lei orçamentária.

Tais regras sobre a destinação de recursos públicos para o setor privado também são aplicáveis às instituições do Sistema Financeiro Nacional, conforme se depreende do art. 28 da Lei de Responsabilidade Fiscal:

▸ **Importante**

LRF, art. 28. Salvo mediante lei específica, não poderão ser utilizados recursos públicos, inclusive de operações de crédito, para socorrer instituições do Sistema Financeiro Nacional, ainda que mediante a concessão de empréstimos de recuperação ou financiamentos para mudança de controle acionário.

§1º A prevenção de insolvência e outros riscos ficará a cargo de fundos, e outros mecanismos, constituídos pelas instituições do Sistema Financeiro Nacional, na forma da lei.

§2º O disposto no *caput* não proíbe o Banco Central do Brasil de conceder às instituições financeiras operações de redesconto e de empréstimos de prazo inferior a trezentos e sessenta dias.

Capítulo 4

Receitas Públicas

1. CONCEITO DE RECEITAS PÚBLICAS

Na clássica lição de Aliomar Baleeiro, "receita pública é a entrada que, integrando-se no patrimônio público sem quaisquer reservas, condições ou correspondência no passivo, vem acrescer o seu vulto, como elemento novo e positivo" (1998, p. 126).

Por outro lado, buscando estabelecer um conceito compatível com as prescrições da lei 4.320/64, Kiyoshi Harada define a receita pública como "ingressos de dinheiro aos cofres do Estado para atendimento de suas finalidades mediante aplicação desses recursos pelo regime da despesa pública, isto é, aplicação dos recursos financeiros ingressados de conformidade com as diversas dotações fixadas na Lei Orçamentária Anual" (2017, p. 43).

Nesse sentido, é possível concluir que a receita pública nada mais é que o ingresso de dinheiro aos cofres do Estado para que este possa atender às suas finalidades. Historicamente esse ingresso se deu através da atuação de governos que: a) realizam extorsões sobre outros povos ou deles recebem doações voluntárias; b) recolhem as rendas produzidas pelos bens e empresas do Estado; c) exigem coativamente tributos ou penalidades; d) tomam ou forçam empréstimos; e) fabricam dinheiro metálico ou de papel (BALEEIRO, 1998, p. 125).

> **▸ Como esse assunto foi cobrado em concurso?**
>
> No Concurso do TRE/PE para Analista Judiciário em 2017, foi considerado CERTO o seguinte enunciado: "A receita pública origina-se tanto da exploração de patrimônio de pessoa jurídica de direito público quanto do poder do Estado de exigir prestações pecuniárias dos cidadãos".

Com base nisso, Baleeiro ainda divide em cinco fases o retrospecto da evolução das receitas: a) parasitária (extorsão exercida contra povos vencidos); b) domintal (exploração do patrimônio público); c) regaliana (cobrança de direitos realengos, como pedágio); d) tributária; e) social (tributação extrafiscal sócio-política) (1998, p. 125).

A adequação entre receitas e despesas, por sua vez, é imprescindível para a manutenção do equilíbrio fiscal, objetivo maior das normas de Direito Financeiro, conforme previsão do §1º do art. 1º da LRF.

> **Importante**
>
> LRF, Art. 1º, §1º. A responsabilidade na gestão fiscal pressupõe a ação planejada e transparente, em que se previnem riscos e corrigem desvios capazes de afetar o **equilíbrio das contas públicas**, mediante o **cumprimento de metas de resultados entre receitas e despesas** e a obediência a limites e condições no que tange a renuncia de receita, geração de despesa com pessoal, da seguridade social e outras, dívidas consolidada e mobiliária, operações de crédito, inclusive por antecipação de receita, concessão de garantia e inscrição em Restos a Pagar.

São denominadas entradas todas as formas de ingressos financeiros nos cofres públicos. Contudo, tais entradas possuem diferentes características do que resultam diferentes conceitos e classificações.

Assim, quanto à transitoriedade no patrimônio do Estado, as entradas podem ser classificadas como ingressos públicos ou receitas públicas:

Ingressos públicos → entradas provisórias

Receitas públicas → entradas definitivas

Segundo Marcus Abraham "na concepção de ingressos públicos estão incluídos os recursos financeiros arrecadados de maneira temporária, para restituição à sua origem após determinada condição ou prazo. Já no conceito de receitas públicas são consideradas aquelas entradas financeiras que passam a integrar definitivamente o patrimônio do Estado" (2017a, p. 95).

2. CLASSIFICAÇÃO DAS RECEITAS PÚBLICAS

2.1. Quanto à competência do ente federativo

- Receita pública Federal → aquelas que pertencem ao Governo Federal;
- Receita Pública Estadual → aquelas que pertencem aos Governos Estaduais;
- Receita Pública Municipal → aquelas que pertencem aos Governos Municipais;
- Receita Pública Distrital → aquelas que pertencem ao Governo Distrital.

2.2. Quanto à regularidade ou periodicidade

- Receitas Ordinárias → são arrecadadas periodicamente em cada exercício financeiro. Ex. arrecadação dos impostos pelos entes federados, tal como o IPVA pelos Estados e o IPTU pelos Municípios.
- Receitas Extraordinárias → são arrecadadas apenas em situações excepcionais, como nos casos de calamidade pública ou guerra externa.

> **Importante**
>
> CRFB/88, art. 148. A União, mediante lei complementar, poderá instituir empréstimos compulsórios:
>
> I - para atender a despesas extraordinárias decorrentes de calamidade pública, de guerra externa ou sua iminência;
>
> II - no caso de investimento público de caráter urgente e de relevante interesse nacional, observado o disposto no art. 150, III, b.
>
> Parágrafo único. A aplicação dos recursos provenientes de empréstimo compulsório será vinculada à despesa que fundamentou sua instituição.
>
> CRFB/88, art. 154. A União poderá instituir:
>
> II - na iminência ou no caso de guerra externa, impostos extraordinários, compreendidos ou não em sua competência tributária, os quais serão suprimidos, gradativamente, cessadas as causas de sua criação.

2.3. Quanto à origem ou quanto à coercitividade

- **Receitas Originárias** (de Economia privada ou de Direito Privado) → são aquelas resultantes da exploração do patrimônio do próprio Estado, mediante uma relação jurídica caracterizada pela bilateralidade, tratando-se, dessa forma, de uma receita voluntária, espontânea e volitiva. Ex. receitas oriundas de alienações, fianças, indenizações, doações, aforamento, serviços, indústrias, dentre outros.

"No caso das receitas originárias, o Estado participa da atividade econômica na exploração de atividades privadas, através da cobrança de preço ou tarifa. Consiste o preço, pois, na contraprestação paga pelos serviços prestados pelo Estado ou decorrente da exploração do seu patrimônio, inclusive através de alienação de bens públicos" (PASCOAL, 2015, p. 110).

Valdecir Pascoal classifica os preços em:

a) Preço quase privado → preços cobrados pelo Estado com fins de lucro, equiparando-se a um particular;

b) Preço público → preços cobrados pelo Estado em decorrência da prestação de serviços que visam a cobrir o custo total dos serviços;

c) Preço político → preços fixados pelo Estado abaixo do custo dos serviços - normalmente destinadas à contrapartida de serviços essenciais de cunho social.

▸ **Como esse assunto foi cobrado em concurso?**

No Concurso do CESPE para Juiz Federal da 1ª Região em 2015, foi considerado ERRADO o seguinte enunciado: "A receita de tributos cujo lançamento se opera de ofício é considerada originária, porque nasce a partir de ato da administração pública".

▸ **Como esse assunto foi cobrado em concurso?**

No Concurso do CESPE para Juiz Federal da 1ª Região em 2015, foi considerado CERTO o seguinte enunciado: "A receita patrimonial é originária, uma vez que decorre da exploração do patrimônio Público".

> ▸ **Como esse assunto foi cobrado em concurso?**
>
> No Concurso do CESPE para Juiz Federal da 5ª Região em 2012, foi considerado ERRADO o seguinte enunciado: "As receitas originárias, obtidas pelo Estado mediante seu poder de autoridade (*ius imperii*), são captadas coercitivamente de particulares, ao passo que as receitas derivadas decorrem da exploração do patrimônio do Estado, que participa da atividade econômica explorando atividades privadas e cobrando tarifa ou preço público".

O fato de os *royalties* decorrerem da exploração de bens públicos da União, representam **forma originária de receita pública**, o que afastaria sua classificação como tributos e, consequentemente, receita derivada (RIBEIRO, 2003, p. 380). Não se restringindo, contudo, à dimensão financeira, englobando, igualmente, a valoração dos recursos minerais, sob a ótica do princípio do **poluidor pagador** (VILELA, 2017, p. 277).

> ▸ **Qual o entendimento do TRF 1ª Região sobre o assunto?**
>
> "[...] O Supremo Tribunal Federal firmou posicionamento no sentido de excluir da competência do TCU a fiscalização das receitas oriundas da exploração do petróleo, ao fundamento de se tratar de **receita originária** da unidade federada". (TRF1 - AC 1.363, Rel Des. Maria do Carmo Cardoso, publ. 24.11.2006).

> ▸ **Qual o entendimento do TRF 1ª Região sobre o assunto?**
>
> "Embora os recursos naturais da plataforma continental e os recursos minerais sejam bens da União (CF, art. 20, V e IX), a participação ou compensação aos Estados, Distrito Federal e Municípios no resultado da exploração de petróleo, xisto betuminoso e gás natural são **receitas originárias** destes últimos entes federativos (CF, art. 20, § 1º)". (MS 24312, Rel. Min. Ellen Gracie, publ. 30.08.2002).

> ▸ **Como esse assunto foi cobrado em concurso?**
>
> No Concurso da FCC para Procurador do Estado de São Paulo em 2012, foi considerado CERTO o seguinte enunciado em relação aos *royalties*: "Classificam-se como **receitas originárias** dos Estados Federados e decorrem da exploração de patrimônio público da União".

▸ **Como esse assunto foi cobrado em concurso?**

No Concurso da ESAF para Procurador da Fazenda Nacional em 2012, foi considerado ERRADO o seguinte enunciado: "A importância cobrada das concessionárias que exploram recursos minerais é classificada como **receita pública derivada**, por se tratar de prestação pecuniária compulsória instituída em lei".

- **Receitas derivadas** (de Economia Pública ou de Direito Público) → "são as que o estado obtém através de seu poder de império, arrecadando-as coercitivamente dos particulares, com observância da legalidade. Não há bilateralidade, mas, antes, o comando unilateral da vontade do Estado" (LEITE, 2015, p. 162). Os principais exemplos são as multas e os tributos arrecadados pelo Estado.

▸ **Importante**

CTN, art. 3º. Tributo é toda prestação pecuniária **compulsória**, em moeda ou cujo valor nela se possa exprimir, que não constitua sanção de ato ilícito, instituída em lei e cobrada mediante atividade administrativa plenamente vinculada.

Nesse ponto há que se destacar que, para o Direito Financeiro os tributos podem ser de três espécies: a) **imposto** – "tributo cuja obrigação tem por fato gerador uma situação independente de qualquer atividade estatal específica, relativa ao contribuinte" (CTN, art. 16); b) **taxa** – "têm como fato gerador o exercício regular do poder de polícia, ou a utilização, efetiva ou potencial, de serviço público específico e divisível, prestado ao contribuinte ou posto à sua disposição" (CTN, art. 77); c) **contribuição de melhoria** – "instituída para fazer face ao custo de obras públicas de que decorra valorização imobiliária, tendo como limite total a despesa realizada e como limite individual o acréscimo de valor que da obra resultar para cada imóvel beneficiado" (CTN, art. 81).

Observe-se que esse conceito tripartite, ainda adotado pelo Direito Financeiro, decorre do art. 11 da lei 4.320/64, repetido pelo art. 5º do Código Tributário Nacional, de 1966. Contudo, diante as alterações trazidas pela Constituição da República de 1988, o Direito Tributário passou a reconhecer a existência de duas outras espécies de tributos: a) as **contribuições especiais** (CRFB/88 art. 149); e b) **empréstimos compulsórios** (CRFB/88, art. 148).

▸ **Como esse assunto foi cobrado em concurso?**

No Concurso do CESPE para Juiz Federal da 1ª Região em 2015, foi considerado ERRADO o seguinte enunciado: "A receita de lucro das estatais é derivada, pois provém de ente privado para o poder público".

Em concursos públicos é bastante comum a abordagem das diferenças entre taxa e o preço público, resumidamente apresentadas no quadro infra:

Critérios	Taxa	Preço Público/Tarifa
Regime	Direito Público (tributário)	Direito Privado (consumidor-contratual)
Natureza Jurídica	Tributária (espécie tributária, artigo 145, inciso II, CF/88, portanto, deve respeito aos princípios tributários)	Contratual (Estado prestador de serviço público como se fora um particular ou o particular sob delegação do Estado- concessões, permissões, etc)
Tipo de receita pública	Receita derivada	Receita originária
Serviços públicos	Específicos e divisíveis, de uso efetivo ou potencial	Específicos e divisíveis, apenas de uso efetivo
Tipos de serviços públicos	A) Propriamente estatais e ínsitos à soberania do Estado (exemplo: concessão de passaporte) e; B) Essenciais ao interesse público	A) Não essenciais ao interesse público (exemplos: telefonia, gás, energia elétrica e outros sujeitos à concessão ou permissão pelo ente estatal) e; B) Em regra, serviços delegáveis
Cobrança	Compulsória (característica tributária, cobrada no caso de utilização do serviço público e mesmo no caso de o serviço público ter sido colocado à disposição e não necessariamente utilizado)	Voluntária (apenas no uso do serviço público)

Critérios	Taxa	Preço Público/Tarifa
Dívida ativa	Créditos oriundos do não pagamento são inscritos na Dívida Ativa tributária	Créditos oriundos do não pagamento são inscritos na Dívida Ativa não tributária
Repetição de indébito	Ação de repetição de indébito sujeita-se ao prazo previsto no CTN	Ação de repetição de indébito sujeita-se ao prazo prescricional estabelecido no Código Civil (Súmula 412 do STJ)
Decorre de (segundo súmula 545 do STF)	Lei	Contrato (vontade das partes)
Prescrição	Quinquenal, regida pelo Direito Público (Código Tributário Nacional)	Decenal, regida pelo Direito Privado (Código Civil).
Fonte: MARTINS, Alan; SCARDOELLI, Dimas Yamada. Direito Tributário para concursos. 2.ed. Salvador: Juspodivm, 2017. p. 33.		

- **Receitas Transferidas** → na classificação das receitas quanto à origem, alguns autores mencionam ainda a receita transferida, que ocorre "quando os recursos são arrecadados pela pessoa jurídica competente para tanto, mas a ela não pertencem, devendo ser repassados a outras pessoas jurídicas menores" (RAMOS FILHO, 2017, p. 285).

Parte da doutrina entende que as receitas transferidas, por serem igualmente oriundas da coercitividade da lei (receita tributária), fazem parte das receitas derivadas, com a ressalva de não serem arrecadadas pelo ente político que delas vai se valer (LEITE, 2015, p. 161).

> ▸ **Como esse assunto foi cobrado em concurso?**
>
> No Concurso do TRE/PE para Analista Judiciário em 2017, foi considerado ERRADO o seguinte enunciado: "A classificação da receita pública por fonte de recursos indica a origem do recurso segundo o seu fato gerador, quer seja recurso do Tesouro Nacional, quer de outras fontes".

2.4. Quanto à natureza

- **Receitas orçamentárias** → são aquelas decorrentes da Lei Orçamentária, ou ainda, conforme Harrison Leite "são as receitas não restituídas no futuro em espécie, pois pertencem ao Estado, fazem parte do seu patrimônio e estão disponíveis para a sua conversão em bens e serviços" (2015, p. 167).

> **Importante**
>
> Lei 4.320/64, art. 57. Ressalvado o disposto no parágrafo único do artigo 3º desta Lei serão classificadas como receita orçamentária, sob as rubricas próprias, todas as receitas arrecadadas, inclusive as provenientes de operações de crédito, ainda que não previstas no Orçamento.

- **Receitas extraorçamentárias** → "compreende os ingressos financeiros ou créditos de terceiros que não integram o orçamento público e que constituirão compromissos exigíveis do ente, como simples depositário ou como agente passivo da obrigação, cujo pagamento independe de autorização legislativa" (PASCOAL, 2017, p. 105). São consideradas como meros movimentos de caixa. Exemplos: operações de crédito por antecipação de receita, valores referentes à caução, fiança, depósitos em garantia, consignações em folha de pagamento.

Harrison Leite chama a atenção para que não sejam confundidas a receita **extraorçamentária** e a **intra-orçamentária** já que esta última se origina de operações com órgãos e entidades do mesmo orçamento sendo, portanto, receita orçamentária. Assim, "são operações dentro da mesma esfera de governo, entre órgãos, fundos, autarquias, fundações, empresas estatais dependentes e entidades dos orçamentos fiscal e seguridade social (2015, p. 168).

2.5. Quanto à aplicação ou quanto aos fins a que se destina

- **Receita geral ou de aplicação geral** → destinada a atender, de modo global, indistinto, ao conjunto das necessidades públicas, sem que haja qualquer especificação na lei que a instituiu" (RAMOS FILHO, 2017, p. 286). Ex. impostos.

- **Receita especial ou de aplicação especial** → é a que tem sua destinação previamente estabelecida na legislação pertinente. Ex. empréstimos compulsórios e CIDE-combustíveis e verbas públicas decorrentes da celebração de convênios (RAMOS FILHO, 2017, p. 286-287).

> **Importante**
>
> LRF, art. 8º, parágrafo único. Os recursos legalmente vinculados a finalidade específica serão utilizados exclusivamente para atender ao objeto de sua vinculação, ainda que em exercício diverso daquele em que ocorrer o ingresso.

> **Qual o entendimento atual do STF sobre o assunto?**
>
> "Os recursos financeiros – obtidos, ou não, mediante empréstimo – devem ser empregados, rigorosamente, de acordo com os planos e a programação orçamentária previamente definidos, pois a sua aplicação em finalidade estranha à sua específica destinação caracteriza transgressão criminosa ao inciso IV do art. 1º do DL nº 201/67, eis que não compete ao Chefe do Poder Executivo local, fundado em deliberação pessoal e discricionária, utilizá-los para fins completamente diversos daqueles para os quais esses mesmos recursos foram afetados" (STF, AP 503/PR, Rel. Min. Celso de Mello, Pleno, j. 20.05.2010, p. 01.02.2013).

2.6. Quanto à afetação patrimonial

- **Receitas efetivas** → "aquelas que contribuem para o aumento do saldo patrimonial. Inserem-se no conceito de fatos contábeis modificativos aumentativos. Ex. todas as receitas correntes (exceto o recebimento da dívida ativa) e a receita de capital decorrente do recebimento de transferências de capital (PASCOAL, 2015, p. 110).
- **Receitas por mutações patrimoniais** → "são aquelas que nada acrescentam ao patrimônio público, pois são simples entradas ou saídas compensatórias. Inserem-se no conceito de fatos contábeis permutativos. São exemplos: todas as receitas de capital (exceto as transferências de capital) e ainda a receita corrente resultante do recebimento da dívida ativa" (PASCOAL, 2015, p. 110).

2.7. Classificação legal ou quanto à categoria econômica

- **Receitas correntes** → as receitas tributária, de contribuições, patrimonial, agropecuária, industrial, de serviços e outras e, ainda, as provenientes de recursos financeiros recebidos de outras pessoas de direito público ou privado, quando destinadas a atender despesas classificáveis em Despesas Correntes (lei 4.320/64, art. 11, §1º).

Ricardo Damasceno de Almeida e Marcelo Jucá Lisboa detalham da seguinte forma as receitas correntes (2017, p. 108-109):

a) Tributos: impostos, taxas e contribuições de melhoria.

b) Receita de contribuições: tal expressão engloba as contribuições sociais, de intervenção no domínio econômico e de interesse das categorias profissionais ou econômicas.

c) Receita patrimonial: decorrente da exploração dos bens próprios dos Estados.

d) Receita agropecuária: é a originada da exploração agropecuária de origem animal ou vegetal.

e) Receita industrial: é proveniente das atividades industriais.

f) Receita de serviços: abarca todas as prestações de serviços pelo Estado, tais como: fiscalização, transporte, saúde, comunicação, judiciário, venda de mercadorias, etc.

g) Receitas recebidas de outro ente (transferência): são as transferências correntes destinadas ao pagamento de despesa corrente.

Harrison Leite aponta ainda a existência de outras Receitas Correntes, quais sejam, aquelas não classificáveis acima, como aquelas recebidas "a título de multas em geral, juros de mora, indenizações, valores inscritos na Dívida Ativa (tributária e não tributária), **royalties** (indenizações que os entes federativos recebem pela exploração de recursos naturais - Art. 10, §1º da CF)" (2015, p. 171).

▸ **Como esse assunto foi cobrado em concurso?**

No Concurso do CESPE para Juiz Federal da 1ª Região em 2015, foi considerado ERRADO o seguinte enunciado: "A receita corrente é originária, haja vista a sua tendência de sempre se repetir".

▸ Como esse assunto foi cobrado em concurso?

No Concurso da FAUEL para Advogado da Prefeitura de São José/PR em 2017, foi considerado CERTO o seguinte enunciado: "São exemplos de receitas correntes as receitas tributárias, de contribuições, patrimonial, agropecuária, industrial ou de serviços".

- **Receitas de capital** → as provenientes da realização de recursos financeiros oriundos de constituição de dívidas; da conversão, em espécie, de bens e direitos; os recursos recebidos de outras pessoas de direito público ou privado, destinados a atender despesas classificáveis em Despesas de Capital e ainda, o superávit do Orçamento Corrente (lei 4.320/64, art. 11, §2º).

Ou seja, as receitas de capital "são aquelas que geram movimentos contábeis tanto no ativo quanto no passivo. Destinam-se, precipuamente, a fazer frente às despesas com investimentos, exigindo-se um sacrifício patrimonial para serem obtidas". São constituídas por (ALMEIDA, LISBOA; 2017, p. 111):

a) operações de crédito (assunção de dívidas): consistem na contratação de empréstimos ou financiamentos ou, ainda, na colocação de títulos públicos no mercado para a captação de recursos.

b) alienação de bens: refere-se à venda de componentes do ativo financeiro.

c) amortização de empréstimos: correspondem aos pagamentos, efetuados por terceiros, mediante os quais são satisfeitas parcelas referentes a empréstimos, financiamentos ou títulos públicos.

d) receitas recebidas por transferência de outro ente para pagamento de despesas de capital: são as transferências de capital, que são assim classificadas quando a sua aplicação se der em receitas de capital.

e) superávit do orçamento corrente: é o valor agregado ao orçamento acima do inicialmente previsto.

▸ Como esse assunto foi cobrado em concurso?

No Concurso do TRE/PE para Analista Judiciário em 2017, foi considerado ERRADO o seguinte enunciado: "São receitas de capital os recursos financeiros recebidos por ente público para custear despesas com pessoal, com serviços de terceiros ou com material de consumo".

▸ Como esse assunto foi cobrado em concurso?

No Concurso do CESPE para Juiz Federal da 1ª Região em 2015, foi considerado ERRADO o seguinte enunciado: "A receita de capital é, por natureza, derivada, pois decorre da aplicação do dinheiro público".

3. ESTÁGIOS DA RECEITA PÚBLICA

Os estágios da receita pública encontravam-se disciplinados no art. 139 do **Regulamento Geral de Contabilidade Pública** (Decreto federal n. 15.783/1922), que regulamentou o Código de Contabilidade Pública (Decreto Legislativo) n. 4.536/1922). Referido Decreto foi revogado pelo Decreto de 25 de abril de 1991, mas continua orientando a doutrina no que diz respeito aos estágios da receita pública.

▸ Como esse assunto foi cobrado em concurso?

No Concurso da FMP para Procurador do Estado do Acre em 2017, foi considerado ERRADO o seguinte enunciado: "Os estágios da Receita são o lançamento, a arrecadação e o recolhimento e a eventual devolução do que o contribuinte demonstrar que pagou a maior".

3.1. Previsão

Ao contrário das despesas, que são fixadas nas leis orçamentárias, as receitas são **previstas ou estimadas**. Contudo, por expressa previsão na Lei de Responsabilidade Fiscal, essa previsão deve pautar-se por uma metodologia que permita ao Governo planejar seus gastos de maneira adequada de forma a se evitar tanto a superestimação da receita, quanto sua subestimação.

Assim, efetuar a previsão implica planejar e estimar a arrecadação das receitas que constará na proposta orçamentária, observando-se as normas técnicas e legais, em especial as disposições da Lei de Responsabilidade Fiscal. Dessa forma, a previsão de receitas "é a etapa que antecede a fixação do montante de despesas que irá constar nas leis de orçamento, além de ser base para se estimar as necessidades de financiamento do governo" (BRASIL, 2017, p. 26-27).

> **Importante**
>
> LRF, art. 12. As previsões de receita observarão as normas técnicas e legais, considerarão os efeitos das alterações na legislação, da variação do índice de preços, do crescimento econômico ou de qualquer outro fator relevante e serão acompanhadas de demonstrativo de sua evolução nos últimos três anos, da projeção para os dois seguintes àquele a que se referirem, e da metodologia de cálculo e premissas utilizadas.
>
> §1º Reestimativa de receita por parte do Poder Legislativo só será admitida se comprovado erro ou omissão de ordem técnica ou legal.

3.2. Lançamento

Segundo o art. 142 do Código Tributário Nacional, o lançamento, atividade **vinculada e obrigatória**, deve ser compreendido como "o procedimento administrativo tendente a verificar a ocorrência do fato gerador da obrigação correspondente, determinar a matéria tributável, calcular o montante do tributo devido, identificar o sujeito passivo e, sendo caso, propor a aplicação da penalidade cabível".

Serão objeto do lançamento os impostos diretos e quaisquer outras rendas com vencimento determinado em lei, regulamento ou contrato. Trata-se, assim, "de previsão de largo alcance, que objetiva preservar a formalidade da exteriorização do crédito favorável ao Estado mediante a documentação típica que é o lançamento" (ALMEIDA; LISBOA, 2017, p. 198).

O lançamento pode ser de três formas:

a) **Lançamento de ofício**: "também chamado pela doutrina de lançamento direto, tem lugar sempre que a lei determinar à autoridade administrativa tributária que promova o lançamento sem nenhuma participação do sujeito passivo (CTN, art. 149, I). É efetuado exclusivamente pela autoridade administrativa tributária, como ocorre com o IPTU da maioria dos municípios" (MARTINS; SCARDOELLI, 2017, p. 471). Ex. IPTU e IPVA.

b) **Lançamento por declaração ou misto**: ocorre "quando a lei determinar que o sujeito passivo preste informações sobre o fato gerador, mediante uma declaração que servirá de base para a autoridade tributária constituir o crédito tributário, notificando o sujeito passivo para o recolhimento do tributo (CTN, arts. 147 e 148)" (MARTINS; SCARDOELLI, 2017, p. 472). Ex. ITR.

c) **Lançamento por homologação ou autolançamento**: ocorre quanto aos tributos cuja legislação atribua ao sujeito passivo o dever de antecipar o pagamento sem prévio exame da autoridade administrativa. Opera-se pelo ato em que a referida autoridade, tomando conhecimento da atividade assim exercida pelo obrigado, expressamente a homologa (CTN, art. 150). Ex. IR, ISS, ICMS, IPI, II e IE.

3.3. Arrecadação

A arrecadação corresponde à **entrega dos recursos devidos ao Tesouro Nacional** pelos contribuintes ou devedores, por meio dos agentes arrecadadores ou instituições financeiras autorizadas pelo ente. Vale destacar que, segundo o art. 35 da Lei nº 4.320/64, pertencem ao exercício financeiro as receitas nele arrecadadas, o que representa a adoção do regime de caixa para o ingresso das receitas públicas (BRASIL, 2017, p. 27).

3.4. Recolhimento

Consiste na **transferência dos valores arrecadados à conta específica do Tesouro Nacional**, responsável pela administração e controle da arrecadação e pela programação financeira, observando-se o princípio da unidade de tesouraria ou de caixa (BRASIL, 2017, p. 27).

> ▸ **Importante**
>
> Lei 4.320/64, art. 56. O recolhimento de todas as receitas far-se-á em estrita observância ao princípio da unidade de tesouraria, vedada qualquer fragmentação para criação de caixas especiais.

Harrison Leite destaca que "o recolhimento é realizado pelos próprios agentes ou bancos arrecadadores. Assim, enquanto a arrecadação consiste na entrega do recurso ao agente ou banco arrecadador, o recolhimento consiste no depósito desse recurso em conta do Tesouro. Em suma, consiste na entrega do numerário, arrecadado pelos agentes autorizados, às repartições oficiais" (2015, p. 185).

▸ **Como esse assunto foi cobrado em concurso?**

No Concurso do TRE/PE para Analista Judiciário em 2017, foi considerado ERRADO o seguinte enunciado: "Um dos estágios da receita pública é o recolhimento, que consiste na entrega dos recursos devidos pelos contribuintes ou devedores ao Tesouro Nacional".

4. AS RECEITAS PÚBLICAS NA LEI DE RESPONSABILIDADE FISCAL

4.1. Receita Corrente Líquida

A Lei de Responsabilidade Fiscal (LC 101/2000) apesar de ter abordado mais aspectos relacionados à despesa pública, também cuidou da receita pública trazendo, inclusive, alguns importantes conceitos relacionados ao tema, como é o caso da Receita Corrente Líquida, inserida no art. 2º, da LRF.

▸ **Importante**

LRF, art. 2, IV- receita corrente líquida: somatório das receitas tributárias, de contribuições, patrimoniais, industriais, agropecuárias, de serviços, transferências correntes e outras receitas também correntes, deduzidos:

a) na União, os valores transferidos aos Estados e Municípios por determinação constitucional ou legal, e as contribuições mencionadas na alínea a do inciso I e no inciso II do ar. 195, e no art. 239 da Constituição;

b) nos Estados, as parcelas entregues aos Municípios por determinação constitucional;

c) na União, nos Estados e nos Municípios, a contribuição dos servidores para o custeio do seu sistema de previdência e assistência social e as receitas provenientes da compensação financeira citada no §9º do art. 201 da Constituição.

§1º Serão computados no cálculo da receita corrente líquida os valores pagos e recebidos em decorrência da Lei Complementar nº 87, de 13 de setembro de 1996, e do fundo previsto pelo art. 60 do Ato das Disposições Constitucionais Transitórias.

§2º Não serão considerados na receita corrente líquida do Distrito Federal e dos Estados do Amapá e de Roraima os recursos recebidos da União para atendimento das despesas de que trata o inciso V do §1º do art. 19.

§3º A receita corrente líquida será apurada somando-se as receitas arrecadadas no mês em referência e nos onze anteriores, excluídas as duplicidades.

▸ **Como esse assunto foi cobrado em concurso?**

No Concurso do TRE/PE para Analista Judiciário em 2017, foi considerado ERRADO o seguinte enunciado: "Receita corrente líquida é o montante bruto de receitas tributárias, de contribuições e patrimoniais, depois de efetuadas as deduções legalmente previstas".

▸ **Como esse assunto foi cobrado em concurso?**

No Concurso da FMP para Procurador do Estado do Acre em 2017, foi considerado CERTO o seguinte enunciado: "As receitas tributárias transferidas pelos Estados aos Municípios, por ordem constitucional, não entram no computo da Receita Corrente Líquida do Estado".

Observe que o conceito de Receita Corrente Líquida (RCL) repercute em outros institutos do Direito Financeiro, servindo como parâmetro "para o montante da reserva de contingência e para os limites da despesa total com pessoal, da dívida consolidada liquida, das operações de crédito, do serviço da dívida, das operações de crédito por antecipação de receita orçamentária e das garantias do ente da Federação, já que estes limites são calculados a partir de percentuais incidentes sobre a RCL" (ABRAHAM, 2017, p. 102).

Harrison Leite alerta para que seja evitada a confusão entre o conceito de Receita Corrente Líquida, "que serve de parâmetro para limites de gastos com pessoal, limite de endividamento, dentre outros, com a Receita que serve de parâmetro para o repasse de valor do Executivo para o Legislativo e Judiciário, chamado também de duodécimo, ou seja, 1/12 da receita do exercício anterior, não sujeita ao fluxo da arrecadação" (2015, p. 187).

Da mesma forma a RCL não pode ser confundida com a base de cálculo do índice constitucional de educação. Assim, enquanto a RCL "envolve o somatório das receitas tributárias, de contribuições, patrimoniais, transferências correntes, dentre outras, a base de cálculo da receita que entra para o cômputo constitucional obrigatório da educação alcança apenas a receita dos impostos arrecadados e os transferidos" (art. 212 da CRFB/88) (VILELA; LEITE, 2018, p. 347-348). Também em relação à saúde, a RCL não pode ser confundida com as disposições do art. 198, §2º da CRFB/88, com a redação que lhe foi dada pela EC 86/2015.

> ▸ **Importante**
>
> CRFB/88, art. 212. A União aplicará, anualmente, nunca menos de dezoito, e os Estados, o Distrito Federal e os Municípios vinte e cinco por cento, no mínimo, da receita resultante de impostos, compreendida a proveniente de transferências, na manutenção e desenvolvimento do ensino.
>
> §1º- A parcela da arrecadação de impostos transferida pela União aos Estados, ao Distrito Federal e aos Municípios, ou pelos Estados aos respectivos Municípios, não é considerada, para efeito do cálculo previsto neste artigo, receita do governo que a transferir.
>
> [...]

> ▸ **Importante**
>
> CRFB/88, art. 198
>
> §2º A União, os Estados, o Distrito Federal e os Municípios aplicarão, anualmente, em ações e serviços públicos de saúde recursos mínimos derivados da aplicação de percentuais calculados sobre:
>
> I - no caso da União, a receita corrente líquida do respectivo exercício financeiro, não podendo ser inferior a 15% (quinze por cento);
>
> II - no caso dos Estados e do Distrito Federal, o produto da arrecadação dos impostos a que se refere o art. 155 e dos recursos de que tratam os arts. 157 e 159, inciso I, alínea a, e inciso II, deduzidas as parcelas que forem transferidas aos respectivos Municípios;
>
> III - no caso dos Municípios e do Distrito Federal, o produto de arrecadação dos impostos a que se refere o art. 156 e dos recursos de que se tratam os arts. 158 e 159, inciso I, alínea b e §3º.

4.2. Responsabilidade na Gestão Fiscal

A Lei de Responsabilidade Fiscal, buscando a responsabilidade na gestão fiscal, estabelece como **regra, em matéria de receita**

pública, a arrecadação (LRF, art. 11) figurando a **renúncia de receita como exceção** (LRF, art. 14). Como sanção à inobservância das normas relacionadas à arrecadação, a LRF estabelece a vedação ao recebimento de transferências voluntárias, ou seja, "a entrega de recursos correntes ou de capital a outro ente da Federação, a título de cooperação, auxílio ou assistência financeira, que não decorra de determinação constitucional, legal ou destinados ao Sistema Único de Saúde" (LRF, art. 25).

▸ Como esse assunto foi cobrado em concurso?

No Concurso da VUNESP para Advogado do Crbio/1ª Região em 2017, esse tema foi cobrado da seguinte forma: "De acordo com a Lei Complementar nº 101/00, a entrega de recursos correntes ou de capital a outro ente da Federação, a título de cooperação, auxílio ou assistência financeira, que não decorra de determinação constitucional, legal ou os destinados ao Sistema Único de Saúde, entende-se por: a) restos a pagar; b) fundo especial; c) transferência voluntária; d) investimento; e) empréstimo programado". Segundo o gabarito oficial, foi considerada correta a alternativa "c".

Com base nisso, resta evidenciado que a LRF, "além de trabalhar o viés da limitação de gastos (despesas), estabelece a necessidade de potencialização do esforço arrecadatório (receitas), como desdobramento do ideal de equilíbrio fiscal (ABRAHAM, 2017, p. 137).

Observe-se que ao exigir a instituição de todos os tributos previstos na Constituição Federal a LRF apresenta-se para alguns autores, como inconstitucional, já que a própria CRFB não teria estabelecido tal obrigatoriedade. Nesse sentido, a própria União Federal até o presente **não instituiu o Imposto sobre Grandes Fortunas (IGF)** previsto no art. 153, VII, da Constituição.

Não obstante esse entendimento, para fins de concurso público é importante recordar que a LRF exige a instituição de todos os tributos, estabelecendo que se o ente da Federação não o fizer em relação aos **impostos**, ficará impedido de receber transferências voluntárias de outro ente federativo. Há que se destacar que tal vedação não alcança as transferências voluntárias destinadas à saúde, à educação e à assistência social (PASCOAL, 2015, p. 122).

> **Importante**
>
> LRF, art. 11. Constituem requisitos essenciais da responsabilidade na gestão fiscal a instituição, previsão, e efetiva arrecadação de todos os tributos da competência constitucional do ente da Federação.
>
> Parágrafo único. É vedada a realização de transferências voluntárias para o ente que não observe o disposto no *caput*, no que se refere aos **impostos**.

4.3. Renúncia de receitas e incentivos fiscais

A fixação de regras para a renúncia de receitas e geração de despesas têm como objetivo a manutenção do **equilíbrio fiscal**, "retirando do administrador público a liberdade plena e irrestrita que possuía para gastar ilimitadamente ou para conceder incentivos fiscais sem qualquer controle" (ABRAHAM, 2017, p, 148), buscando, com isso, combater condutas irresponsáveis e eleitoreiras, danosas às contas públicas.

Nesse sentido, destaca Marcus Abraham que "não era incomum, sobretudo em finais de mandatos, os gestores deixarem os chamados 'testamentos políticos', oferecendo graciosos aumentos ao funcionalismo, comprometendo a gestão de seus sucessores. Igualmente, as concessões de incentivos ou renúncias fiscais muitas vezes eram feitas desprovidas de necessidade ou interesse público, com nítido atendimento a interesses particulares" (2017, p. 148).

Assim, pautada pela **transparência** e pelo **controle fiscal**, Lei de Responsabilidade Fiscal prevê que a concessão ou a ampliação de incentivo ou benefício de natureza tributária, da qual decorra renúncia de receita, deverá estar obrigatoriamente:

- Acompanhada de **estimativa do impacto orçamentário-financeiro** no exercício em que deva iniciar sua vigência e nos dois seguintes;
- Habilitada a atender ao disposto na **Lei de Diretrizes Orçamentárias** (anexo de metas fiscais).

Além disso, deverão ser atendidas pelo menos uma das seguintes condições:

- Demonstração de que a renúncia foi considerada quando da estimativa da receita da Lei Orçamentária Anual e que não afetará as metas de resultados fiscais previstas; OU
- Estar acompanhada de medidas de compensação no exercício em que se deva iniciar sua vigência e nos dois exercícios seguintes.

Em relação às medidas de compensação, o §1º do art. 14 da Lei de Responsabilidade Fiscal trouxe um **rol taxativo**. Nesse sentido, afirma Valdecir Pascoal que "o administrador, para efeito de compensação, não poderá se valer do combate à sonegação como medida de compensação, pois se trata de um dever do governante tomar todas as medidas que estejam a seu alcance com vistas a cobrar os tributos instituídos e devidos" (2015, p. 124).

São compreendidas como renúncia, conforme conceituação de Marcus Abraham (2017, p. 149):

- **Anistia** → "exclusão do crédito fiscal a partir do perdão da infração e das penalidades correspondentes, com a dispensa do pagamento de multa e juros de mora";
- **Remissão** → "dispensa total ou parcial do pagamento de crédito fiscal, seja pela situação econômica do sujeito passivo, do reduzido valor tributário devido, por equidade em relação com as características pessoais ou materiais, ou em face de circunstâncias de determinada região";
- **Subsídio** → "dotação orçamentária classificada como 'subvenção econômica' que representa a diferença entre o preço real de um produto e o preço (abaixo do real) pelo qual ele acaba sendo oferecido ao mercado, concedido pelo ente a produtor ou comerciante, com a função de corrigir distorções de preço no mercado, equilibrar a concorrência, ou para incentivar a produção e consumo de determinados bens considerados de interesse público";
- **Crédito presumido** → "mecanismo pelo qual o ente tributante reduz o montante devido do tributo, através de um ressarcimento ou compensação do próprio tributo a ser apurado, incidente sobre determinadas operações";

- **Isenção** → "dispensa legal do pagamento de determinado tributo ou obrigação fiscal para determinados fatos, circunstâncias ou pessoas abrangidas pela norma isentiva, fazendo com que a obrigação fiscal não se materialize";
- **Redução de alíquota ou base de cálculo** → "alteração dos critérios quantitativos de incidência dos tributos, afetando a forma de calcular a obrigação tributária e reduzindo, ao final, a carga fiscal em determinada operação".

▸ Como esse assunto foi cobrado em concurso?

No Concurso da FMP para Procurador do Estado do Acre em 2017, foi considerado ERRADO o seguinte enunciado: "A imunidade é uma das formas de renúncia fiscal, ao lado da isenção e da anistia ".

▸ Como esse assunto foi cobrado em concurso?

No Concurso da FMP para Procurador do Estado do Acre em 2017, foi considerado ERRADO o seguinte enunciado: "A isenção tributária não configura renúncia fiscal, quando inexistente, anteriormente à sua instituição, a atividade ou unidade produtiva favorecida, pois não se renuncia ao que não existe".

▸ Importante

LRF, art. 14. A concessão ou ampliação de incentivo ou benefício de natureza tributária da qual decorra renúncia de receita deverá estar acompanhada de estimativa do impacto orçamentário-financeiro no exercício em que deva iniciar sua vigência e nos dois seguintes, atender ao disposto na lei de diretrizes orçamentárias e a pelo menos uma das seguintes condições:

I - demonstração pelo proponente de que a renúncia foi considerada na estimativa de receita da lei orçamentária, na forma do art. 12, e de que não afetará as metas de resultados fiscais previstas no anexo próprio da lei de diretrizes orçamentárias;

II - estar acompanhada de medidas de compensação, no período mencionado no *caput*, por meio do aumento de receita, proveniente da elevação de alíquotas, ampliação da base de cálculo, majoração ou criação de tributo ou contribuição.

§1º A renúncia compreende anistia, remissão, subsídio, crédito presumido, concessão de isenção em caráter não geral, alteração de alíquota ou modificação de base de cálculo que implique redução discriminada de tributos ou contribuições, e outros benefícios que correspondam a tratamento diferenciado.

§2º Se o ato de concessão ou ampliação do incentivo ou benefício de que trata o *caput* deste artigo decorrer da condição contida no inciso II, o benefício só entrará em vigor quando implementadas as medidas referidas no mencionado inciso.

§3º O disposto neste artigo não se aplica:

I - às alterações das alíquotas dos impostos previstos nos incisos I, II, IV e V do art. 153 da Constituição, na forma do seu §1º;

II - **ao cancelamento de débito cujo montante seja inferior ao dos respectivos custos de cobrança.**

▸ Como esse assunto foi cobrado em concurso?

No Concurso da FGV para Técnico de Nível Superior da Prefeitura de Salvador/BA em 2017, foi considerado CERTO o seguinte enunciado: "A expansão de ação governamental que acarrete aumento da despesa será acompanhada de estimativa do impacto orçamentário-financeiro no exercício em que deva entrar em vigor e nos dois subsequentes, além da declaração do ordenador da despesa de que o aumento tem adequação orçamentária e financeira com a lei orçamentária anual e compatibilidade com o plano plurianual e com a lei de diretrizes orçamentárias".

▸ Como esse assunto foi cobrado em concurso?

No Concurso do TRF2 para Juiz Federal substituto em 2017, foi considerado ERRADO o seguinte enunciado: "Quando o ato de concessão ou ampliação do incentivo ou benefício do qual decorra renúncia de receita estiver condicionado à implementação de medidas de compensação, o benefício só entrará em vigor 90 (noventa) dias após a implementação de tais medidas".

▸ Como esse assunto foi cobrado em concurso?

No Concurso do TRF2 para Juiz Federal substituto em 2017, foi considerado CERTO o seguinte enunciado: "O cancelamento de débito cujo montante seja inferior ao dos respectivos custos de cobrança não é considerado, pela Lei de Responsabilidade Fiscal, como renúncia de receita".

▸ **Como esse assunto foi cobrado em concurso?**

No Concurso da FMP para Procurador do Estado do Acre em 2017, foi considerado ERRADO o seguinte enunciado: "A fim de evitar favorecimentos, o débito do contribuinte não pode ser cancelado em hipótese alguma, ainda que seu montante seja inferior aos custos da cobrança".

▸ **Como esse assunto foi cobrado em concurso?**

No Concurso do TRF2 para Juiz Federal substituto em 2017, foi considerado ERRADO o seguinte enunciado: "A redução nas alíquotas do imposto de produtos industrializados (IPI), em razão de seu impacto sobre a arrecadação federal, submete-se aos requisitos para renúncia de receitas estabelecidos pela Lei de Responsabilidade Fiscal".

Destaque-se que as exigências da LRF para a concessão de renúncias de receita devem ser somadas àquelas já disciplinadas pela CRFB/88 (art. 150, §6º). Assim, antes da elaboração da lei específica mencionada no dispositivo constitucional, o proponente deverá analisar a observância dos requisitos contidos no art. 14 da LRF (*caput* e incisos I e II), sem os quais mencionada renúncia não poderá surtir efeitos.

▸ **Importante**

CRFB/88, art. 150, §6º. Qualquer subsídio ou isenção, redução de base de cálculo, concessão de crédito presumido, anistia ou remissão, relativas a impostos, taxas ou contribuições, só poderá ser concedido mediante lei específica, federal, estadual ou municipal, que regule exclusivamente as matérias acima enumeradas ou correspondente tributo ou contribuição, sem prejuízo do disposto no art. 155, §2º, XII, g.

A concessão de benefício fiscal em desacordo com a Lei de Responsabilidade Fiscal não foi considerada crime pela legislação penal. Contudo, caracteriza **ato de improbidade administrativa** nos moldes preconizados pelo inciso VII, do art. 10, da lei 8.429/92.

▸ **Qual o entendimento atual do STF sobre o assunto?**

"É constitucional a isenção fiscal relativa a pagamento de custas judiciais, concedida por Estado soberano que, mediante política pública formulada pelo respectivo governo, buscou garantir a realização, em seu território, de eventos da maior expressão, quer nacional, quer internacional. Legitimidade dos estímulos destinados a atrair o principal e indispensável parceiro envolvido, qual seja, a FIFA, de modo a alcançar os benefícios econômicos e sociais pretendidos". (STF, ADI 4.976, Rel. Min. Ricardo Lewandowski, Pleno, j. 07.05.2014, p. 30.10.2014).

▸ **Qual o entendimento atual do STF sobre o assunto?**

"A adoção do processo legislativo decorrente do art. 150, §6º, da CF tende a coibir o uso desses institutos de desoneração tributária como moeda de barganha para a obtenção de vantagem pessoal pela autoridade pública, pois a fixação, pelo mesmo Poder instituidor do tributo, de requisitos objetivos para a concessão do benefício tende a mitigar arbítrio do chefe do Poder Executivo, garantindo que qualquer pessoa física ou jurídica enquadrada nas hipóteses legalmente previstas usufrua da benesse tributária, homenageando-se aos princípios constitucionais da impessoalidade, da legalidade e da moralidade administrativas (art. 37, *caput*, da Constituição da República). A autorização para a concessão da remissão e anistia, a ser feita 'na forma prevista em regulamento' (art. 25 da Lei 6.489/2002), configura delegação ao chefe do Poder Executivo em tema inafastável do Poder Legislativo". (STF, ADI 2.688, Rel. Min. Joaquim Barbosa, Pleno, j. 1º.06.2011, p. 26.08.2011).

5. REPARTIÇÃO DE RECEITAS TRIBUTÁRIAS

A repartição das receitas tributárias por vezes é tratada no âmbito do Direito Tributário. Contudo, por se tratar de tema que gera interesse tão-somente às entidades políticas tributantes, e não ao sujeito passivo do tributo, encaixa-se melhor dentro dos temas abordados pelo Direito Financeiro.

Considerando os **deveres constitucionalmente atribuídos aos entes federados**, é imprescindível que haja a correspondência em **recursos financeiros**. No mesmo sentido, não seria possível se falar em autonomia política e administrativa caso tais entes não gozassem de **autonomia financeira**, garantida pela Constituição de acordo com a discriminação de rendas estabelecida de forma a abranger tanto a atribuição de competência tributária (partilha do poder tributário) e a repartição das receitas tributárias.

Pela atribuição de competência, dividem-se, entre a União, os Estados, o Distrito Federal e os Municípios, parcelas do próprio poder de instituir e cobrar tributos. Assim, a CRFB/88 atribui competência para instituir impostos à União (arts. 153 e 154), aos Estados (art. 155), ao Distrito Federal (art. 155 c/c art. 147, 2ª parte) e aos Municípios (art. 156). Por outro, lado todas os entes têm competência comum para instituir taxas e contribuições de melhoria (arts. 145, II e III) cabendo à União os empréstimos compulsórios (art. 148) e as contribuições especiais (art. 149, *caput*) (RAMOS FILHO, 2017, p. 433-434).

A repartição de receitas, por sua vez, deve ser entendida como as relações intergovernamentais através das quais divide-se entre as entidades federadas o produto da arrecadação do tributo por uma delas instituído e cobrado. Essa repartição será sempre **vertical** ("de cima para baixo") e poderá ser de **forma direta** (participação direta dos Estados e Municípios no imposto de renda da União e participação no produto de impostos de receitas partilhadas) **ou indireta** (participação em Fundos).

Carlos Alberto de Moraes Ramos Filho apresenta as formas pelas quais ocorre a repartição (ou partilha) direta e a indireta:

a) **Partilha direta**: "é realizada sem intermediação, ou seja, o ente político beneficiado, como agente arrecadador, apropria-se, total ou parcialmente, da receita tributária mediante transferência orçamentária, ou recebe diretamente do ente dotado de competência tributária parte do produto da arrecadação por ele feita" (2017, p. 436).

b) **Partilha indireta**: "são criados fundos para os quais são carreadas parcelas de receitas de certos impostos que, posteriormente, são rateados proporcionalmente entre os participantes, segundo critérios previamente estabelecidos na legislação" (2017, p. 437). O objetivo é corrigir desigualdades regionais.

5.1. Participação direta no produto da arrecadação do imposto de renda retido na fonte de competência impositiva da União

Essa primeira forma de participação direta, disciplinada nos arts. 157, I e 158, I, da CRFB/88 estabelece que o imposto de renda retido na fonte, a qualquer título, pelos Estados, Distrito Federal, Municípios e suas respectivas autarquias ou fundações por eles instituídas e mantidas, lhes pertence integralmente, incorporando-se às suas receitas correntes. Observe-se que a regra **não se aplica às empresas estatais**, sejam elas sociedades de economia mista, sejam empresas públicas.

▸ **Importante**

CRFB/88

Art. 157. Pertencem aos Estados e ao Distrito Federal:

I - o produto da arrecadação do imposto da União sobre renda e proventos de qualquer natureza, incidente na fonte, sobre rendimentos pagos, a qualquer título, por eles, suas autarquias e pelas fundações que instituírem e mantiverem.

Art. 158. Pertencem aos Municípios:

I - o produto da arrecadação do imposto da União sobre renda e proventos de qualquer natureza, incidente na fonte, sobre rendimentos pagos, a qualquer título, por eles, suas autarquias e pelas fundações que instituírem e mantiverem.

▸ **Qual o entendimento atual do STF sobre o assunto?**

"Pretensão de assegurar ao Estado, na condição de pagante, o produto da arrecadação de imposto de renda retido na fonte relativo ao pagamento de complementações de aposentadorias e pensões a aposentados e pensionistas de suas empresas públicas [...]. O art. 157, I, da Constituição Federal, que dispõe acerca da destinação aos Estados do produto da arrecadação do IRPF, **não contempla os pagamentos originados das estatais**, integrantes da Administração Pública Indireta, não cabendo interpretação ampliativa". (STF, ACO 571/AgR, Rel. Min. Dias Toffoli, Pleno, j. 07.03.2017, p. 03.04.2017).

Sobre esse ponto vale destacar que o IRPF, por pertencer aos entes que o retêm, deverá ser cobrado desses nos casos de retenção indevida. Dessa forma, os Estados, DF e Municípios figurarão no polo passivo da cobrança em eventual ação de repetição de indébito, sendo competente a Justiça Estadual. Nesse sentido é o teor da súmula 447, do STJ: **"Os Estados e o Distrito Federal são partes legítimas na ação de restituição de imposto de renda retido na fonte proposta por seus servidores"**.

5.2. Modalidade de participação no produto de impostos de receitas partilhadas

Essa segunda modalidade consiste na participação no produto de arrecadação de tributos de receita partilhada. São os casos previstos nos arts. 157, II, 158, II, III e IV e 159, III, da Constituição Federal. Nesses casos "o tributo, quando criado, já pertence a mais de uma pessoa política, nos exatos limites constitucionais fixados. Nunca pertence a uma só pessoa jurídica de direito público interno a quem foi conferido o poder de instituir, fiscalizar e arrecadar o imposto. Feita a arrecadação, deve devolver à entidade política participante da partilha o respectivo *quantum* que a ela pertence por determinação constitucional (HARADA, 2013, p. 55).

▸ Importante

CRFB/88

Art. 157. Pertencem aos Estados e ao Distrito Federal:

II - vinte por cento do produto da arrecadação do imposto que a União instituir no exercício da competência que lhe é atribuída pelo art. 154, I.

Art. 158. Pertencem aos Municípios:

II - cinquenta por cento do produto da arrecadação do imposto da União sobre a propriedade territorial rural, relativamente aos imóveis neles situados, cabendo a totalidade na hipótese da opção a que se refere o art. 153, §4º, III;

III - cinquenta por cento do produto da arrecadação do imposto do Estado sobre a propriedade de veículos automotores licenciados em seus territórios;

IV - vinte e cinco por cento do produto da arrecadação do imposto do Estado sobre operações relativas à circulação de mercadorias e sobre prestações de serviços de transporte interestadual e intermunicipal e de comunicação.

Art. 159. A União entregará:

III - do produto da arrecadação da contribuição de intervenção no domínio econômico prevista no art. 177, §4º, 29% (vinte e nove por cento) para os Estados e o Distrito Federal, distribuídos na forma da lei, observada a destinação a que se refere o inciso II, c, do referido parágrafo.

> §4º Do montante de recursos de que trata o inciso III que cabe a cada Estado, vinte e cinco por cento serão destinados aos seus Municípios, na forma da lei a que se refere o mencionado inciso.

Além dos casos mencionados no quadro, ainda pertencem aos Estados, ao DF ou ao Território, conforme a origem, 30% (trinta por cento), e aos Municípios 70% (setenta por cento) do montante da arrecadação do IOF incidente sobre operações com ouro, **quando definido em lei como ativo financeiro ou instrumento cambial** (art. 153, §5º, I e II).

> ▸ **Qual o entendimento atual do STF sobre o assunto?**
>
> "Participação dos Municípios na arrecadação de tributos estaduais. IPVA – Interpretação conforme, sem redução de texto, para suspensão da eficácia da aplicação do §3º do art. 114, introduzido na Lei 6.537/1973 pela Lei 11.475/2000, com relação ao IPVA, tendo em vista que, ao dispor que 'na data da efetivação do respectivo registro no órgão competente deverá ser creditado, à conta do Municípios, 25% do montante do crédito tributário extinto', interfere no sistema constitucional de repartição do produto da arrecadação do IPVA (50%)". (STF, ADI 2.405/MC, Rel. Min. Sepúlveda Pertence, j. 06.11.2002, p. 17.02.2006).

> ▸ **Qual o entendimento atual do STF sobre o assunto?**
>
> "ICMS. Repartição de rendas tributárias. PRODEC. Programa de Incentivo Fiscal de Santa Catarina. Retenção, pelo Estado, de parte da parcela pertencente aos Municípios. Inconstitucionalidade. RE desprovido. A parcela do imposto estadual sobre operações relativas à circulação de mercadorias e sobre prestações de serviços de transporte interestadual e intermunicipal e de comunicação, a que se refere o art. 158, IV, da Carta Magna, pertence de plano direito aos Municípios. O repasse da quota constitucionalmente devida aos Municípios não pode sujeitar-se à condição prevista em programa de benefício fiscal de âmbito estadual. Limitação que configura indevida interferência do Estado no sistema constitucional de repartição de receitas tributárias". (STF, RE 572.762, Rel. Min. Ricardo Lewandowski, j. 18.06.2008, p. 05.09.2008).

Formas de Repartição Direta de Receitas
Trinta por cento do IOF para Estados, DF ou Território, incidente sobre operações com ouro quando definido em lei como ativo financeiro ou instrumento cambial (art. 153, §5º, I, da CRFB/88).

<table>
<tr><th colspan="2">Formas de Repartição Direta de Receitas</th></tr>
<tr><td colspan="2">A totalidade do produto da arrecadação do imposto da União sobre a renda e proventos de qualquer natureza, incidente na fonte, sobre rendimentos pagos, a qualquer título, por E, DF e M, suas autarquias e pelas fundações que instituírem e mantiverem (art. 157, I e 158, I, da CRFB/88).</td></tr>
<tr><td colspan="2">Vinte por cento do produto da arrecadação de imposto instituído pela União no exercício de sua competência residual para Estados e DF (art. 157, II, da CRFB/88)</td></tr>
<tr><td colspan="2">Cinquenta por cento da arrecadação do ITR para os Municípios (ou cem por cento no caso de o próprio Município optar, na forma da lei, por cobrar e fiscalizar o ITR) (art. 158, II, da CRFB/88)</td></tr>
<tr><td colspan="2">Cinquenta por cento da arrecadação do IPVA relativamente aos veículos licenciados em seus territórios, para os Municípios (art. 158, III, da CRFB/88)</td></tr>
<tr><td rowspan="2">Vinte e cinco por cento do ICMS (Art. 158, IV e LC 63/90)</td><td>¾ no mínimo, na proporção do valor adicionado</td></tr>
<tr><td>¼ de acordo com disposição da lei estadual (ou federal em caso de Territórios)</td></tr>
<tr><td colspan="2">Vinte e nove por cento da CIDE combustíveis para os Estados, que deverão repassar vinte e cinco por cento do valor recebido para os Municípios (art. 159, III e art. 177, §4º, II, da CRFB/88)</td></tr>
</table>

5.3. Partilha indireta em favor dos Estados, DF e Municípios

A terceira modalidade consiste na participação dos entes federados (E, DF e M) nos **Fundos formados pela União**. Sobre tais fundos, Harrison Leite esclarece que "consistem na individualização de recursos e na sua vinculação ou alocação a uma área específica, com atribuição e responsabilidade para cumprimento de objetivos específicos, mediante execução de programas com eles relacionados. Trata-se apenas de um tipo de gestão de recursos destinado ao atendimento de ações específicas" (VILELA; LEITE, 2018, p. 350).

> **▸ Como esse assunto foi cobrado em concurso?**
>
> No Concurso da FMP para Procurador do Estado do Acre em 2017, foi considerado CERTO o seguinte enunciado: "Constitui fundo especial o produto de receitas especificadas que, por lei, se vinculam à realização de determinados objetivos ou serviços".

Ainda sobre os Fundos, o autor aponta as seguintes características: "(i) receitas especificadas; (ii) vinculação à realização de determinados objetivos ou serviços; (iii) normas peculiares de aplicação; (iv) vinculação a determinado órgão da Administração; (v) descentralização interna do processo decisório e (vi) plano de aplicação, contabilidade e prestação de contas" (VILELA; LEITE, 2018, p. 350).

Numa perspectiva constitucional, os fundos são: **a) exceção ao princípio da especificação e b) exceção ao princípio da unidade da tesouraria.** Por fim, há que se destacar que tais fundos "podem ser criados por lei ordinária ou serem por ela autorizados, mas as normas que tratam da sua instituição e funcionamento só podem ser veiculadas por lei complementar" (VILELA; LEITE, 2018, p. 350).

Os recursos destinados à partilha indireta em favor de Estados, DF e Municípios serão oriundos dos seguintes fundos de participação (RAMOS FILHO, 2017, p. 444-445):

- **Fundo de Participação dos Estados e do Distrito Federal (FPE)**, formado por 21,5% (vinte e um inteiros e cinco décimos por cento) do que for arrecadado a título dos impostos sobre a renda e proventos de qualquer natureza (IR) e sobre produtos industrializados (IPI) (art. 159, inciso I, alínea a, CF);
- **Fundo de Participação dos Municípios (FPM)**, formado por:
  - a) 22,5% (vinte e dois inteiros e cinco décimos por cento) da arrecadação dos impostos sobre a renda e proventos de qualquer natureza (IR) e sobre produtos industrializados (IPI) (art. 159, inciso I, alínea b, CF);
  - b) 1% (um por cento) da arrecadação dos referidos impostos federais, percentual este que será entregue até o dia 10 do mês de dezembro de cada ano (art. 159, inciso I, alínea d, CF);
  - c) 1% (um por cento) da arrecadação dos referidos impostos federais, percentual este que será entregue até o dia 10 do mês de julho de cada ano (art. 159, inciso I, alínea e, CF);
- **Fundo das Agências Regionais de Fomento (FARF)**, formado por 3% (três por cento) da arrecadação dos impostos sobre a renda e proventos de qualquer natureza (IR) e sobre os produtos industrializados (IPI), destinando-se a programas

de financiamento ao setor produtivo das Regiões Norte, Nordeste e Centro-Oeste, por intermédio de suas instituições financeiras de caráter regional (art. 159, inciso I, alínea c, CF);

OBSERVAÇÃO: Os Fundos Constitucionais de Financiamento do Norte, Nordeste e Centro-Oeste têm por objetivo contribuir para o desenvolvimento econômico e social das regiões Norte, Nordeste e Centro-Oeste, através das instituições financeiras federais de caráter regional, mediante a execução de programas de financiamento aos setores produtivos, em consonância com os respectivos planos regionais de desenvolvimento (art. 2º da lei nº 7.827/1989).

- **Fundo compensatório do IPI** pela imunidade do ICMS nas exportações de produtos industrializados (art. 155, §2º, inciso X, alínea a, CF), formado por 10% (dez por cento) da arrecadação do IPI, que serão distribuídos, proporcionalmente ao valor das exportações de produtos industrializados, aos Estados e ao Distrito Federal (art. 159, inciso II, CF), aos quais repassarão 25% (vinte e cinco por cento) do que receberem aos Municípios localizados em seus territórios (art. 159, §3º, CF).

Destaque-se que o cálculo dos valores do FPE e do FPM é feito excluindo-se a parcela de arrecadação do Imposto de renda e proventos de qualquer natureza pertencente aos Estados, ao DF e aos Municípios (art. 159, §1º). Ou seja, "tais entes não poderão incluir no cálculo o valor que já tenham recebido do IR por meio da retenção na fonte relativamente aos rendimentos que tenham pago, aí incluídas as autarquias e fundações que tenham instituído ou que mantenham" (RAMOS FILHO, 2017, p. 446).

▸ **Qual o entendimento atual do STF sobre o assunto?**

"É constitucional a concessão regular de incentivos, benefícios e isenções fiscais relativos ao Imposto de Renda e ao Imposto sobre Produtos Industrializados por parte da União em relação ao Fundo de Participação de Municípios e respectivas quotas devidas às Municipalidades. Com base nesse entendimento, o Plenário, por maioria, negou provimento a recurso extraordinário que discutia se a concessão de benefícios, incentivos e isenções fiscais relativos ao Imposto de Renda (IR) e ao Imposto sobre Produtos Industrializados (IPI) pode impactar o cálculo do valor devido aos Municípios a título de participação na arrecadação dos referidos tributos". (STF, RE 705.423, Rel. Min. Edson Fachin, j. 17.11.2016, Info 847).

▸ **Qual o entendimento atual do STF sobre o assunto?**

"A participação dos Estados, no que arrecadado pela União, faz-se segundo o figurino constitucional, sendo impróprio subtrair valores destinados aos Programas PIN e PROTERRA". (STF, ACO 758, Rel. Min. Marco Aurélio, j. 19.12.2016, p. 1º.08.2017).

<table>
<tr><th colspan="4">Formas de repartição Indireta de Receitas</th></tr>
<tr><th colspan="2">Fundo</th><th>IR</th><th>IPI</th></tr>
<tr><td colspan="2">Fundo de Participação dos Estados (FPE) - art. 159, I, a, da CRFB/88</td><td>21,5%</td><td>21,5%</td></tr>
<tr><td colspan="2">Fundo de Participação dos Municípios (FPM) - art. 159, I, b, d e e da CRFB/88</td><td>24,5%</td><td>24,5%</td></tr>
<tr><td rowspan="3">Fundo das Agências Regionais de Fomento</td><td>Fundo Constitucional de Financiamento do Nordeste (FNE)</td><td>1,8%</td><td>1,8%</td></tr>
<tr><td>Fundo Constitucional de Financiamento do Norte (FNO)</td><td>0,6%</td><td>0,6%</td></tr>
<tr><td>Fundo Constitucional de Financiamento do Centro-Oeste (FCO)</td><td>0,6%</td><td>0,6%</td></tr>
<tr><td colspan="2">Fundo de Compensação pela Exportação de Produtos Industrializados - FPEX</td><td></td><td>IPI-Exportação: 10% aos Estados e DF, que repassarão 25% do que receberem aos Municípios</td></tr>
</table>

5.4. Proibição de retenção e restrições à repartição constitucional de receitas tributárias

Na Constituição anterior era comum aos estados deduzirem das parcelas do ICMS pertencentes aos Municípios um determinado percentual a título de despesas administrativas com a elaboração de cálculos e posterior distribuição (HARADA, 2013, p. 59). Visando coibir esse tipo de prática, o texto constitucional de 1988 **proibiu a retenção ou qualquer restrição à entrega e ao emprego dos recursos atribuídos constitucionalmente aos Estados, ao DF e aos Municípios**, neles compreendidos adicionais e acréscimos relativos a impostos.

Contudo, o parágrafo único do art. 160 estabeleceu, de **forma taxativa** (STF, ADI 1.106/SE, Rel. Min. Maurício Corrêa, Pleno, j. 05.09.2002, p. 13.12.2002) **exceções** que permitem à União e os Estados condicionem a entrega de recursos ao pagamento de seus créditos, inclusive os de suas autarquias (inciso I) e à aplicação pelos Estados e Municípios de recursos mínimos em ações e serviços públicos de saúde derivados da aplicação de percentuais sobre suas respectivas receitas tributárias, abrangidas aquelas provenientes de partilhas e participação nos Fundos (inciso II).

▸ **Importante**

CRFB/88, art. 160. É vedada a retenção ou qualquer restrição à entrega e ao emprego dos recursos atribuídos, nesta seção, aos Estados, ao Distrito Federal e aos Municípios, neles compreendidos adicionais e acréscimos relativos a impostos.

Parágrafo único. A vedação prevista neste artigo não impede a União e os Estados de condicionarem a entrega de recursos:

I - ao pagamento de seus crédito, inclusive de suas autarquias;

II - ao cumprimento do disposto no art. 198, §2º, incisos II e III.

▸ **Qual o entendimento atual do STF sobre o assunto?**

"A publicação da Portaria PGFN 708/2009 importa em reconhecimento do pedido por parte da União e alcança o pleito do Estado do Rio de Janeiro, porquanto impede que o ente central deixe de repassar as quotas do FPE, quando pendente discussão quanto à exigibilidade dos créditos ainda não constituídos ou contestados em processos administrativos e judiciais de índole fiscal". (STF, ACO 1.357-AgR, Rel. Min. Edson Fachin, j. 1º.09.2017, p. 12.09.2017).

▸ **Qual o entendimento atual do STF sobre o assunto?**

"É vedado ao Estado impor condições para entrega aos Municípios das parcelas que lhes compete na repartição das receitas tributárias, salvo como condição ao recebimento de seus créditos ou ao cumprimento dos limites de aplicação de recursos em serviços de saúde [...]. Município em débito com o recolhimento de contribuições previdenciárias descontadas de seus servidores. Retenção do repasse da parcela do ICMS até a regularização do débito. Legitimidade da medida, em consonância com as exceções admitidas pela CF". (STF, ADI 1.106, Rel. Min. Maurício Corrêa, j. 05.09.2002, p. 13.12.2002).

▸ **Qual o entendimento atual do STF sobre o assunto?**

"Discrepa, a mais não poder, da Lei Fundamental a retenção e a compensação de verbas municipais com débito de energia elétrica perante a sociedade de economia mista". (STF, RE 396.989, Rel. Min. Marco Aurélio, j. 04.10.2005, p. 03.03.2006).

▸ **Como esse assunto foi cobrado em concurso?**

No Concurso do TRF2 para Juiz Federal substituto em 2017, foi considerado ERRADO o seguinte enunciado: "É facultativo o exercício da competência tributária pelos entes federados, razão pela qual o ente que não instituir os impostos de sua competência pode, nos termos da Lei de Responsabilidade Fiscal, continuar a receber transferências obrigatórias e voluntárias".

6. DÍVIDA ATIVA DA UNIÃO DE NATUREZA TRIBUTÁRIA E NÃO TRIBUTÁRIA

Após o lançamento da receita pública, seja ela tributária ou não, e decorrido o respectivo prazo sem que tenha havido o pagamento, o crédito da Fazenda Pública será inscrito na **Dívida Ativa**, conforme previsão do art. 39, *caput* e §1º da lei nº 4.320/64, **possibilitando a sua execução judicial**.

Assim, na conceituação de Ricardo Damasceno de Almeida e Marcelo Jucá Lisboa, Dívida Ativa deve ser compreendida como "créditos da Fazenda Pública, de natureza tributária ou não tributária, exigíveis pelo transcurso do prazo para pagamento, pela lei ou por decisão judicial em processo regular, regularmente inscritos na repartição administrativa competente. Serão inscritos, na forma da legislação própria, em registro próprio, depois de apurada sua liquidez e certeza" (2017, p. 174).

Ou ainda, na definição de Carlos Alberto de Moraes Ramos Filho, a dívida ativa constitui-se "em um conjunto de direitos e créditos de várias naturezas, em favor da Fazenda Pública, vencidos e não pagos pelos devedores, inscritos em registro próprio" (2017, p. 297).

O conceito de dívida ativa decorre da própria lei 4.320. Assim:

Dívida Ativa Tributária → é o crédito da Fazenda Pública dessa natureza, proveniente de obrigação legal relativa a tributos e respectivos adicionais e multas (art. 39, §2º).

Observação → O Código Tributário Nacional também traz um conceito de Dívida Ativa Tributária, qual seja "a proveniente de crédito dessa natureza, regularmente inscrita na repartição administrativa competente, depois de esgotado o prazo fixado, para pagamento, pela lei ou por decisão final proferida em processo regular" (art. 201 do CTN).

> **▸ Como esse assunto foi cobrado em concurso?**
>
> No Concurso da FMP para Procurador do Estado do Acre em 2017, foi considerado ERRADO o seguinte enunciado: "Segundo a Lei de Orçamento, Dívida Ativa Tributária é aquela referente aos débitos ativos do Poder Público"

Dívida Ativa não Tributária → são os demais créditos da Fazenda Pública, tais como os provenientes de empréstimos compulsórios, contribuições estabelecidas em lei, multa de qualquer origem ou natureza, exceto as tributárias, foros, laudêmios, alugueis ou taxas de ocupação, custas processuais, preços de serviços prestados por estabelecimentos públicos, indenizações, reposições, restituições, alcances dos responsáveis definitivamente julgados, bem assim os créditos decorrentes de obrigações em moeda estrangeira, de sub-rogação de hipoteca, fiança, aval ou outra garantia, de contratos em geral ou de outras obrigações legais (art. 39, §2º).

> **▸ Importante**
>
> Lei 4.320/64, art. 39. Os créditos da Fazenda Pública, de natureza tributária ou não tributária, serão escriturados como receita do exercício em que forem arrecadados, nas respectivas rubricas orçamentárias.
>
> §1º- Os créditos de que trata este artigo, exigíveis pelo transcurso do prazo para pagamento, serão inscritos, na forma da legislação própria, como Dívida Ativa, em registro próprio, após apurada a sua liquidez e certeza, e a respectiva receita será escriturada a esse título.
>
> §5º A Dívida Ativa da União será apurada e inscrita na Procuradoria da Fazenda Nacional.

A respeito da classificação da dívida ativa como tributária ou não tributária, a doutrina se divide em relação aos **empréstimos compulsórios** (art. 148, CRFB/88) e às contribuições especiais (art. 149, CRFB/88). Para alguns, caracterizando-se como tributos, geram dívida ativa tributária (RAMOS FILHO, 2017, p. 299). Em sentido diverso há aqueles que entendem que mesmo sendo tributos para o direito tributário, não o são para o Direito Financeiro, sendo, portanto, inscritos como dívida ativa não tributária.

Por sua vez, as custas processuais (judiciais), tendo natureza jurídica de **taxas**, quando inscritas, constituirão dívida ativa tributária (RAMOS FILHO, 2017, p. 299).

Já as **multas devidas à Fazenda Pública**, a depender de sua origem, poderão se enquadrar tanto no conceito de dívida ativa tributária quanto no de dívida ativa não tributária. Assim: "se tais penalidades pecuniárias decorrerem do descumprimento de obrigação tributária (art. 113, CTN), serão inscritas como dívida ativa tributária; as demais multas (exceto as tributárias) serão inscritas como dívida ativa não tributária" (RAMOS FILHO, 2017, p. 299).

A dívida ativa deverá ser escriturada como receita do exercício financeiro em que for arrecadada, nas respectivas rubricas orçamentárias (ALMEIDA; LISBOA, 2017, p. 175). Sua cobrança poderá ser administrativa ou judicial. Neste último caso, o procedimento seguirá as disposições da lei 6.830/80, sendo promovida pela **Procuradoria da Fazenda do respectivo ente federativo**.

▸ **Qual o entendimento atual do STF sobre o assunto?**

"O protesto das certidões de dívida ativa constitui mecanismo constitucional e legítimo por não restringir de forma desproporcional quaisquer direitos fundamentais garantidos aos contribuintes e assim não constituir sanção política" → tese aprovada no julgamento da ADI 5.135

Capítulo 5

Crédito Público e Dívida Pública

1. CONCEITO E NATUREZA JURÍDICA

O crédito público pode ser compreendido como "a confiança de que goza o Governo para contrair empréstimos de pessoas físicas ou jurídicas, nacionais ou estrangerias. Noutra acepção, consiste em um dos meios de que se utiliza o Estado visando a obter recursos para cobrir as despesas de sua responsabilidade" (PASCOAL, 2015, p. 125).

O crédito público também é chamado de **empréstimo público**, caracterizado como "o contrato administrativo pelo qual o Estado recebe determinado valor que se obriga a pagar, na forma por ele estipulada" (OLIVEIRA; HORVATH, 2003, p. 226). Apesar de a grande maioria da doutrina tratar as expressões crédito público e empréstimo público como sinônimas, Kiyoshi Harada afirma que a noção de crédito público é mais ampla que a de empréstimo público. Assim: "O crédito público teria um sentido duplo, envolvendo tanto as operações em que o Estado toma dinheiro como aquelas em que fornece pecúnia. Já o empréstimo público seria aquele ato pelo qual o Estado se beneficia de uma transferência de liquidez com a obrigação de devolvê-lo no futuro, normalmente acrescido de juros" (2017, p. 150).

Por outro lado, o **empréstimo público não pode ser confundido com a receita pública**, já que esta última significa o ingresso de dinheiro nos cofres públicos, sem qualquer tipo de contrapartida, acrescendo, assim, o patrimônio estatal. Por sua vez, o empréstimo público não representa qualquer acréscimo patrimonial já que significa mera entrada de caixa com a respectiva correspondência no passivo, representada pela obrigação de restituir conforme o prazo previamente estabelecido.

Quanto à **natureza jurídica** do empréstimo público, diferentes correntes surgiram no decorrer da história, a seguir sintetizadas:

- **Teoria do ato de soberania** → "o empréstimo público seria resultante do poder de autodeterminação e de auto-obrigação do Estado, insusceptível de qualquer tipo de controle, mesmo o jurisdicional, que pudesse compelir o Poder Público devedor ao seu cumprimento. Daí o direito de o Estado, unilateralmente, modificar as condições do empréstimo público" (HARADA, 2017, p. 151). Dessa forma, o crédito público seria concebido como obrigação unilateral autônoma de direito público, do que decorre para o Estado a obrigação moral, mas não jurídica de respeitar as cláusulas dos empréstimos público (RAMOS FILHO, 2017, p. 574).

▸ A doutrina Drago

A concepção do empréstimo público como ato de soberania tem como um dos seus pilares a Doutrina Drago, anti-intervencionista, nascida e fomentada na América, que leva o nome do então Ministro das Relações Exteriores e Cultura da Argentina, Luís Maria Drago, que a sustentou em 1902. Segundo a doutrina, "embora o país devedor continuasse na obrigação de pagar suas dívidas, não se justificava o ingresso da força armada de países europeus em solo das nações americanas com a finalidade de cobrar coercitivamente tais dívidas, medidas que poderiam ter consequências ruinosas para as nações menos favorecidas economicamente [...]. Explicava o ministro argentino que o empréstimo a um Estado tem caráter especial, não podendo estar sujeito a execuções coercitivas, com a utilização da força armada e com a ocupação material do solo do país devedor" (MAZZUOLI, 2016, p. 576).

Na Segunda Conferência da Paz da Haia, em 1907, a doutrina Drago foi aprovada com alterações introduzidas pelo representante dos EUA, Horace Porter, com a seguinte redação: "Com o fim de evitar entre as nações incidentes armados de origem pecuniária proveniente de dívidas contratuais reclamadas como dívidas a nacionais de outro Estado, as potências convencionam não recorrer à força armada para a cobrança de tais dívidas contratuais. Em razão das contribuições do delegado estadunidense, a doutrina é chamada hoje de Doutrina Drago-Porter.

Valério Mazzuoli destaca ainda que "a regra hoje é a da proibição de cobrança de dívidas cujo pagamento seja reclamado ao governo de um país pelo outro, não havendo lugar para o processo de intervenção individual, seja qual for o motivo, somente admissível quando se tratar da manutenção da segurança coletiva e no interesse da sociedade internacional, por meio de procedimento próprio do organismo internacional competente" (2016, p. 576).

- **Teoria civilista** → o empréstimo público equipara-se a um contrato de direito privado;
- **Teoria do ato legislativo** → "o crédito público seria simplesmente o resultado de um ato legislativo, no qual tudo já estaria disciplinado, inclusive seu regime jurídico, restando ao mutuante, tão só, a faculdade de aderir àquilo que legalmente estiver estabelecido" (HARADA, 2017, p. 153).
- **Teoria do contrato de Direito Público** → equiparado ao mútuo, mas não se confunde com o crédito privado, sobretudo em razão da presença do interesse público, submetendo a relação jurídica às regras do Direito Administrativo.

Claramente a teoria mais acatada pela doutrina é a de que o empréstimo público é um **contrato de Direito Público**, pelas seguintes razões: "a) deve haver prévia previsão orçamentária; b) exige disposição legal específica; c) há obrigatoriedade de autorização e controle do Senado; d) necessária a finalidade pública; e) é possível alteração unilateral de determinadas cláusulas, se assim foi previsto na lei; f) há sujeição a prestação de contas; g) há inviabilidade de execução específica; e h) pode ocorrer possibilidade de rescisão unilateral (resgate antecipado)" (OLIVEIRA; HORVATH, 2003, p. 231).

▸ **Como esse assunto foi cobrado em concurso?**

No Concurso da FMP para Procurador do Estado do Acre em 2017, foi considerado CERTO o seguinte enunciado: "Os valores obtidos pelo Estado a título de mútuo ingressam no caixa do tesouro, mas não são considerados receita para fins orçamentários".

▸ **Importante**

O que é a Dívida Pública Federal?

"A Dívida Pública Federal (DPF) refere-se a todas as dívidas contraídas pelo governo federal para financiamento do seu déficit orçamentário, nele incluído o refinanciamento da própria dívida, e para outras operações com finalidades específicas, definidas em lei. É possível classificar a DPF de acordo com os instrumentos usados para captação de recursos, esta pode ocorrer pela emissão de títulos públicos (sendo por essa razão classificada como mobiliária), ou por contratos, firmados principalmente com organismos multilaterais (sendo esta dívida classificada como contratual). Já sobre a moeda usada para fazer face a seus pagamentos, a dívida é classificada como interna quando os pagamentos são realizados na moeda corrente em circulação no país, no caso brasileiro o real, ou externa, quando os pagamentos são feitos em moeda estrangeira, normalmente o dólar norte-americano. Atualmente, toda a Dívida Pública Federal em circulação no mercado nacional é paga em real e captada por meio de emissão de títulos públicos, sendo por essa razão definida como Dívida Pública Mobiliária Federal interna (DPMFi). Já a Dívida Pública Federal existente no mercado internacional é paga em dólar norte-americano e tem sido captada tanto por meio da emissão de títulos quanto por contratos, sendo por isso definida como Dívida Pública federal externa (DPFe)". Disponível em http://www.tesouro.fazenda.gov.br/tr/conceitos-basicos-faq Acesso em 02 jan. 2018.

2. CLASSIFICAÇÃO DO CRÉDITO PÚBLICO

2.1. Quanto à pessoa jurídica que obtém o crédito

- Federal
- Estadual
- Municipal
- Distrital

2.2. Quanto à coercitividade

- **Empréstimos obrigatórios (forçados ou compulsórios)** → "ocorrem quando o Estado, valendo-se do seu poder de império, intervém na propriedade particular em situações de guerra, calamidade ou grave crise de liquidez da economia" (PASCOAL, 2015, p. 126). No caso do Brasil tem-se os chamados empréstimos compulsórios (Art. 148 da CRFB/88) que, por sua vez, não se confundem com os empréstimos públicos, pois estes têm natureza contratual e aqueles, natureza tributária.

> **Importante**
>
> CRFB/88, art. 148. A União, mediante lei complementar, poderá instituir empréstimos compulsórios:
>
> I - para atender a despesas extraordinárias, decorrentes de calamidade pública, de guerra externa ou sua iminência;
>
> II - no caso de investimento público de caráter urgente e de relevante interesse nacional, observado o disposto no art. 150, III, b.
>
> Parágrafo único. A aplicação dos recursos provenientes de empréstimo compulsório será vinculada à despesa que fundamentou sua instituição.

- **Empréstimos voluntários ou próprios** → são aqueles contraídos com base na autonomia da vontade, caracterizando-se, portanto, pela espontaneidade do prestamista. Segundo Kiyoshi Harada, "o mutuante, invariavelmente, objetiva uma contraprestação do Estado: além da devolução do dinheiro no prazo estipulado, o pagamento de juros e, no caso brasileiro, a atualização monetária do capital mutuado" (2017, p. 158).

As formas mais comuns de empréstimo voluntário são os Títulos da Dívida Pública, havendo ainda os prêmios de reembolso e os concursos de prognósticos. Segundo Harrison Leite, o Título da Dívida Pública (TDP) consiste "num documento emitido pelo Poder Público para atender aos compromissos oriundos de empréstimos, ou para antecipação de receita, e tem como função precípua certificar um valor. São três suas aptidões básicas: (i) financiamento da dívida pública; (ii) promoção do equilíbrio da moeda; e (iii) antecipação de receitas" (2015, p. 351).

- **Empréstimos semi-obrigatórios ou patrióticos** → "embora o Estado não obrigue ao particular quanto a sua subscrição, utiliza-se de meios coercitivos indiretos a partir de uma situação excepcional, como no caso de guerra declarada" (BRAGHINI, 2016, p. 258).

2.3. Quanto à origem territorial do empréstimo

- **Interno** → obtidos dentro do próprio território, abrangendo aqueles resultantes da colocação de títulos no mercado, independente da origem nacional dos investidores.

- **Externo** → é aquele empréstimo ou dívida pública decorrente de obrigações assumidas pelo Estado fora dos limites do seu território através de relação jurídica disciplinada pelas regras do Direito Internacional Público como, por exemplo, aquelas contraídas junto ao Fundo Monetário Internacional (FMI), a Banco Interamericano para a Reconstrução e o Desenvolvimento Econômico (BIRD), bancos estrangeiros ou através de títulos disponibilizados nos mercados internacionais de capitais. Podem ser estrangeiros ou internacionais. Os primeiros decorrem de Estados estrangeiros ou de instituições financeiras sediadas em outros países. Já os empréstimos internacionais são aqueles oriundos de instituições internacionais.

2.4. Quanto ao prazo

- **Flutuante** → "compromissos cujo pagamento independe de autorização orçamentária, decorrentes de operações de caráter financeiro de curto prazo, que refletem no fluxo de caixa e no patrimônio financeiro" (ALMEIDA; JUCÁ, 2017, p. 284). São as dívidas para amortização em prazo inferior a doze meses.

Segundo o art. 92 da lei nº 4.320/64, a dívida flutuante compreende:

I. os restos a pagar, excluídos os serviços da dívida;

II. os serviços da dívida a pagar;

III. os depósitos;

IV. os débitos de tesouraria

O texto constitucional vigente previu apenas um exemplo de dívida flutuante, qual seja, aquele previsto no art. 165, §8º: "A lei orçamentária anual não conterá dispositivo estranho à previsão da receita e à fixação da despesa, não se incluindo na proibição a autorização para abertura de créditos suplementares e contratação de operações de crédito, ainda que **por antecipação de receita**, nos termos da lei".

> ▸ **Como esse assunto foi cobrado em concurso?**
>
> No Concurso do TRE/PE para Analista Judiciário em 2017, foi considerado ERRADO o seguinte enunciado: "Os restos a pagar e os serviços da dívida são exemplos de dívida fundada".

- **Fundada (ou consolidada)** → compreende os compromissos de exigibilidade superior a doze meses, contraídos para atender a desequilíbrio orçamentário ou a financeiro de obras e serviços públicos. Será escriturada com individuação e especificação que permitam verificar, a qualquer momento, a posição dos empréstimos, bem como os respectivos serviços de amortização e juros (art. 98 da lei nº 4.320/64).

A dívida fundada pode ser: a) **amortizável**: fundada ou contraída com prazo certo de resgate ou b) **perpétua**: consiste na dívida pública fundada consolidada, contraída por período indefinido, obrigando-se o Estado a pagar juros (ALMEIDA; JUCÁ, 2017, p. 290).

> **Importante**
>
> LRF, art. 29. Para os efeitos desta Lei Complementar, são adotadas as seguintes definições:
>
> I - **dívida pública consolidada ou fundada**: montante total, apurado sem duplicidade, das obrigações financeiras do ente da Federação, assumidas em virtude de leis, contratos, convênios ou tratados e da realização de operações de crédito, para amortização em prazo superior a doze meses.

Ricardo Damasceno de Almeida e Marcelo Jucá Lisboa destacam, ainda, que a "dívida fundada surge em razão da execução orçamentária da receita de capital denominada de operações de crédito ou pode ser originada de incorporações de dívidas contraídas por terceiros e assimiladas pelo governo. Seu controle ocorre em contas próprias no passivo permanente do balanço patrimonial, dentro das definições do art. 105, da Lei 4.320/64" (2017, p. 291).

> **Como esse assunto foi cobrado em concurso?**
>
> No Concurso da CONSULPLAN para Advogado da Prefeitura de Sabará/MG em 2017, foi considerado ERRADO o seguinte enunciado: "Dívida pública consolidada ou fundada: dívida pública representada por títulos emitidos pela União, inclusive os do Banco Central do Brasil, Estados e Municípios".

> **Como esse assunto foi cobrado em concurso?**
>
> No Concurso da FMP para Procurador do Estado do Acre em 2017, foi considerado ERRADO o seguinte enunciado: "Dívida pública fundada é todo débito orçamentário para o qual haja lastro documental".

2.5. Classificação constitucional

- **Operações de crédito por antecipação de receita** → "modalidade de empréstimo que o Estado promove com o objetivo de suprir o déficit de caixa. São empréstimos a serem devolvidos no mesmo exercício financeiro. Para tanto a Constituição até abre exceção ao princípio da vedação da vinculação do produto da arrecadação de impostos a órgãos, fundos ou despesas, permitindo a utilização de receitas futuras como instrumento de garantia nas 'operações de crédito por antecipação de receitas' (art. 167, IV) (HARADA, 2017, p. 158).
- **Operações de crédito em geral** → aquelas que, "por exclusão, não se acham compreendidas nas operações de crédito por antecipação de receitas, correspondendo aos empréstimos de longo prazo que objetivam atender, em geral, despesas de capital (Investimentos, Inversões Financeiras e Transferências de Capital)" (HARADA, 2017, p. 158).

3. PRINCÍPIOS DOS EMPRÉSTIMOS PÚBLICOS

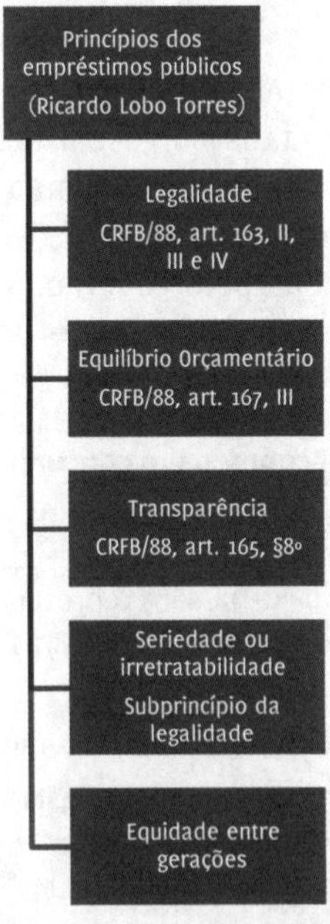

▸ Como esse assunto foi cobrado em concurso?

No Concurso do TRE/PE para Analista Judiciário em 2017, foi considerado ERRADO o seguinte enunciado: "As dívidas da União dividem-se em dívidas ativas e dívidas passivas, conforme a etapa da execução orçamentária em que se encontre o pagamento da obrigação da União".

4. O CRÉDITO PÚBLICO NA CONSTITUIÇÃO DA REPÚBLICA DE 1988

O crédito público foi disciplinado em diversos dispositivos na Constituição da República de 1988, que, por esse motivo, são cobrados tanto em questões de Direito Financeiro quanto de Direito Constitucional. O principal motivo da disciplina constitucional do crédito público relaciona-se ao fato de que, segundo Kiyoshi Harada, sem ela, "o crédito público poderia ser captado de forma a atingir uma espiral crescente, sem limites, afetando a própria soberania do Estado em se tratando de endividamento externo, da mesma forma que, na hipótese de dívida interna, poderia provocar sacrifícios desmesurados aos súditos, gerando descontentamento popular, desarmonia das classes sociais, criando situações propícias para o desencadeamento de movimentos tendentes à desobediência civil" (2017, p. 173).

A seguir serão apontados os principais dispositivos, destacando-se aquilo que merece mais destaque por parte dos candidatos em concursos públicos.

Pela ordem em que aparecem no texto constitucional, o primeiro ponto a merecer destaque é o art. 21 que, ao dispor sobre as competências da União, aponta como deste ente, a administração das reservas cambiais do País e a fiscalização das operações de natureza financeira, especialmente as de crédito, câmbio e capitalização, bem como as de seguros e previdência privada.

▸ Qual o entendimento atual do STF sobre o assunto?

"A lei distrital 919/1995 tratou de operação de crédito de instituição financeira pública, matéria de competência privativa da União, nos termos dos arts. 21, VIII e 22, VII, da Constituição. **A relevância das atividades desempenhadas pelas instituições financeiras, sejam públicas ou privadas, demanda a existência de uma coordenação centralizada das**

políticas de crédito e de regulação das operações de financiamento, impedindo os Estados de legislarem livremente acerca das modalidades de crédito praticadas pelos seus bancos públicos". (STF, ADI 1.357, Rel. Min. Roberto Barroso, j. 25.11.2015, Pleno, p. 1º.02.2016).

▸ **Qual o entendimento atual do STF sobre o assunto?**

"Lei estadual que fixa prazos máximos, segundo a faixa etária dos usuários, para a autorização de exames pelas operadoras de planos de saúde. [...] Os arts. 22, VII; e 21, VIII, da CF atribuem à União competência para legislar sobre seguros e fiscalizar as operações relacionadas a essa matéria. Tais previsões alcançam os planos de saúde, tendo em vista a sua íntima afinidade com a lógica dos contratos de seguro, notadamente por conta do componente atuarial". (STF, ADI 4.701, Rel. Min. Roberto Barroso, j. 13.08.2014, Pleno, p. 25.08.2014).

Por outro lado, o art. 22 da CRFB/88, ao fixar a competência privativa da União para legislar aponta, dentre outras, aquela relacionada a política de crédito, câmbio, seguros e transferência de valores.

▸ **Qual o entendimento atual do STF sobre o assunto?**

"Lei estadual que regula obrigações relativas a serviços de assistência médico-hospitalar regidos por contratos de natureza privada, universalizando a cobertura de doenças (Lei 11.446/1997 do Estado de Pernambuco). Vício formal. Competência privativa da União para legislar sobre direito civil, comercial e sobre política de seguros". (CF, art. 22, I e VII)". (STF, RE 588.149, Rel. Min. Gilmar Mendes, j. 16.-02.2011, Pleno, p. 06.06.2011).

Também merecem destaque as disposições contidas nos arts. 34, V, a e 35, I, da CRFB que permitem a intervenção pelo não pagamento da dívida pública fundada.

Já o art. 48 estabelece que cabe ao Congresso Nacional, com a sanção do Presidente da República, dispor sobre "plano plurianual, diretrizes orçamentárias, orçamento anual, **operações de crédito, dívida pública** e emissões de curso forçado (inciso II).

Atenção para o fato de que, nos termos do art. 48, XIV, da Constituição da República de 1988, compete ao **Congresso Nacional** dispor sobre o montante da dívida mobiliária **federal**.

▸ **Qual o entendimento atual do STF sobre o assunto?**

"Os precatórios judiciais, apresentados até 1º de julho, e nesta data atualizados, devem ser incluídos na proposta orçamentária que, submetida ao crivo do Poder Legislativo (art. 48, II e 166 da CF), transformar-se-á na lei orçamentária do exercício seguinte. Somente se nela estiverem previstas dotações orçamentárias para tal fim é que os requisitórios poderão ser pagos; pois é vedada a realização de qualquer despesa sem que haja previsão no orçamento (art. 167, II, CF)". (STF, ADI 225, Rel. Min. Paulo Brossard, j. 31.08.1994, Pleno, p. 25.05.2001).

Buscando tanto o respeito ao **princípio da legalidade**, quanto conter eventuais excessos do Poder Executivo em relação ao crédito e, consequentemente, à dívida púbica, a CRFB/88 atribuiu diversas competências ao **Senado Federal**, quais sejam:

- Autorizar operações externas de natureza financeira, de interesse da União, dos Estados, do Distrito Federal, dos Territórios e dos Municípios (art. 52, V);
- Fixar, por proposta do Presidente da República, limites globais para o montante da dívida consolidada da União, dos Estados, do Distrito Federal e dos Municípios (art. 52, VI);
- Dispor sobre limites globais e condições para as operações de crédito externo e interno da União, dos Estados, do Distrito Federal e dos Municípios, de suas autarquias e demais entidades controladas pelo Poder Público federal (art. 52, VII);
- Dispor sobre limites e condições para a concessão de garantia da União em operações de crédito externo e interno (art. 52, VIII);
- Estabelecer limites globais e condições para o montante da **dívida mobiliária** dos **Estados, do Distrito Federal e dos Municípios** (art. 52, IX).

▸ **Qual o entendimento atual do STF sobre o assunto?**

"[...] ao Senado Federal incumbe, por força dos incisos VII e IX do art. 52 da CF, fixar limites máximos, norma que não é violada enquanto os valores se situarem dentro desse âmbito". (STF, ADI 2.238 MC, Rel. Min. Ayres Britto, j. 09.08.2007, Pleno, p. 12.09.2008).

▸ **Como esse assunto foi cobrado em concurso?**

No Concurso do CESPE para Juiz Federal da 2ª Região em 2012, esse tema foi abordado da seguinte forma: "A competência privativa para fixar limites globais para o montante da dívida consolidada da União, dos estados, do DF e dos municípios pertence: a) STF; b) TCU; c) ao Senado Federal; d) ao Congresso Nacional; e) à Câmara dos Deputados". Segundo o gabarito definitivo, foi considerada correta a alternativa "c".

▸ **Como esse assunto foi cobrado em concurso?**

No Concurso do CESPE para Juiz Federal da 5ª Região em 2012, foi considerado ERRADO o seguinte enunciado: "Compete ao Congresso Nacional estabelecer os limites globais e as condições para o montante da dívida mobiliária dos estados, do DF e dos municípios".

▸ **Como esse assunto foi cobrado em concurso?**

No Concurso do CESPE para Juiz Federal da 2ª Região em 2011, foi considerado ERRADO o seguinte enunciado: "O limite da dívida mobiliária da União, dos estados e dos municípios é matéria de lei federal". Na mesma questão também foi considerado ERRADO o seguinte enunciado: "O limite da dívida mobiliária da União e dos estados é matéria de lei federal, e o limite da dívida mobiliária dos municípios é matéria de resolução do Senado Federal"

Buscando conferir um tratamento idêntico aos títulos da dívida pública federais, estaduais e municipais, o art. 151, II proibiu à União tributar a renda das obrigações da dívida pública dos Estados, do Distrito Federal e dos Municípios em níveis superiores aos que fixar para suas obrigações e para seus agentes.

No capítulo relacionado especificamente às finanças públicas, várias foram as disposições relacionadas ao crédito e à dívida pública. Assim, já no art. 163, a CRFB/88 determinou que lei complementar disporá sobre:

- Dívida pública externa e interna, incluída a das autarquias, fundações e demais entidades controladas pelo Poder Público (inciso II);
- Concessão de garantias pelas entidades públicas (inciso III);
- Emissão e resgate de títulos da dívida pública (inciso IV).

▸ **Qual o entendimento atual do STF sobre o assunto?**

"Ação direta de inconstitucionalidade. Lei 8.388/1991, que estabelece diretrizes para que a União possa realizar a consolidação e o reescalonamento de dívidas das administrações direta e indireta dos entes federados. Alegada ofensa aos arts. 52, VI a IX, e 163 da Constituição Federal. Ausência de plausibilidade do fundamento do pedido declaratório, tendo em vista que se trata de lei que cogita da consolidação e do reescalonamento de dívidas dos Estados e Municípios junto a órgãos e entidades controladas pela União, isto é, débitos já existentes, e não de contratações que resultem em aumento da dívida pública de tais entes, essas, sim, sujeitas ao controle do Senado Federal e a disciplina por meio de lei complementar. Diploma normativo que, de resto, pendendo de regulamentação por meio de decreto e, também de diploma legislativo, mostra-se insuscetível de causar, de imediato, dano de natureza irreparável". (STF, ADI 686 MC, Rel. Min. Ilmar Galvão, j. 26.03.1992, Pleno, p. 04.04.2001).

A seguir, já no art. 164, a CRFB/88 ao estabelecer a competência do Banco Central do Brasil, veda a este, de maneira expressa, "conceder, direta o indiretamente, empréstimos ao Tesouro Nacional e a qualquer órgão ou entidade que não seja instituição financeira (§1º). Ao mesmo tempo, o §2º do mesmo artigo prevê que "o Banco Central poderá comprar e vender títulos de emissão do Tesouro Nacional, com o objetivo de regular a oferta de moeda ou a taxa de juros".

Também no art. 165 são encontradas disposições relacionadas ao crédito e à dívida pública. Assim:

- §6º – O projeto de lei orçamentária será acompanhado de demonstrativo regionalizado do efeito, sobre as receitas e despesas, decorrente de isenções, anistias, remissões, subsídios e benefícios de natureza financeira, tributária e creditícia;

- §8º – A lei orçamentária anual não conterá dispositivo estranho à previsão da receita e à fixação da despesa, não se incluindo na proibição a autorização para abertura de créditos suplementares e contratação de operações de crédito, ainda que por antecipação de receita, nos termos da lei.

Por fim, o art. 167 da CRFB/88 veda, dentre outros pontos:

- A realização de operações de créditos que excedam o montante das despesas de capital, ressalvadas as autorizadas mediante créditos suplementares ou especiais com finalidade precisa, aprovados pelo Poder Legislativo, por maioria absoluta (inciso III);
- A abertura de crédito suplementar ou especial sem prévia autorização legislativa e sem indicação dos recursos correspondentes (inciso V);
- A concessão ou utilização de créditos ilimitados (inciso VII).

5. CRÉDITO PÚBLICO E DÍVIDA PÚBLICA NA LEI DE RESPONSABILIDADE FISCAL

A Lei de Responsabilidade Fiscal regulou o crédito público e a dívida pública em diversos dispositivos, seja estabelecendo conceitos, como o já transcrito conceito de dívida pública fundada ou consolidada, seja estipulando regras para o controle da dívida e para a realização de operações de crédito. Assim, o capítulo mais extenso da Lei Complementar 101/2000 (Capítulo VII) cuida, exatamente, da dívida e do endividamento (arts. 29 a 42).

Carlos Alberto de Moraes Ramos Filho destaca a relevância da relação entre a dívida pública e a gestão fiscal preconizada pela LC 101/2000, uma vez que "uma gestão responsável dos recursos públicos deve, necessariamente, enfatizar o controle não apenas sobre os gastos propriamente ditos (despesas públicas), mas também sobre o endividamento público" (2017, p. 581).

5.1. Dívida pública mobiliária

A **dívida pública mobiliária** foi conceituada pelo art. 29, II da LRF como "a dívida pública representada por títulos emitidos pela União. Inclusive os do Banco Central do Brasil, Estados e Municípios". Dentre os títulos públicos federais que compõem a Dívida Pública Mobiliária Federal interna (DPMFi) destacam-se as Letras do Tesouro Nacional (LTN) e as Notas do Tesouro Nacional - Série F (NTN-F), títulos com remuneração prefixada; as Letras Financeiras do Tesouro

(LFT), com remuneração indexada à taxa Selic (Sistema Especial de Liquidação e de Custódia); e as Notas do Tesouro Nacional – Série B (NTN-B) e Série C (NTN-C), títulos indexados ao IPCA e ao IGP-M, respectivamente. (Disponível em http://www.tesouro.fazenda.gov.br/tr/conceitos-basicos-faq Acesso em 02 jan. 2018).

Cumpre destacar que, não obstante a previsão na LRF, a Lei Complementar nº 148, de 25 de novembro de 2014, em seu art. 11 estabeleceu que **"é vedada aos Estados, ao Distrito Federal e aos Municípios a emissão de títulos da dívida pública mobiliária".**

A LRF também conceituou o **refinanciamento da dívida mobiliária**, apresentando-o como a "emissão de títulos para pagamento do principal acrescido da atualização monetária (art. 29, V). Além disso, determinou que "o refinanciamento do principal da dívida mobiliária não excederá, ao término de cada exercício financeiro, o montante do final do exercício anterior, somado ao das operações de crédito autorizadas no orçamento para este efeito e efetivamente realizada, acrescido de atualização monetária" (art. 29, §4º).

> ▸ **Como esse assunto foi cobrado em concurso?**
>
> No Concurso do TRE/PE para Analista Judiciário em 2017, foi considerado ERRADO o seguinte enunciado: "Dívida pública mobiliária é o total de obrigações financeiras do ente público, resultante de leis, contratos e convênios".

> ▸ **Como esse assunto foi cobrado em concurso?**
>
> No Concurso da CONSULPLAN para Advogado da Prefeitura de Sabará/MG em 2017, foi considerado CERTO o seguinte enunciado: "Refinanciamento da dívida mobiliária: emissão de títulos para pagamento do principal acrescido da atualização monetária".

> ▸ **Como esse assunto foi cobrado em concurso?**
>
> No Concurso da CONSULPLAN para Advogado da Prefeitura de Sabará/MG em 2017, foi considerado ERRADO o seguinte enunciado: "Dívida pública mobiliária: montante total, apurado sem duplicidade, das obrigações financeiras do ente da Federação, assumidas em virtude de leis, contratos, convênios ou tratados e da realização de operações de crédito, para amortização em prazo superior a doze meses".

▸ **Como são adquiridos os títulos públicos?**

Mercado primário é o mercado onde o investidor compra títulos diretamente do emissor. No âmbito da Dívida Pública Federal, são dois os ambientes nos quais ocorrem ofertas primárias de títulos:

i. **Ofertas públicas (leilões)** - são realizadas semanalmente pelo Tesouro Nacional e operacionalizadas pelo Banco Central. Apenas Intermediários Financeiros (Bancos; Caixas Econômicas; Sociedades Corretoras de Títulos e Valores Mobiliários; Sociedades Distribuidoras de Títulos e Valores Mobiliários; Sociedades de Crédito, Financiamento e investimento; e Sociedades de Crédito Imobiliário) podem adquirir títulos no mercado primário.

ii. **Tesouro Direto** - Programa criado em 2002, no qual o investidor (apenas pessoas físicas) adquire títulos públicos diretamente do Tesouro Nacional pela internet a qualquer hora do dia, após cadastrar-se com uma instituição financeira habilitada.

Mercado Secundário é o mercado onde o investidor adquire o título de outro investidor, ao invés de adquirir diretamente do emissor. Os títulos públicos são negociados no mercado brasileiro com base em taxas, diferentemente do observado no mercado internacional, no qual as negociações são efetivadas com base em preços.

Atualmente, existem no Brasil duas principais plataformas eletrônicas de negociação de títulos públicos: o Sisbex, administrada pelo Banco Central, e o CetipNet, administrada pela Cetip. Apesar disso, grande parte da negociação de títulos públicos é realizada em mercado de balcão, via telefone. Não existe atualmente um ambiente que centralize as negociações e a precificação de todas as propostas de compra e venda de títulos públicos.

Disponível em http://www.tesouro.fazenda.gov.br/tr/conceitos-basicos--faq Acesso em 02 jan. 2018.

5.2. Limites da dívida pública e das operações de crédito

O conceito de **operação de crédito** também é extraído do art. 29 da LRF: "compromisso financeiro assumido em razão de mútuo, abertura de crédito, emissão e aceite de título, aquisição financiada de bens, recebimento antecipado de valores provenientes da venda a termo de bens e serviços, arrendamento mercantil e outras operações assemelhadas, inclusive com o uso de derivativos financeiros". E mais: "equipara-se a operação de crédito, a assunção, o reconhecimento ou a confissão de dívidas pelo ente da Federação" (art. 29, §1º).

> **Como esse assunto foi cobrado em concurso?**
>
> No Concurso do MP/PR para Promotor de Justiça substituto em 2017, foi considerado ERRADO o seguinte enunciado: "Considera-se operação de crédito o compromisso de adimplência de obrigação financeira ou contratual assumida por ente da Federação ou entidade a ele vinculada".

> **Como esse assunto foi cobrado em concurso?**
>
> No Concurso da VUNESP para Procurador Jurídico da Prefeitura de Porto Ferreira/SP em 2017, esse tema foi cobrado da seguinte forma: "O compromisso financeiro assumido em razão de mútuo, emissão e aceite de título, aquisição financiada de bens, recebimento antecipado de valores provenientes da venda a termo de bens e serviços, arrendamento mercantil, dentre outros, corresponde, nos termos da Lei Complementar nº 101/00, à definição de: a) operações de crédito; b) dívida pública consolidada; c) dívida pública mobiliária; d) concessão de garantia; e) refinanciamento da dívida mobiliária. Segundo o gabarito oficial, foi considerada correta a alternativa "a".

> **Como esse assunto foi cobrado em concurso?**
>
> No Concurso da CONSULPLAN para Advogado da Prefeitura de Sabará/MG em 2017, foi considerado ERRADO o seguinte enunciado: "Operação de crédito: compromisso de adimplência de obrigação financeira ou contratual assumida por ente da Federação ou entidade a ele vinculada".

Essas operações de crédito poderão ser de curto prazo (até 12 meses), integrando a dívida flutuante ou de longo prazo (acima de 12 meses), compondo a dívida fundada ou consolidada.

O tema também foi objeto **da Resolução do Senado Federal nº 48, de 21 de dezembro de 2007**, que, em seu art. 3º estabelece que "constitui operação de crédito, para os efeitos desta Resolução, os compromissos assumidos com credores situados no país ou no exterior, em razão de mútuo, abertura de crédito, emissão e aceite de título, aquisição financiada de bens, recebimento antecipado de valores provenientes da venda a termo de bens e serviços, arrendamento mercantil e outras operações assemelhadas, inclusive com o uso de derivativos financeiros". Já o parágrafo único do mesmo dispositivo aponta como **equiparadas às operações de crédito:**

I. recebimento antecipado de valores de empresa em que o Poder Público detenha, direta ou indiretamente, a maioria do capital social com direito a voto, salvo lucros e dividendos, na forma da legislação;

II. assunção direta de compromisso, confissão de dívida ou operação assemelhada, com fornecedor de bens, mercadorias ou serviços, mediante emissão, aceite ou aval de títulos de crédito;

III. assunção de obrigação, sem autorização orçamentária, com fornecedores para pagamento *a posteriori* de bens e serviços.

A Lei de Responsabilidade Fiscal buscou o equilíbrio entre a constituição da dívida e a capacidade de pagamento, assim como pretendeu evitar o pagamento de despesas correntes com recursos decorrentes da emissão ou contratação de novo endividamento. Com base nisso, o art. 30 da LRF estabeleceu a necessidade de se fixar limites para a dívida pública e para as operações de crédito, a serem calculados em um percentual da receita corrente líquida "para cada esfera de governo e aplicados igualmente a todos os entes da Federação que a integrem, constituindo, para cada um deles, limites máximos, sendo seu atendimento verificado **quadrimestralmente**" (ABRAHAM, 2017, p. 208-209).

▸ Importante

LRF, art. 30. No prazo de noventa dias após a publicação desta Lei Complementar, o Presidente da República submeterá ao:

I - Senado Federal: proposta de limites globais para o montante da dívida consolidada da União, Estados e Municípios, cumprindo o que estabelece o inciso VI do art. 52 da Constituição, bem como de limites e condições relativos aos incisos VII, VIII e IX do mesmo artigo;

II - Congresso Nacional: projeto de lei que estabeleça limites para o montante da dívida mobiliária federal a que se refere o inciso XIV do art. 48 da Constituição, acompanhado da demonstração de sua adequação aos limites fixados para a dívida consolidada da União, atendido ao disposto no inciso I, do §1º deste artigo.

§1º As propostas referidas nos incisos I e II do *caput* e suas alterações conterão:

I - demonstração de que os limites e condições guardam coerência com as normas estabelecidas nesta Lei Complementar e com os objetivos da política fiscal;

II - estimativas de impacto da aplicação dos limites a cada uma das três esferas de governo;

III - razões de eventual proposição de limites diferenciados por esferas de governo;

IV - metodologia de apuração dos resultados primário e nominal.

Em relação aos Estados, ao Distrito Federal e aos Municípios, os limites relativos ao art. 30, I, da LRF, foram fixados pela Resolução nº 40, de 2001, do Senado Federal. Assim, segundo seu art. 3º, "a dívida consolidada líquida dos Estados, do Distrito Federal e dos Municípios, ao final do décimo quinto exercício financeiro contado a partir do encerramento do ano de publicação desta Resolução, não poderá exceder, respectivamente, a:

I. no caso dos Estados e do Distrito Federal: 2 (duas) vezes a receita corrente líquida; e

II. no caso dos Municípios: a 1,2 (um inteiro e dois décimos) vezes a receita corrente líquida.

A própria LRF reconhece que os limites previstos com base no art. 30 **não são imutáveis**. Por essa razão, o §5º do referido dispositivo estabelece que "no prazo previsto no art. 5º, o Presidente da República enviará ao Senado Federal ou ao Congresso Nacional, conforme o caso, proposta de manutenção ou alteração dos limites e condições previstos nos incisos I e II do *caput*".

ATENÇÃO: considerando que o prazo a que remete o §5º do art. 30 da LRF foi vetado, a doutrina entende que a melhor interpretação a ser dada ao dispositivo é aquela de que o referido prazo é o mesmo estabelecido para encaminhamento do projeto da LOA ao Legislativo (até 31 de agosto de cada exercício financeiro - LOA da União) (ABRAHAM, 2017, p. 211).

No mais, sempre que alterados os fundamentos das propostas de que trata o art. 30 da LRF, em razão de **instabilidade econômica**

ou alterações nas políticas monetária e cambial, o Presidente da República poderá encaminhar ao Senado Federal ou ao Congresso Nacional solicitação de revisão dos limites (art. 30, §6º, da LRF).

Por fim, ao disciplinar os limites da dívida pública e das operações de crédito, a LRF determinou que "os precatórios judiciais não pagos durante a execução do orçamento em que houverem sido incluídos integram a dívida consolidada, para fins de aplicação dos limites" (art. 30, §7º).

5.3. Recondução da dívida aos limites

Ao final de cada **quadrimestre** será apurado o montante da dívida pública consolidada de cada ente da Federação. Caso esta tenha ultrapassado o respectivo limite, deverá ser a ele reconduzida até o término dos três quadrimestres subsequentes, reduzindo o excedente em **pelo menos 35% (vinte e cinco por cento) no primeiro** (art. 31, *caput*, da LRF).

Enquanto perdurar o excesso, o ente que nele houver incorrido:

- Estará proibido de realizar operação de crédito interna ou externa, inclusive por antecipação de receita, ressalvado o refinanciamento do principal atualizado da dívida mobiliária (art. 31, §1º, da LRF);
- Obrigado a obter resultado primário necessário à recondução da dívida ao limite promovendo, dentre outras medidas, limitação de empenho.

Tais restrições aplicar-se-ão **imediatamente** se o montante da dívida exceder o limite no primeiro quadrimestre do último ano do mandato do Chefe do Poder Executivo (art. 31, §3º, da LRF).

ATENÇÃO: o prazo previsto no art. 31 da LRF será **suspenso** em caso de calamidade pública, estado de sítio ou estado de defesa, ou ainda, **duplicado** em caso de crescimento negativo da economia por período igual ou superior a quatro trimestres (arts. 65 e 66 da LRF).

Se tais prazos forem vencidos sem que o ente federativo tenha conseguido restabelecer os limites legais, e enquanto perdurar o excesso, ficará também impedido de receber transferências voluntárias da União ou do Estado → salvo exceções do art. 25, §3º da LRF (transferências voluntárias relativas a ações de educação, saúde e assistência social).

▸ **Importante**

Código Penal, art. 359-A. Ordenar, autorizar ou realizar operação de crédito, interno ou externo, sem prévia autorização legislativa:

Pena - reclusão, de 1 (um) a 2 (dois) anos

Parágrafo único. Incide na mesma pena quem ordena, autoriza ou realiza operação de crédito interno ou externo:

I - com inobservância de limite, condição ou montante estabelecido em lei ou em resolução do Senado Federal;

II - **quando o montante da dívida consolidada ultrapassa o limite máximo autorizado por lei.**

Outra forma de sanção vem prevista no §4º do art. 31 da LRF, ao determinar que o Ministério da Fazenda divulgue, **mensalmente**, a relação dos entes que tenham ultrapassado os limites das dívidas consolidada e mobiliária, o que também se coaduna com a ideia de **transparência fiscal**.

Todos esses preceitos também deverão ser observados nos casos de descumprimento dos limites da dívida mobiliária e das operações de crédito internas e externas (art. 31, §5º, da LRF).

5.4. Operações de crédito

A Lei de Responsabilidade Fiscal deu ênfase ao papel desempenhado pelo Ministério da Fazenda no controle das operações de crédito. Assim, segundo previsão do art. 32 da LRF, caberá ao **Ministério da Fazenda** verificar, dentre outras restrições:

- O cumprimento dos limites e condições relativos à realização de operações de crédito de cada ente da Federação, inclusive das empresas por eles controladas, direta ou indiretamente;
- Se o ente interessado formalizou seu pleito fundamentando-o em **parecer de seus órgãos técnicos e jurídicos**, demonstrando a **relação custo-benefício** e o **interesse econômico e social da operação**;

- A existência de prévia e expressa autorização para a contratação, no texto da lei orçamentária, em créditos adicionais ou lei específica;
- A inclusão no orçamento ou em créditos adicionais dos recursos provenientes da operação, exceto no caso de operações por antecipação de receita;
- A observância dos limites e condições fixados pelo Senado Federal;
- A autorização específica do Senado Federal, quando se tratar de operações de crédito externo;
- O atendimento do disposto no inciso III do art. 167 da Constituição da República, segundo o qual é vedada "a realização de operações de créditos que excedam o montante das despesas de capital, ressalvadas as autorizadas mediante créditos suplementares ou especiais com finalidade precisa, aprovados pelo Poder Legislativo por maioria absoluta" (**"regra de ouro"**);
- Também compete ao Ministério da Fazenda efetuar o registro eletrônico centralizado e atualizado das dívidas públicas interna e externa, garantindo o acesso público às informações, que incluirão: I. encargos e condições de contratação; II. saldos atualizados e limites relativos às dívidas consolidadas e mobiliária, operações de crédito e concessão de garantias (transparência fiscal).

Já o art. 10 da Lei Complementar nº 48, de 2014, determina que o Ministério da Fazenda, mediante ato normativo, estabelecerá critérios para a verificação prevista no art. 32 da LRF **diretamente pelas instituições financeiras** de que trata o art. 33 da mesma LRF, levando em consideração o valor da operação de crédito e a situação econômico-financeira do ente da Federação de maneira a atender aos princípios da eficiência e da economicidade. Nesse caso, deverá o Poder Executivo do ente da Federação formalizar o pleito à instituição financeira, acompanhado de demonstração da existência de margens da operação de crédito nos limites de endividamento e de certidão do Tribunal de Contas de sua jurisdição sobre o cumprimento das condições nos termos definidos pelo Senado Federal.

▸ **Como esse assunto foi cobrado em concurso?**

No Concurso do TRF2 para Juiz Federal substituto em 2017, foi considerado ERRADO o seguinte enunciado: "Em regra, instituição financeira que contrate operação de crédito com ente da Federação fica dispensada de exigir comprovação de que a operação atende às condições e limites estabelecidos na Lei de Responsabilidade Fiscal".

Além de destacar o papel do Ministério da Fazenda, o art. 32 da LRF ao disciplinar as operações de crédito, no §2º do art. 32, autorizou a adoção de processo simplificado para as operações relativas à dívida mobiliária federal previstas na LOA ou em créditos adicionais, uma vez que será o Tesouro Nacional que emitirá os títulos (ABRAHAM, 2017, p. 216).

Da mesma forma, determinou que para os fins do disposto no art. 167, III da CRFB/88, considerar-se-á, em cada exercício financeiro, o total dos recursos de operações de crédito nele ingressados e o das despesas de capital executadas, observados o seguinte (art. 32, §3º, da LRF):

I. não serão computadas nas despesas de capital as realizadas sob a forma de empréstimo ou financiamento a contribuinte, com o intuito de promover incentivo fiscal, tendo por base tributo de competência do ente da Federação, se resultar a diminuição, direta ou indireta, do ônus deste;

II. se o empréstimo ou financiamento a que se refere o inciso I for concedido por instituição financeira controlada pelo ente da Federação, o valor da operação será deduzido das despesas de capital.

Por fim, o §5º do art. 32, ainda disciplinando as operações de crédito, "vedou a compensação automática entre credor e devedor inadimplente de uma contratação em operações de crédito externo, impondo a cobrança regular da obrigação e não a imediata [compensação]". Essa medida, prossegue Marcus Abraham "evita o bloqueio e quitação da dívida com a utilização de recursos financeiros destinados a outros pagamentos (2017, p. 216-217).

Há que se enfatizar que o art. 10 da Lei Complementar 148/2014 (supratranscrito) passou a determinar que o **Ministério da Fazenda**

não é mais o responsável pela verificação desses limites e condições. Contudo, através de ato normativo, deverá **estabelecer os critérios e as condições** para a verificação dos requisitos previstos no art. 32 da LRF, o que deve ser feito diretamente pelas instituições financeiras".

▸ **Importante**

A Lei Complementar nº 156, de 2016, em seu art. 1º, §6º, dispensou os requisitos legais dispostos no art. 32 da LRF para a assinatura de aditivos previstos no *caput*:

Art. 1º. A União poderá adotar, nos contratos de refinanciamento de dívidas celebrados com os Estados e o Distrito Federal com base na Lei nº 9.496, de 11 de setembro de 1997, e nos contratos de abertura de crédito firmados com os estados ao amparo da Medida Provisória nº 2.192-70, de 24 de agosto de 2001, mediante celebração de termo aditivo, o prazo adicional de até duzentos e quarenta meses para o pagamento das dívidas refinanciadas.

[...]

§6º Estão dispensados, para a assinatura do aditivo de que trata o *caput* deste artigo, todos os requisitos legais exigidos para a contratação com a União, inclusive os dispostos no art. 32 da Lei Complementar nº 101, de 4 de maio de 2000.

▸ **Importante**

Também em seu art. 2º, a Lei Complementar nº 156, de 2016, dispensou os requisitos legais dispostos no art. 32 da LRF:

Art. 2º. Ficam dispensados os requisitos legais para contratação de operação de crédito e para concessão de garantia, exigidos nos art. 32 e 40 da Lei Complementar nº 101, de 4 de maio de 2000, nas renegociações dos contratos de empréstimos e financiamentos celebrados até 31 de dezembro de 2015 entre as instituições públicas federais e os estados e o Distrito Federal, com recursos do Banco Nacional de Desenvolvimento Econômico e Social - BNDES.

Parágrafo único. Para aplicação do disposto neste artigo, as renegociações deverão ser firmadas em até trezentos e sessenta dias contados da publicação desta Lei Complementar.

O art. 33 da LRF representa mais uma regra de gestão fiscal responsável na medida em que busca ampliar os mecanismos de controle da dívida pública ao obrigar ofertante e tomador de crédito à observância das normas para a realização de operação de crédito (ABRAHAM, 2017, p. 218).

Assim, "a instituição financeira que contratar operação de crédito com ente da Federação, exceto quando relativa à dívida mobiliária ou à externa, deverá exigir comprovação de que a operação atende às condições e limites estabelecidos" (art. 33, *caput*, da LRF).

Como sanção à infração do disposto na LRF, a lei estabelece a **nulidade da operação de crédito**, procedendo-se ao seu cancelamento, mediante a devolução do principal, vedados o pagamento de juros e demais encargos financeiros. No caso de a devolução não ser efetuada no exercício de ingresso dos recursos, será consignada reserva específica na lei orçamentária para o exercício seguinte (art. 33, §§ 1º e 2º, da LRF).

Enquanto não for efetuado o cancelamento, a amortização ou constituída a reserva na LOA para a devolução do empréstimo irregular, aquele ente não poderá receber transferências voluntárias (salvo exceções legais), contratar operações de crédito e obter garantia direta ou indireta, de outro ente.

Ainda no art. 33, §4º da LRF é possível observar o comando "da formação de reservas financeiras para o pagamento dos excessos de endividamento, seja em caso de cancelamento e devolução em exercício financeiro seguinte, seja no caso de descumprimento da regra que fixa o limite ao montante de despesas de capital" (ABRAHAM, 2017, p. 218).

5.5. Vedações em matéria de endividamento público

A Lei de Responsabilidade Fiscal estabeleceu uma série de **vedações em matéria de operações de crédito**, a saber:

a) O **Banco Central do Brasil não emitirá títulos da dívida pública** a partir de dois anos após a publicação da Lei de Responsabilidade Fiscal (LC 101/2000) (LRF, art. 34);

b) A realização de operação de crédito entre um ente da Federação, diretamente ou por intermédio de fundo, autarquia, fundação ou empresa estatal dependente, e outro, inclusive suas entidades da administração indireta, ainda que sob a forma de novação, refinanciamento ou postergação de dívida contraída anteriormente (LRF, art. 35, *caput*).

Exceções: operações entre instituição financeira estatal e outro ente da Federação, inclusive suas entidades da administração indireta, que não se destinem a: I- financiar, direta ou indiretamente, despesas correntes; II- refinanciar dívidas não contraídas junto à própria instituição concedente (LRF, art. 35, §1º).

Observe-se que essa vedação não impede Estados e Municípios de comprar títulos da dívida da União como aplicação de suas disponibilidades (LRF, art. 35, §2º).

c) Operação de crédito entre uma instituição financeira estatal e o ente da Federação que a controle, na qualidade de beneficiário do empréstimo (LRF, art. 36, *caput*).

Essa vedação não proíbe instituição financeira controlada de adquirir, no mercado, títulos da dívida pública para atender investimento **de seus clientes**, ou títulos da dívida de emissão da União para aplicação de recursos próprios (LRF, art. 36, parágrafo primeiro).

d) captação de recursos na forma de antecipação de receita de tributo ou contribuição, cujo fato gerador ainda não tenha ocorrido (LRF, art. 37, I), sem prejuízo do que dispõe o art. 150, §7º da CRFB/88;

> **Importante**
>
> CRFB/88, art. 150, §7º. A lei poderá atribuir a sujeito passivo de obrigação tributária a condição de responsável pelo pagamento de impostos ou contribuição, cujo fato gerador deva ocorrer posteriormente, assegurada a imediata e preferencial restituição da quantia paga, caso não se realize o fato gerador presumido.

e) recebimento antecipado de valores de empresa em que o Poder Público detenha, direta ou indiretamente, a maioria do capital social com direito a voto, salvo lucros e dividendos, na forma da legislação;

f) assunção direta de compromisso, confissão de dívida ou operação assemelhada com fornecedor de bens, mercadorias ou serviços, mediante emissão, aceite ou aval de título de crédito, não se aplicando esta vedação a empresas estatais dependentes;

g) assunção de obrigação, sem autorização orçamentária, com fornecedores para pagamento *a posteriori* de bens e serviços.

5.6. Operações de crédito por antecipação de receita orçamentária (ARO)

As operações de crédito por antecipação de receita (ARO), são aquelas que se destinam exclusivamente a atender a **insuficiência momentânea** de caixa durante o exercício financeiro. Além das condições estabelecidas no art. 32 em relação à contratação de operações de crédito em geral, deverá observar as seguintes exigências, previstas no art. 38 da Lei de Responsabilidade Fiscal:

- Realizar-se-á somente a partir do décimo dia do início do exercício (10 de janeiro de cada ano);
- Deverá ser liquidada, com juros e outros encargos incidentes, até o dia dez de dezembro de cada ano. Nesse caso não serão computadas para efeito do que dispõe o art. 167, III, da CRFB/88;
- Não será autorizada se forem cobrados outros encargos que não a taxa de juros da operação, obrigatoriamente prefixada ou indexada à taxa básica financeira, ou à que vier a esta substituir;

Cuidando-se de operação de crédito por antecipação de receita realizadas por Estados ou Municípios, serão efetuadas mediante abertura de crédito junto à instituição financeira vencedora em processo competitivo eletrônico promovido pelo **Banco Central do Brasil** (art. 38, §2º, da LRF) que, por sua vez, manterá sistema de acompanhamento e controle do saldo do crédito aberto e, no caso de inobservância dos limites, aplicará as sanções cabíveis à instituição credora (art. 38, §2º, da LRF).

Além das vedações previstas nos arts. 35 a 37 da LRF, o art. 38 estabeleceu mais duas outras vedações aplicáveis especificamente à ARO. Assim, estarão proibidas:

a) enquanto existir operação anterior da mesma natureza não integralmente resgatada;

b) no último ano de mandato do Presidente, Governador ou Prefeito Municipal.

Carlos Alberto de Moraes Ramos Filho destaca que o fato de a LOA autorizar, genericamente, as operações de crédito por antecipação de receita não afasta a necessidade de **autorização específica**, em cada operação, por **ato legislativo de inferior hierarquia (ato-condição)**, consoante já decidiu o STJ (2017, p. 589).

▸ **Qual o entendimento atual do STJ sobre o assunto?**

"Assim, para as operações de crédito por antecipação de receita **não basta a autorização genérica contida na lei orçamentária**, sendo indispensável autorização específica em cada operação. A inobservância de tal formalidade, ainda que não implique em enriquecimento ilícito do recorrente ou prejuízo para o erário municipal, caracteriza ato de improbidade, nos termos do art. 11 da Lei n. 8.429/92, à míngua de observância dos preceitos genéricos que informam a administração pública, inclusive a rigorosa observância do princípio da legalidade" (STJ, REsp 410.414/SP, Rel. Min. Castro Meira, 2ª Turma, j. 19.08.2004, p. 27.09.2004).

▸ **Como esse assunto foi cobrado em concurso?**

No Concurso do IADES para Advogado do CRF/DF em 2017, foi considerado ERRADO o seguinte enunciado: "As operações de crédito por antecipação de receita orçamentária realizadas por estados ou por municípios serão efetuadas mediante abertura de crédito na instituição financeira vencedora em processo competitivo eletrônico promovido **pela instituição financeira oficial de cada um daqueles entes**".

▸ **Como esse assunto foi cobrado em concurso?**

No Concurso do IADES para Advogado do CRF/DF em 2017, foi considerado ERRADO o seguinte enunciado: "Na determinação da disponibilidade de caixa para fins de limite de operações de antecipação de receita orçamentária, serão considerados os encargos e as despesas compromissadas a pagar até o final do exercício".

▸ **Como esse assunto foi cobrado em concurso?**

No Concurso do IADES para Advogado do CRF/DF em 2017, foi considerado CERTO o seguinte enunciado: "A realização de operação da mesma natureza, **ainda que parcialmente resgatada**, impede a realização de nova operação de antecipação de receita orçamentária".

Harrison Leite, de maneira absolutamente didática apresenta a distinção entre Operação de Crédito e Operação de Crédito por Antecipação de Receita Orçamentária (VILELA; LEITE, 2018, p. 373):

Operação de Crédito (art. 32 da LRF)	Operação de Crédito por ARO (art. 38 da LRF)
Dívida Fundada	Dívida Flutuante
Longo Prazo	Curto Prazo
Depende de autorização Legislativa para o Resgate	Independe de Autorização Legislativa
Finalidade: atender ao desequilíbrio orçamentário e financiar investimentos	Finalidade: atender a insuficiência de tesouraria (caixa)
Ente deve demonstrar onde está a previsão dos recursos, das receitas que vão fazer frente a essa nova despesa	Ente pode dar em garantia para pagamento da ARO a receita dos impostos (art. 167, IV, da CF), como exceção ao principio da não vinculação das receitas de impostos
Ente deve demonstrar que a operação atende aos limites e condições para o endividamento e não há delimitação temporal para a sua realização	Deve ser realizada apenas a partir do 10º dia de início de exercício (10/jan) e liquidada até o dia 10/dezembro com juros
Caso se trate de operação externa deve possuir autorização do Senado Federal	Essa operação só poderá ser realizada se não houver outra operação desse tipo – ARO – não quitada
Deve ainda cumprir as outras regras da LRF	Está proibida no último ano de mandato do chefe do Executivo
	VILELA; LEITE, 2018, p. 373

5.7. Concessão de garantias

O art. 163, III, da Constituição da República de 1988 determinou que **Lei Complementar** dispusesse sobre, dentre outros aspectos, **"concessão de garantias pelas entidades públicas"**, tema que acabou sendo tratado pela Lei de Responsabilidade Fiscal, em seu art. 40. O tema insere-se no âmbito da dívida pública pelo fato de que, diante de uma inadimplência, as garantias poderão ser convertidas em obrigação de pagar, gerando efeitos financeiros semelhantes e o consequente endividamento (ABRAHAM, 2017, p. 229).

Assim, os entes poderão conceder garantia e, operações de crédito **internas e externas**, observadas as disposições da LRF, tanto aquelas relacionadas à contratação de operações de crédito (art. 32) quanto aquelas especificamente relacionadas à garantia e à contragarantia (art. 40) e, no caso da União, também os limites e as condições estabelecidas pelo Senado Federal.

> **▸ Como esse assunto foi cobrado em concurso?**
>
> No Concurso do TRF2 para Juiz Federal substituto em 2017, foi considerado ERRADO o seguinte enunciado: "É vedado a Estados e Municípios - e permitido à União Federal - conceder garantia em operações de crédito externas".

A garantia estará condicionada ao oferecimento de **contragarantia**, em valor igual ou superior ao da garantia a ser concedida, e à adimplência da entidade que a pleitear relativamente a suas obrigações junto ao garantidor e às entidades por este controladas, observado o seguinte:

I. não será exigida contragarantia de órgãos e entidades do próprio ente;

II. a contragarantia exigida pela União a Estado ou Município, ou pelos Estados aos Municípios, poderá consistir na vinculação de receitas tributárias diretamente arrecadadas e provenientes de transferências constitucionais, com outorga de poderes ao garantidor para retê-las e empregar o respectivo valor na liquidação da dívida vencida → exceção ao princípio que veda a vinculação de receita de impostos e à impossibilidade de retenção de transferências obrigatórias.

> **▸ Importante**
>
> LRF, art. 40.
>
> § 9º Quando honrarem dívida de outro ente, em razão de garantia prestada, a União e os Estados poderão condicionar as transferências constitucionais ao ressarcimento daquele pagamento.

> § 10. O ente da Federação cuja dívida tiver sido honrada pela União ou por Estado, em decorrência de garantia prestada em operação de crédito, terá suspenso o acesso a novos créditos ou financiamentos até a total liquidação da mencionada dívida.

Harrison Leite esclarece que "garantia é um meio de assegurar o direito de outrem contra eventual inexecução de uma obrigação". Já a contragarantia "é uma 'garantia da garantia' e tem igual natureza, que é oferecer ao credor segurança de pagamento. Assim, se a União conceder um aval a um Município para contrair u empréstimo externo, esta garantia poderá estar 'contragarantida' com outro meio acautelatório por parte do Município. Tanto a garantia quanto a contragarantia são oferecidos pelos entes federativos uns aos outros para o fortalecimento do crédito" (2015, p. 362).

No mesmo sentido, Marcus Abraham afirma que a garantia, conceitualmente, "nada mais é do que uma caução, ou seja, corresponde ao compromisso da adimplência de obrigação financeira ou contratual, assumido por ente da federação ou entidade a ele vinculada". Já a contragarantia, "que tem a mesma natureza da garantia, é um bem ou direito do devedor, que pode ser assumido pelo garantidor, quando da ocorrência de inadimplência" (2017, p. 229).

> **▸ Importante**
>
> Código Penal, art. 359-E. Prestar garantia em operação de crédito sem que tenha sido constituída contragarantia em valor igual ou superior ao valor da garantia prestada, na forma da lei:
>
> Pena – detenção, de 3 (três) meses a 1 (um) ano

No caso de operação de crédito junto a **organismo financeiro internacional**, ou a instituição federal de crédito e fomento para o repasse de recursos externos, a União só prestará garantia a ente que atenda, além dos requisitos supramencionados, as exigências legais para o recebimento de transferências voluntárias (art. 40, §2º, da LRF).

A garantia deve respeitar os **limites fixados pelo Senado Federal**, sob pena de nulidade (art. 40, §5º, da LRF).

É vedado às entidades da administração indireta, inclusive suas empresas controladas e subsidiárias, conceder garantia, ainda que com recursos de fundos. Contudo, essa vedação não se aplica à concessão de garantia por:

I. empresa controlada a subsidiária ou controlada sua, nem à prestação de contragarantia nas mesmas condições;

II. instituição financeira a empresa nacional, nos termos da lei.

> **▸ Como esse assunto foi cobrado em concurso?**
>
> No Concurso do MP/PR para Promotor de Justiça substituto em 2017, foi considerado CERTO o seguinte enunciado: "É **vedado** às entidades da administração indireta, inclusive suas empresas controladas e subsidiárias, conceder garantia, ainda que com recursos de fundos".

Há que se destacar que segundo a LRF, empresa controlada é a sociedade cuja maioria do capital social com direito a voto pertença, direta ou indiretamente a ente da Federação (art. 2º, II).

> **▸ Como esse assunto foi cobrado em concurso?**
>
> No Concurso da FMP para Procurador do Estado do Acre em 2017, foi considerado ERRADO o seguinte enunciado: "No dizer da LC 101/2000, entende-se por empresa controlada aquela que mantém sob estrito controle de responsabilidade fiscal as suas despesas".

Atenção para o fato de que as regras previstas no art. 40 da LRF são excetuadas nos casos de garantia prestada: a) por instituições financeiras estatais, que se submeterão às normas aplicáveis às instituições financeiras privadas, de acordo com a legislação pertinente; e b) pela União, na forma de lei federal, a empresas de natureza financeira por ela controladas, direta e indiretamente, quanto às operações de seguro de crédito à exportação.

> **▸ Importante**
>
> LRF, art. 39. Nas suas relações com ente da Federação, o Banco Central do Brasil está sujeito às vedações constantes do art. 35 e mais às seguintes:
>
> [...]
>
> III. concessão de garantia

6. FORMAS DE EXTINÇÃO DA DÍVIDA PÚBLICA

A respeito da amortização, Aliomar Baleeiro (1998, p. 515) destaca que "quando os empréstimos são emitidos com prazo certo de resgate, esse pode ser feito por diferentes modos clássicos, como, por exemplo:

a) **Simultaneamente**: todos os títulos são resgatados de uma só vez na data do vencimento;

b) **Em séries por sorteios periódicos**: o Tesouro, a partir de certa data, sorteia todos os anos uma série de títulos para resgate, até que se extinga toda a obrigação;

c) **Anuidades termináveis**: juros e amortizações são pagos ao longo de um período, em prestações iguais, até completa liquidação da dívida, de sorte que, na marcha do tempo, a parcela do capital restituído é cada vez maior, segundo a tabela Price;

d) **Rendas vitalícias**: forma europeia antiga em que o Tesouro se obrigava a pagar uma prestação até o fim da vida do subscritor, extinguindo-se a dívida com a morte deste ou do beneficiário;

e) **Pelos saldos orçamentários**: o Tesouro obriga-se a aplicar os saldos orçamentários ao resgate dos títulos por sorteio ou por outro modo;

f) **Pela compra no mercado**: o Tesouro, a seu critério, compra os títulos em Bolsa, o que naturalmente só lhe interessa fazer por cotações inferiores ao valor nominal.

Por sua vez, a **conversão** "típica e mais usada consiste em uma prática pela qual, quando os títulos públicos se cotam no mercado financeiro expressivamente acima do par, o Tesouro afronta os credores, oferecendo-lhes opção entre a troca por outro de juro menor ou o resgate imediato. [...] A conversão legítima é a facultativa, na qual o titular da apólice tem opção entre aceitá-la ou preferir o resgate. Quando o Tesouro impõe ao credor, sem alternativa, a redução dos juros, não há conversão, mas repúdio da dívida, violação de contrato" (BALEEIRO, 1998, p. 515).

A **compensação** se dá entre dívidas recíprocas e vencidas entre os entes federativos e o **repúdio**, consiste na "negativa de legitimidade de uma dívida contraída por regime totalitário em momentos de instabilidade política, em que o Estado encontra-se desprovido de normalidade constitucional" (BRAGHINI, 2016, p. 282).

Capítulo 6

Fiscalização e Controle da execução orçamentária e financeira

1. TRANSPARÊNCIA, CONTROLE E FISCALIZAÇÃO DOS ORÇAMENTOS

Kiyoshi Harada destaca que "ao direito de autorizar as receitas seguiu-se o direito de autorizar as despesas, dando nascimento ao orçamento como instrumento fiscalizador da atividade financeira do Estado, com o escopo de coibir os abusos dos governantes" (2017, p. 124).

Controlar a execução orçamentária "significa acompanhar e obter condições para, se for o caso, otimizar os meios de arrecadação da receita pública, de um lado, e adotar medidas de contenção dos gastos, de outro lado, ainda no decorrer do exercício. Trata-se de verificar a compatibilidade entre o planejado e o que está sendo executado" (HARADA, 2017, p. 125).

Assim, buscando a concretização dos princípios que norteiam a Administração Pública (art. 37 da CRFB/88, dentre outros), sobretudo o princípio da legalidade, decorrência do Estado de Direito, o texto constitucional estabeleceu uma série de mecanismos com vistas a assegurar a transparência, o controle e a fiscalização dos orçamentos.

> ▸ **Importante**
>
> CRFB/88, Art. 70. A **fiscalização contábil, financeira, orçamentária, operacional e patrimonial** da União e das entidades da administração direta e indireta, quanto à **legalidade, legitimidade, economicidade, aplicação das subvenções e renúncia de receitas**, será exercida pelo Congresso Nacional, mediante controle externo, e pelo sistema de controle interno de cada Poder.
>
> Parágrafo único. Prestará contas **qualquer pessoa física ou jurídica, pública ou privada, que utilize, arrecade, guarde, gerencie ou administre dinheiros, bens e valores públicos ou pelos quais a União responda, ou que, em nome desta, assuma obrigações de natureza pecuniária.**

Destaca Marcus Abraham (2017, p. 279) que "Existem aspectos específicos a serem fiscalizados que se relacionam não apenas ao atendimento das normas orçamentárias propriamente ditas, como também em relação aos princípios financeiros que garantem a defesa do interesse público".

Harrison Leite esclarece os critérios que orientam o controle (VILELA; LEITE, 2018, p. 372):

a) **Legalidade**: realização do gasto em conformidade com a legislação financeira;

b) **Legitimidade:** relação entre o gasto e sua valoração diante do atendimento do interesse público;

c) **Economicidade**: concretização da eficiência pública, buscando sempre obter o maior aproveitamento com o menor custo possível;

d) **Aplicação de subvenções**: verificação se os valores repassados aos entes sem fins lucrativos foram realmente aplicados naquilo que se comprometeram a gastar, com aprovação da sua prestação de contas;

e) **Renúncia de receitas**: análise se as desonerações fiscais (isenções, deduções ou reduções da base de cálculo, reduções de alíquotas) realizadas atingiram ou não a sua finalidade.

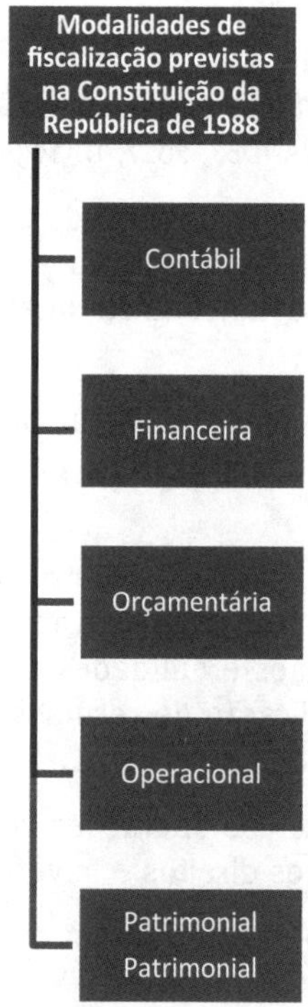

Valdecir Pascoal menciona o **princípio do controle**, como um corolário do princípio republicano. Segundo o autor, "a necessidade de um órgão de controle dos atos de índole administrativo-financeira surge com o próprio desenvolvimento do Estado, sobretudo no Estado em que os bens administrados pertencem à coletividade, ao povo, como é o caso do Estado republicano" (2015, p. 135). Nesse sentido, a própria Declaração dos Direitos do Homem e do Cidadão, de 1789 estabelece, em seu art. 15, que "a sociedade tem o direito de pedir conta de todo agente público de sua administração".

Assim, a Constituição da República, de 1988, prevê dois grandes sistemas de controle das entidades federadas e suas respectivas administrações direta e indireta.

O primeiro sistema de controle é o chamado **sistema interno**, existente em cada um dos poderes constitucionalmente estabelecidos (Executivo, Judiciário e Legislativo), por meio de órgãos próprios dentro de suas respectivas estruturas e que irão aferir a legalidade, economicidade, aplicação de subvenções e renúncia de receitas (FERNANDES, 2017, p. 1036).

Nesse sentido, estabelece o art. 74 da Constituição da República que "os Poderes Legislativo, Executivo e Judiciário manterão, de forma integrada, sistema de **controle interno** (ou controle primário) com a finalidade de:

I. avaliar o cumprimento das metas previstas no plano plurianual, a execução dos programas de governo e dos orçamentos da União;

II. comprovar a legalidade e avaliar os resultados, quanto à eficácia e eficiência, da gestão orçamentária, financeira e patrimonial nos órgãos e entidades da administração federal, bem como da aplicação de recursos públicos por entidades de direito privado;

III. exercer o controle das operações de crédito, avais e garantias, bem como dos direitos e haveres da União;

IV. apoiar o controle externo no exercício de sua missão institucional.

O mesmo artigo ainda determina que "os responsáveis pelo controle interno, ao tomarem conhecimento de qualquer irregularidade ou ilegalidade, dela **darão** ciência ao Tribunal de Contas da União, sob pena de **responsabilidade solidária**" (art. 74, §1º, da CRFB/88).

Por outro lado, "qualquer cidadão, partido político, associação ou sindicato é parte legítima para, na forma da lei, denunciar irregularidades ou ilegalidades perante o Tribunal de Contas da União (art. 74, §2º, da CRFB/88).

Há que se destacar que o controle interno tem por base o **critério hierárquico**, "uma vez que apura irregularidades ou ilegalidades ocorridas dentro de cada esfera do poder, cumprindo ao hierarquicamente superior dar ciência ao Tribunal de Contas do que foi apurado, sob pena de responsabilidade solidária" (VILELA; LEITE; 2018, p. 372).

No Brasil a Lei 10.180, de 2001 organiza e disciplina o Sistema de Controle Interno do Poder Executivo Federal. No mesmo sentido, o

Decreto nº 3.591/2000 dispõe sobre o Sistema de Controle Interno do Poder Executivo Federal.

▸ **Qual o entendimento atual do STF sobre o assunto?**

"A Controladoria-Geral da União (CGU) pode fiscalizar a aplicação de verbas federais onde quer que elas estejam sendo aplicadas, **mesmo que em outro ente federado às quais foram destinadas.** A fiscalização exercida pela CGU é interna, pois feita exclusivamente sobre verbas provenientes do orçamento do Executivo" (STF, RMS 25.943, Rel. Min. Ricardo Lewandowski, j. 24.11.2010, Pleno, p. 02.03.2011).

Por outro lado, o sistema de **controle externo,** a cargo do Congresso Nacional, será exercido com o auxílio do Tribunal de Contas. Com base no **princípio da simetria,** as normas referentes ao controle externo exercido pelo Tribunal de Contas da União também se aplicam, no que couber, aos demais entes da Federação.

▸ **Importante**

CRFB/88, Art. 75. As normas estabelecidas nesta seção aplicam-se, no que couber, à organização, composição e fiscalização dos Tribunais de Contas dos Estados e do Distrito Federal, bem como dos Tribunais e Conselhos de Contas dos Municípios.

Parágrafo único. As Constituições estaduais disporão sobre os Tribunais de Contas respectivos, que serão integrados por sete Conselheiros.

▸ **Qual o entendimento atual do STF sobre o assunto?**

"A Constituição Federal é clara ao determinar, em seu art. 75, que as normas constitucionais que conformam o modelo federal de organização do Tribunal de Contas da União são de **observância compulsória pelas Constituições dos Estados-membros**" (STF, ADI 3.715/TO, Rel. Min. Gilmar Mendes j. 21.08.2014, Pleno, p. 30.10.2014).

▸ **Como esse assunto foi cobrado em concurso?**

No Concurso do CESPE para Juiz Federal da 1ª Região em 2011, foi considerado ERRADO o seguinte enunciado: "As normas da CF que versam sobre o TCU aplicam-se à organização e à fiscalização dos tribunais de contas dos estados e do DF, cabendo às respectivas casas legislativas estabelecer o número de conselheiros dessas cortes de contas e a sua forma de nomeação".

2. O CONTROLE EXTERNO

Nos Estados Modernos o controle externo pode se dar por meio de dois sistemas (PASCOAL, 2015, p. 135-136):

- Tribunais de Contas - "os Tribunais de Contas aparecem nos países de tradição latina. São órgãos colegiados, cujos membros - no mais das vezes, indicados pelo Parlamento e com mandato limitado - possuem as prerrogativas da magistratura judiciária. Na maioria dos países, o Tribunal de Contas é órgão autônomo, de natureza administrativa, que atua junto ao Poder Legislativo. Mas também há países em que o Tribunal de Contas integra o Poder Executivo (sobretudo em países africanos), sendo mais raro ainda encontrá-lo vinculado ao Poder Judiciário (Portugal e Angola)";
- Controladorias ou Auditoria Geral - "o sistema de Controladorias (ou Auditoria-Geral) aparece nos países de tradição britânica. Órgão unipessoal, dirigido por um *Controller General* (Controlador ou Auditor-Geral), com mandato limitado. Em alguns países, o Auditor-Geral possui as mesmas garantias e prerrogativas da magistratura. Na Inglaterra o Controlador Geral assessora a comissão de contas públicas da Câmara dos Comuns, exerce auditoria sobre as contas dos departamentos de governo e checa se a aplicação dos recursos se deu corretamente e para suas finalidades. Dispõe de um quadro de auditores, muitos deles atuando permanentemente junto aos órgãos de governo".

2.1. O controle externo exercido pelos Tribunais de Contas

O controle exercido pelo Tribunal de Contas é uma conquista do **período republicano**, já que, à época do Império não existia, no Brasil, qualquer forma de fiscalização das contas do Imperador.

Em 1890, Rui Barbosa propôs a criação do Tribunal de Contas da União através do Decreto nº 966-A. Entretanto, o Decreto não foi cumprido e, apenas com a Constituição republicana de 1891 é que o Tribunal de Contas da União passou a atuar no Brasil. A partir disso, progressivamente, foram instituídos Tribunais de Contas Estaduais e Tribunais ou Conselhos de Contas Municipais.

Para Harrison Leite os Tribunais de Contas "são órgãos colegiados, prepostos ou auxiliares dos Poderes Legislativos, encarregados de fiscalização e controle do orçamento. Têm a função precípua de auxiliar o Legislativo, mas não estão a ele subordinado" (2015. p. 392).

A independência do TCU é destacada por toda a doutrina. Nesse sentido, Bernardo Gonçalves Fernandes enfatiza que "embora **auxilie** o Poder Legislativo, ele **não integra** o Poder Legislativo e nem mesmo é **subordinado** a ele (aqui temos uma relação de **cooperação** e não de **subordinação**), mantendo apenas um vínculo institucional por disposição eminentemente constitucional. Portanto, o TCU é um órgão **autônomo e independente**" (2017, p. 1037).

Destaque-se, ainda o fato de não haver qualquer hierarquia entre os Tribunais de Contas dos diferentes entes federativos.

Atualmente a atuação do Tribunal de Contas da União é disciplinada pela lei 8.443, de 16 de julho de 1992, que dispõe sobre sua Lei Orgânica.

▸ **Qual o entendimento atual do STF sobre o assunto?**

"1. As Cortes de Contas do país, conforme reconhecido pela Constituição de 1988 e por esta Suprema Corte, gozam das prerrogativas da **autonomia e do autogoverno**, o que inclui, essencialmente, a iniciativa reservada para instaurar processo legislativo que pretenda alterar sua organização e seu funcionamento, como resulta da interpretação lógico-sistemática dos artigos 73, 75 e 96, II, "d", CRFB/88. [...]. 2. O ultraje à prerrogativa de instaurar o processo legislativo privativo traduz vício jurídico de gravidade inquestionável, cuja ocorrência indubitavelmente reflete hipótese de inconstitucionalidade formal, apta a infirmar, de modo irremissível, a própria integridade do ato legislativo eventualmente concretizado. [...]4. Inconstitucionalidade formal da Lei Complementar Estadual nº 142/2011, de origem parlamentar, que altera diversos dispositivos da Lei Orgânica do Tribunal de Contas do Estado do Rio de Janeiro, por dispor sobre forma de atuação, competências, garantias, deveres e organização do Tribunal de Contas estadual, matéria de **iniciativa privativa à referida Corte**. 5. Deferido o pedido de medida cautelar a fim de determinar a suspensão dos efeitos da Lei Complementar Estadual nº 142, de 08 de agosto de 2011, da lavra da Assembleia Legislativa do Estado do Rio de Janeiro, até o julgamento definitivo da presente ação direta de inconstitucionalidade. (STF, ADI 4.643/RJ, Rel. Min. Luiz Fux, j. 06.11.2014, Pleno, p. 28.11.2014).

Há que se destacar, ainda, que **o Tribunal de Contas não goza de personalidade jurídica**, mas tão-somente de capacidade processual ou postulatória.

▸ **Qual o entendimento atual do STF sobre o assunto?**

"[...] A essencialidade dessa Instituição - surgida nos albores da República (CF, art. 71, X) com o Decreto nº 966-A, de 07/11/1890, editado pelo Governo Provisório sob a inspiração de Rui Barbosa - foi uma vez mais acentuada com a inclusão, no rol dos princípios constitucionais sensíveis, da indeclinabilidade da prestação de contas da administração pública, direta e indireta. A atuação do Tribunal de Contas, por isso mesmo, assume importância f (CF, art. 34, VII, d) fundamental no campo do controle externo. Como natural decorrência do fortalecimento de sua ação institucional, os Tribunais de Contas tornaram-se instrumentos de inquestionável relevância na defesa dos postulados essenciais que informam a própria organização da Administração Pública e o comportamento de seus agentes, com especial ênfase para os princípios da moralidade administrativa, da impessoalidade e da legalidade. Nesse contexto, o regime de controle externo, institucionalizado pelo ordenamento constitucional, propicia, em função da própria competência fiscalizadora outorgada aos Tribunais de Contas, o exercício, por esses órgãos estatais, de todos os poderes - explícitos ou implícitos - que se revelem inerentes e necessários à plena consecução dos fins que lhes foram cometidos. Cabe ter presente, neste ponto, a advertência feita por PONTES DE MIRANDA ("Comentários à Constituição de 1967, com a Emenda n. 1 de 1969", tomo III/258, 3ª ed., 1987, Forense), que, ao analisar o poder de controle outorgado ao Tribunal de Contas, enfatiza: "Todo ato, quer do Poder Executivo, quer do Poder Legislativo, ou do Poder Judiciário, de que resulte despesa, tem de ser conferido com as leis, para que se verifique se alguma das suas cláusulas viola regra de direito cogente"[...]. (STF SS 1.308/RJ, Rel. Min. Celso de Mello, j. 09.10.1998, p. 19.10.1998).

Valdecir Pascoal (2015, p. 142) enfatiza que "embora o Governo Federal, os Governos Estaduais, o Distrito Federal e os Municípios sejam fiscalizados, em regra, e respectivamente pelo TCU (Tribunal de Contas da União), TCEs (Tribunais de Contas dos Estados), TCDF (Tribunal de Contas do Distrito Federal) e TCMs (Tribunais de Contas dos Municípios e Tribunal de Contas do Município), é preciso ficar atento para a **origem dos recursos** a ser fiscalizada (se Federal, Estadual, Distrital ou Municipal). Assim:

TCU – fiscaliza a aplicação de recursos federais pelo Governo Federal (regra) e os repassados voluntariamente (convênios, acordos, ajustes) para outro ente federativo ou outras pessoas, físicas ou jurídicas.

TCE's – fiscalizam a aplicação dos recursos estaduais pelo Governo Estadual e os recursos municipais pelos Governos Municipais (regra) e os repassados voluntariamente por estes para outros entes federativos ou outras pessoas, físicas ou jurídicas.

TCDF – fiscaliza a aplicação dos recursos distritais pelo Governo do Distrito Federal (regra) e os repassados voluntariamente para outro ente federativo ou outras pessoas físicas ou jurídicas. [...]

Tribunais de Contas dos Municípios	Tribunal de Contas do Município
Órgão Estadual	**Órgão Municipal**
Fiscaliza a aplicação dos recursos municipais pelo governo de todos os Municípios de um Estado e os repassados voluntariamente pelos Municípios a outro ente federativo ou a outras pessoas físicas ou jurídicas. (Existentes nos Estados da BA, CE, GO e PA).	Fiscaliza a aplicação de recursos de um único Município, bem como os seus recursos repassados voluntariamente para outros entes federativos ou outras pessoas físicas ou jurídicas. É o caso dos municípios de São Paulo e do Rio de Janeiro.
	PASCOAL, 2015, p. 142

▸ **Qual o entendimento atual do STF sobre o assunto?**

"A vedação contida no par-4. do art. 31 da Constituição Federal só impede a criação de órgão, Tribunal ou Conselho de Contas, pelos Municípios, inserido na estrutura destes. Não proíbe a instituição de órgão, Tribunal ou Conselho, pelos Estados, com jurisdição sobre as contas municipais. Constitucionalidade dos parágrafos do art. 358 da Carta fluminense de 1989. (STF, ADI 154/RJ, Rel. Min. Octavio Gallotti, j. 18.04.1990, Pleno, p. 11.10.1991).

ATENÇÃO: os Territórios não possuem Tribunais de Contas territoriais. Segundo art. 33, §2º da CRFB/88 "As contas do Governo do Território serão submetidas ao Congresso Nacional, com parecer prévio do Tribunal de Contas da União".

Competência para processar e julgar matéria atinente à transferência de recursos (LEITE, 2015, p. 395-397).	
A) Quando há repasse de recursos federais para o Estado ou Município,	Competência da Justiça federal, desde que os recursos sejam sujeitos à fiscalização de órgãos federais
B) Quando a verba repassada, embora federal, incorporou-se ao patrimônio do Município	Competência da Justiça Estadual
C) Quando a verba repassada, independentemente da sua origem, incorpora-se ao patrimônio do Estado, ou do Município, mas persiste o interesse federal na matéria	Competência da Justiça Federal

▸ **Qual o entendimento atual do STJ sobre o assunto?**

STJ, súmula 208: "Compete à Justiça Federal processar e julgar prefeito municipal por desvio de verba sujeita a prestação de contas perante órgão federal".

STJ, súmula 209: "Compete à Justiça Estadual processar e julgar prefeito por desvio de verba transferida e incorporada ao patrimônio municipal".

Julgamento das contas dos Tribunais de Contas

- Tribunais de Contas dos Estados → Poder Legislativo;
- Tribunais de Contas dos Municípios → Tribunal de Contas dos Estados.

2.2. Formas de controles exercidos pelos Tribunais de Contas

Os Tribunais de Contas exercem duas espécies de controle: o **tradicional** (a posteriori) e o **simultâneo** (ou concomitante), de caráter preventivo.

No controle **simultâneo ou concomitante**, disciplinado no art. 59, §1º da Lei de Responsabilidade Fiscal, os Tribunais acompanham *pari passu* a execução orçamentária dos Poderes ou órgãos dos entes da Federação, devendo alertá-los quando constatam (RAMOS FILHO, 2017, p. 613):

- que a realização da receita poderá não comportar o cumprimento das metas de resultado primário ou nominal estabelecidos no Anexo de Metas Fiscais da Lei de Diretrizes Orçamentárias, tal como previsto no art. 9º da Lei de Responsabilidade Fiscal;
- que o montante da despesa total com pessoal ultrapassou 90% (noventa pro cento) do limite legal de comprometimento;
- que os montantes das dívidas consolidada e mobiliária, das operações de crédito e da concessão de garantia estão acima de 90% (noventa por cento) dos respectivos limites;
- que os gastos com inativos e pensionistas estão acima do limite definido em lei;
- fatos que comprometam os custos ou os resultados dos programas;
- indícios de irregularidades na gestão orçamentária.

Da mesma forma, compete aos Tribunais de Contas verificar os cálculos dos limites da despesa total com pessoal de cada ente da Federação e de cada Poder (art. 59, §2º, da LRF).

A previsão do art. 59, 1º da LRF enquadra-se na função de **alerta** dos Tribunais de Contas, regulamentada pela Resolução TCU 142/2001, com natureza jurídica de **ato administrativo preventivo**. Os alertas são desenvolvidos com base no exame periódico do Relatório Resumido da Execução Orçamentária e do Relatório de Gestão Fiscal.

Já no **controle *a posteriori***, os Tribunais de Contas operam a partir do fato ocorrido, razão pela qual a fiscalização muitas vezes encontrará situações já cristalizadas, que somente poderão ser resolvidas por meio da reparação do dano e/ou aplicação de sanção pecuniária. Nesse sentido, vale destacar que são da competência dos Tribunais de Contas o processo e o julgamento dos ilícitos qualificados como infrações administrativas contra as leis de finanças públicas (art. 5º da lei 10.028/2000) (RAMOS FILHO, 2017, p. 614).

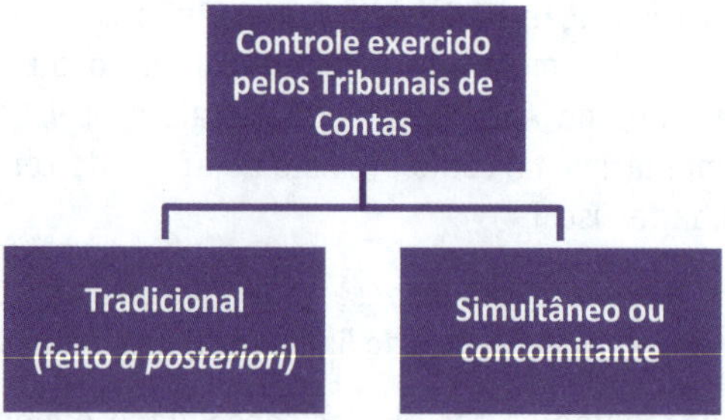

OBSERVAÇÃO: o controle sobre as finanças públicas também se dá preventivamente. Assim, "a própria elaboração do orçamento deve obedecer normas que visam assegurar a sua fiel implementação" (VILELA; LEITE, 2017, p. 372).

2.3. Competências dos Tribunais de Contas

A Constituição da República fixou, em seu art. 71, que "o controle externo, a cargo do Congresso Nacional, será exercido com o auxílio do Tribunal de Contas da União, ao qual compete":

I - **apreciar as contas** prestadas anualmente pelo Presidente da República, mediante parecer prévio que deverá ser elaborado em sessenta dias a contar de seu recebimento;

> **▸ Importante**
>
> É muito importante destacar que o TCU não julga as contas do Presidente da República. "Portanto, as contas do Presidente da República são anualmente apresentadas ao TCU. Este, em um prazo máximo de 60 dias, aprecia as contas e prepara um parecer prévio, que é enviado ao Congresso Nacional. De posse do parecer, o Congresso julga se as contas do chefe do Poder Executivo estão regulares ou não. Desse modo, a competência para julgar as contas do Presidente da República é do Congresso Nacional conforme o art. 49, IX, da CR/88" (FERNANDES, 2017, p. 1039).

> **▸ Como esse assunto foi cobrado em concurso?**
>
> No Concurso do CESPE para Juiz Federal da 2ª Região em 2012, esse tema foi abordado da seguinte forma: "No Brasil, o órgão que tem com-

-petência exclusiva para julgar anualmente as contas prestadas pelo presidente da República é: a) o Congresso Nacional; b) STF; c) a Comissão Mista de Senadores e Deputados; d) TCU; e) o Senado Federal". Segundo o gabarito definitivo, foi considerada correta a alternativa "a".

II - **julgar as contas** dos administradores e demais responsáveis por dinheiros, bens e valores públicos da administração direta e indireta, incluídas as fundações e sociedades instituídas e mantidas pelo Poder Público federal, e as contas daqueles que derem causa a perda, extravio ou outra irregularidade de que resulte prejuízo ao erário público;

Ao contrário do que ocorre com as contas do Presidente da República, as contas dos demais administradores que lidem com verbas federais serão julgadas pelo TCU. No mesmo sentido, as contas daqueles que lidem com verbas estaduais e municipais serão julgadas pelos Tribunais de Contas dos Estados, exceto as dos chefes dos Poderes Executivos. Assim, as contas de Governadores e Prefeitos municipais serão julgadas, respectivamente, pela Assembleia Legislativa e pela Câmara dos Vereadores, após parecer do TCE.

O Parecer do Tribunal de Contas é de **caráter opinativo**, cabendo ao Poder Legislativo utilizá-lo como suporte para julgar as contas do Poder Executivo.

▸ Como esse assunto foi cobrado em concurso?

No Concurso do CESPE para Juiz Federal da 2ª Região em 2011, foi considerado ERRADO o seguinte enunciado: "É competência exclusiva do Congresso Nacional julgar as contas prestadas pelos administradores e demais responsáveis por dinheiros, bens e valores públicos da administração direta e indireta, incluídas as fundações e sociedades instituídas e mantidas pelo poder público federal".

III - **apreciar**, para fins de registro, **a legalidade dos atos de admissão de pessoal**, a qualquer título, na administração direta e indireta, incluídas as fundações instituídas e mantidas pelo Poder Público, excetuadas as nomeações para cargo de provimento em comissão, bem como a das concessões de aposentadorias, reformas e pensões, ressalvadas as melhorias posteriores que não alterem o fundamento legal do ato concessório;

IV - **realizar**, por iniciativa própria, da Câmara dos Deputados, do Senado Federal, de Comissão técnica ou de inquérito, **inspeções e auditorias** de natureza contábil, financeira, orçamentária, operacional e patrimonial, nas unidades administrativas dos Poderes Legislativo, Executivo e Judiciário, e demais entidades referidas no inciso II;

V - **fiscalizar as contas nacionais das empresas supranacionais de cujo capital social a União participe**, de forma direta ou indireta, nos termos do tratado constitutivo;

> **▸ Como esse assunto foi cobrado em concurso?**
>
> No Concurso do CESPE para Juiz Federal da 2ª Região em 2011, foi considerado ERRADO o seguinte enunciado: "A fiscalização exercida pelo Congresso Nacional sobre a administração pública federal, no que diz respeito aos aspectos financeiros, não alcança as empresas públicas e as sociedades de economia mista, que se sujeitam ao regime jurídico próprio das empresas privadas"

Em relação às estatais, há que se destacar que a lei 13.303/16 (Estatuto das Estatais) fixou, em seu art. 87, que "o controle das despesas decorrentes dos contratos e demais instrumentos regidos por esta Lei será feito pelos **órgãos o sistema de controle interno e pelo tribunal de contas competente**, na forma da legislação pertinente, ficando as empresas públicas e as sociedades de economia mista responsáveis pela demonstração da legalidade e da regularidade da despesa e da execução, nos termos da Constituição".

VI - **fiscalizar a aplicação de quaisquer recursos repassados pela União** mediante convênio, acordo, ajuste ou outros instrumentos congêneres, a Estado, ao Distrito Federal ou a Município;

VII - **prestar as informações solicitadas pelo Congresso Nacional**, por qualquer de suas Casas, ou por qualquer das respectivas Comissões, sobre a fiscalização contábil, financeira, orçamentária, operacional e patrimonial e sobre resultados de auditorias e inspeções realizadas;

VIII - **aplicar aos responsáveis, em caso de ilegalidade de despesa ou irregularidade de contas, as sanções previstas em lei**, que estabelecerá, entre outras cominações, multa proporcional ao dano causado ao erário;

IX – **assinar prazo para que o órgão ou entidade adote as providências necessárias ao exato cumprimento da lei**, se verificada ilegalidade;

X – **sustar, se não atendido, a execução do ato impugnado**, comunicando a decisão à Câmara dos Deputados e ao Senado Federal;

XI – **representar ao Poder competente sobre irregularidades ou abusos apurados.**

ATENÇÃO: CRFB, Art. 71, § 1º "No caso de **contrato, o ato de sustação será adotado diretamente pelo Congresso Nacional**, que solicitará, de imediato, ao Poder Executivo as medidas cabíveis." Contudo, se o Congresso Nacional ou o Poder Executivo, no prazo de noventa dias, não efetivar tais medidas, o Tribunal decidirá a respeito.

> ▸ **Qual o entendimento atual do STF sobre o assunto?**
>
> "Não há direito líquido e certo à prorrogação de contrato celebrado com o Poder Público. Existência de mera expectativa de direito, dado que a decisão sobre a prorrogação do ajuste se inscreve no âmbito da discricionariedade da administração pública. Sendo a relação jurídica travada entre o Tribunal de Contas e a administração pública, não há que se falar em desrespeito às garantias constitucionais do contraditório e da ampla defesa" (STF, MS 26.250, Rel. Min. Ayres Britto, j. 17.02.2010, Pleno, p. 12.03.2010).

> ▸ **Qual o entendimento atual do STF sobre o assunto?**
>
> "Constituição do estado do Tocantins. Emenda Constitucional 16/2006, que [...] atribuiu à Assembleia Legislativa a competência para sustar não apenas os contratos, mas também as licitações e eventuais casos de dispensa e inexigibilidade de licitação [...]. A CF é clara ao determinar, em seu art. 75, que as normas constitucionais que conformam o modelo federal de organização do Tribunal de Contas da União são de observância compulsória pelas Constituições dos Estados-membros [...]. A CF dispõe que apenas no caso de contratos o ato de sustação será adotado diretamente pelo Congresso Nacional (art. 71, §1º", CF/88) (STF, ADI 3.715, Rel. Min. Gilmar Mendes, j. 21.08.2014, Pleno, p. 30.10.2014).

No mesmo sentido, a Lei 8.443, de 1992, em seu art. 1º fixou as competências do Tribunal de Contas da União:

I - **julgar as contas** dos administradores e demais responsáveis por dinheiros, bens e valores públicos das unidades dos poderes da União e das entidades da administração indireta, incluídas as fundações e sociedades instituídas e mantidas pelo poder público federal, e as contas daqueles que derem causa a perda, extravio ou outra irregularidade de que resulte dano ao Erário;

II - proceder, por iniciativa própria ou por solicitação do Congresso Nacional, de suas Casas ou das respectivas Comissões, à **fiscalização contábil, financeira, orçamentária, operacional e patrimonial** das unidades dos poderes da União e das demais entidades referidas no inciso anterior;

Marcus Abraham esclarece em que consiste cada uma dessas modalidades de fiscalização (2017, p. 279):

a) **Fiscalização contábil**: que se faz através dos registros contábeis, dos balanços, da escrituração sintética, da análise e interpretação dos resultados econômicos e financeiros;

b) **Fiscalização financeira**: visa controlar a arrecadação das receitas e a realização das despesas;

c) **Fiscalização orçamentária**: que tem como objetivo mensurar o nível de concretização das previsões constantes na lei orçamentária;

d) **Fiscalização operacional**: visa ao controle das operações de crédito e de despesas que não constem da previsão orçamentária;

e) **Fiscalização patrimonial**: objetiva o controle da situação e das modificações dos bens móveis e imóveis que constituem o patrimônio público.

III - **apreciar as contas prestadas anualmente pelo Presidente da República**, nos termos do art. 36 desta Lei;

IV - **acompanhar a arrecadação da receita** a cargo da União e das entidades referidas no inciso I deste artigo, mediante inspeções e auditorias, ou por meio de demonstrativos próprios, na forma estabelecida no Regimento Interno;

V - **apreciar**, para fins de registro, na forma estabelecida no Regimento Interno, **a legalidade dos atos de admissão de pessoal**, a qualquer título, na administração direta e indireta, incluídas as fundações instituídas e mantidas pelo poder público federal, excetuadas as nomeações para cargo de provimento em comissão, bem como a das concessões de aposentadorias, reformas e pensões, ressalvadas as melhorias posteriores que não alterem o fundamento legal do ato concessório;

VI - **efetuar**, observada a legislação pertinente, **o cálculo das quotas referentes aos fundos de participação** a que alude o parágrafo único do art. 161 da Constituição Federal, fiscalizando a entrega dos respectivos recursos;

VII - **emitir**, nos termos do § 2º do art. 33 da Constituição Federal, **parecer prévio sobre as contas do Governo de Território Federal**, no prazo de sessenta dias, a contar de seu recebimento, na forma estabelecida no Regimento Interno;

VIII - **representar ao poder competente sobre irregularidades ou abusos apurados**, indicando o ato inquinado e definindo responsabilidades, inclusive as de Ministro de Estado ou autoridade de nível hierárquico equivalente;

IX - **aplicar aos responsáveis as sanções previstas** nos arts. 57 a 61 desta Lei;

X - **elaborar e alterar seu Regimento Interno**;

XI - **eleger seu Presidente e seu Vice-Presidente**, e dar-lhes posse;

XII - **conceder licença, férias e outros afastamentos** aos ministros, auditores e membros do Ministério Público junto ao Tribunal, dependendo de inspeção por junta médica a licença para tratamento de saúde por prazo superior a seis meses;

XIII - **propor ao Congresso Nacional a fixação de vencimentos dos ministros, auditores e membros do Ministério Público junto ao Tribunal**;

XIV - **organizar sua Secretaria**, na forma estabelecida no Regimento Interno, e prover-lhe os cargos e empregos, observada a legislação pertinente;

XV - **propor ao Congresso Nacional a criação, transformação e extinção de cargos, empregos e funções** do Quadro de Pessoal de sua Secretaria, bem como a fixação da respectiva remuneração;

XVI - **decidir sobre denúncia que lhe seja encaminhada** por qualquer cidadão, partido político, associação ou sindicato, na forma prevista nos arts. 53 a 55 desta Lei;

XVII - **decidir sobre consulta que lhe seja formulada** por autoridade competente, a respeito de dúvida suscitada na aplicação de dispositivos legais e regulamentares concernentes a matéria de sua competência, na forma estabelecida no Regimento Interno.

Merece destaque o fato de que o Tribunal de Contas **não analisa a conveniência e a oportunidade** (mérito) da despesa pública, o que se insere na discricionariedade do Poder Executivo. Contudo, a análise do TC ultrapassa a mera legalidade (auditoria de legalidade) de forma a invadir a discricionariedade, mormente na ocorrência de auditoria operacional. "É essa auditoria que analisa a melhor forma de se administrar o dinheiro público, com foco na legitimidade e na economicidade do gasto, o que dificilmente ocorre sem entrar no mérito das despesas e nas razões da sua realização" (LEITE, 2015, p. 394).

▸ **Qual o entendimento atual do STF sobre o assunto?**

STF, súmula Vinculante n. 3. "Nos processos perante o Tribunal de Contas da União asseguram-se o contraditório e a ampla defesa quando da decisão puder resultar anulação ou revogação de ato administrativo que beneficie o interessado, excetuada a apreciação da legalidade do ato de concessão inicial de aposentadoria, reforma e pensão".

▸ **Como esse assunto foi cobrado em concurso?**

No Concurso do TRE/PE para Analista Judiciário em 2017, foi considerado ERRADO o seguinte enunciado: "O acompanhamento orçamentário externo é atribuição dos tribunais de contas dos estados ou da União".

▸ **Como esse assunto foi cobrado em concurso?**

No Concurso do CESPE para Juiz Federal da 2ª Região em 2011, foi considerado ERRADO o seguinte enunciado: "Quando o TCU detectar irregularidades ou abusos na execução de contratos firmados pela administração pública federal, o Senado Federal poderá determinar-lhes a imediata sustação, além de poder imputar débito ou multa aos responsáveis".

▸ **Como esse assunto foi cobrado em concurso?**

No Concurso do CESPE para Juiz Federal da 2ª Região em 2011, foi considerado CERTO o seguinte enunciado: "Compete ao TCU aplicar aos responsáveis, em caso de ilegalidade de despesa ou irregularidade de contas, as sanções previstas em lei, que estabelecerá, entre outras cominações, multa proporcional ao dano causado ao erário."

Competência do Tribunal de Contas (Harrison Leite)

- Emissão de parecer prévio (do Executivo)
- Julgamento de Contas (exceto do Executivo)
- Controle de atos de pessoal
- Fiscalização em sentido estrito
- Aplicação de sanções
- Competência corretiva
- Dever de representação
- Fixação dos índices dos Fundos de Participação (TCU)
- Auxílio à Comissão Mista permanente
- Poder Regulamentar

Quanto ao **aspecto subjetivo**, a lei 8.443/92 (Lei Orgânica do Tribunal de Contas da União), em seu artigo 5º estabeleceu de forma mais clara, o alcance da jurisdição do Tribunal de Contas da União:

I. qualquer pessoa física, órgão ou entidade a que se refere o inciso I do art. 1° desta Lei, que utilize, arrecade, guarde, gerencie ou administre dinheiros, bens e valores públicos ou pelos quais a União responda, ou que, em nome desta, assuma obrigações de natureza pecuniária;

II. aqueles que derem causa a perda, extravio ou outra irregularidade de que resulte dano ao Erário;

III. os dirigentes ou liquidantes das empresas encampadas ou sob intervenção ou que de qualquer modo venham a integrar, provisória ou permanentemente, o patrimônio da União ou de outra entidade pública federal;

IV. os responsáveis pelas contas nacionais das empresas supranacionais de cujo capital social a União participe, de forma direta ou indireta, nos termos do tratado constitutivo.

V. os responsáveis por entidades dotadas de personalidade jurídica de direito privado que recebam contribuições parafiscais e prestem serviço de interesse público ou social;

VI. todos aqueles que lhe devam prestar contas ou cujos atos estejam sujeitos à sua fiscalização por expressa disposição de Lei;

VII. os responsáveis pela aplicação de quaisquer recursos repassados pela União, mediante convênio, acordo, ajuste ou outros instrumentos congêneres, a Estado, ao Distrito Federal ou a Município;

VIII. os sucessores dos administradores e responsáveis a que se refere este artigo, até o limite do valor do patrimônio transferido, nos termos do inciso XLV do art. 5° da Constituição Federal;

IX. os representantes da União ou do Poder Público na Assembleia Geral das empresas estatais e sociedades anônimas de cujo capital a União ou o Poder Público participem, solidariamente, com os membros dos Conselhos Fiscal e de Administração, pela prática de atos de gestão ruinosa ou liberalidade à custa das respectivas sociedades.

▸ **Qual o entendimento atual do STF sobre o assunto?**

"[...] Por não consubstanciar uma entidade da Administração Indireta, **a OAB não está sujeita a controle da Administração**, nem a qualquer das suas partes está vinculada. Essa não-vinculação é formal e materialmente necessária. [...] A Ordem dos Advogados do Brasil, cujas carac-

-terísticas são autonomia e independência, não pode ser tida como congênere dos demais órgãos de fiscalização profissional. A OAB não está voltada exclusivamente a finalidades corporativas. Possui finalidade institucional. (STF, ADI 3026, Rel. Min. Eros Grau, j. 06.06.2006, Pleno, p. 29.09.2006).

2.4. Eficácia das decisões dos Tribunais de Contas

CRFB/88, Art. 71, § 3º As decisões do Tribunal de que resulte imputação de débito ou multa terão eficácia de título executivo.

▸ **Qual o entendimento atual do STF sobre o assunto?**

"Em caso de multa imposta por Tribunal de Contas estadual a responsáveis por irregularidades no uso de bens públicos, a ação de cobrança somente pode ser proposta pelo ente público beneficiário da condenação do Tribunal de Contas (STF, RE 510.034, Rel. Min. Eros Grau, j. 24.06.2008, 2ª Turma, p. 18.08.2008).

Destaque-se que aplicada eventual penalidade, a cobrança deverá ser promovida pelo erário-credor, não contando, o Ministério Público que atua perante o Tribunal de Contas, com legitimidade para tais execuções, sobretudo por não ser órgão representativo do Poder Executivo.

▸ **Qual o entendimento atual do STF sobre o assunto?**

"I - A jurisprudência desta Corte é no sentido de que a ação de execução de penalidade imposta por Tribunal de Contas somente pode ser ajuizada pelo **ente público beneficiário da condenação** [...]" (STF, Rel. Min. Ricardo Lewandowski, j. 18.06.2013, 1ª Turma, p. 27.11.2013).

2.5. Relatórios dos Tribunais de Contas

O Tribunal de Contas é obrigado a encaminhar, ao Poder Legislativo a que se acha vinculado, tanto relatórios trimestrais quanto anuais de suas próprias atividades (art. 71, §4º, da CRFB/88). "Tais relatórios, além de permitirem o exame parlamentar do desempenho, pela Corte de Contas, de suas atribuições fiscalizadoras, também se destinam a expor, ao Legislativo, a situação das finanças públicas administradas pelos órgãos e entidades governamentais, em ordem a conferir um grau de maior eficácia ao exercício, pela instituição parlamentar, do seu poder de controle externo" (RAMOS FILHO, 2017. p. 614).

▸ **Qual o entendimento atual do STF sobre o assunto?**

"O Tribunal de Contas está obrigado, por expressa determinação constitucional (CF, art. 71, §4º) aplicável ao plano local (CF, art. 75), a encaminhar ao Poder Legislativo a que se acha institucionalmente vinculado tanto relatórios trimestrais quanto anuais de suas próprias atividades, pois tais relatórios, além de permitirem o exame parlamentar do desempenho, pela Corte de Contas, de suas atribuições fiscalizadoras, também se destinam a expor ao Legislativo a situação das finanças públicas administradas pelos órgãos e entidades governamentais, em ordem a conferir um grau de maior eficácia ao exercício, pela instituição parlamentar, do seu poder de controle externo" (STF, ADI 687, Rel. Min. Celso de Mello, j. 02.02.1995, Pleno, p. 10.02.2006).

2.6. Controle de constitucionalidade exercido pelos Tribunais de Contas

Apesar da expressão "julgar", contida no art. 71, II, da CRFB, o Tribunal de Contas não exerce função de natureza judicante, mas sim administrativa, não gozando de força jurisdicional. Assim: "O sentido do verbo 'julgar' posto na Constituição é o de avaliar e decidir a respeito, podendo aludida matéria ser reapreciada pelo Poder Judiciário". (LEITE, 2015. p. 394).

Outrossim, após anos de discussão no âmbito doutrinário e jurisprudencial, o STF decidiu pela possibilidade de o Tribunal de Contas analisar a constitucionalidade de lei ou de atos normativos. Assim: **"O Tribunal de Contas, no exercício de suas atribuições, pode apreciar a constitucionalidade de leis e atos do poder público" (STF, súmula 347).**

2.7. Comissão Mista Permanente

O art. 72 da CRFB determina à Comissão Mista permanente de Senadores e Deputados (art. 166, §1º) o dever de, diante de despesas não autorizadas, solicitar à autoridade responsável que no prazo de 5 dias preste os esclarecimentos necessários. No caso de silêncio da autoridade, ou se tais esclarecimentos forem considerados insuficientes, a Comissão solicitará ao Tribunal pronunciamento conclusivo sobre a matéria em um prazo de 30 dias. Por fim, caso o Tribunal entenda que a despesa foi irregular, a Comissão, se julgar que o gasto possa causar dano irreparável ou grave lesão à economia pública, proporá ao Congresso Nacional sua sustação.

▸ Como esse assunto foi cobrado em concurso?

No Concurso do CESPE para Juiz Federal da 2ª Região em 2011, foi considerado ERRADO o seguinte enunciado: "Cabe à comissão mista de deputados e senadores, com exclusividade, emitir **parecer prévio** sobre as contas prestadas anualmente pelo presidente da República".

2.8. Tribunal de Contas da União

O Tribunal de Contas da União é composto por **nove ministros**, tem sede no Distrito Federal, quadro próprio de pessoal e jurisdição em todo o território nacional.

Os Ministros do Tribunal de Contas da União terão as mesmas garantias, prerrogativas, impedimentos, vencimentos e vantagens dos Ministros do Superior Tribunal de Justiça, aplicando-se-lhes, quanto à aposentadoria e pensão, as normas constantes do art. 40 (Art. 73, § 3°, da CRFB/88).

Requisitos para o provimento de cargo de Ministro do TCU
• Ser brasileiro; • Mais de trinta e cinco e menos de sessenta e cinco anos de idade; • Idoneidade moral e reputação ilibada; • Notórios conhecimentos jurídicos, contábeis, econômicos e financeiros ou de Administração Pública; e • Mais de dez anos de exercício de função ou de efetiva atividade profissional que exija os conhecimentos mencionados no inciso anterior.

▸ Qual o entendimento atual do STF sobre o assunto?

"As cortes de contas seguem o exemplo dos tribunais judiciários no que concerne às garantias de independência, sendo também detentoras de autonomia funcional, administrativa e financeira, das quais decorre, essencialmente, a iniciativa reservada para instaurar processo legislativo que pretenda alterar sua organização e funcionamento, conforme interpretação sistemática dos arts. 73, 75 e 96, II, d, da Constituição Federal" (STF, ADI 4418, Rel. Min. Dias Toffoli, j. 15.12.2016, Pleno, p. 03.03.2017).

Os Ministros do Tribunal de Contas da União serão escolhidos conforme o §2º do art. 73 da CRFB/88:

I. um terço pelo Presidente da República, com aprovação do Senado Federal, sendo dois alternadamente dentre auditores e membros do Ministério Público junto ao Tribunal, indicados em lista tríplice pelo Tribunal, segundo os critérios de antiguidade e merecimento;

II. dois terços pelo Congresso Nacional.

▸ **Qual o entendimento atual do STJ sobre o assunto?**

"A simples existência de uma investigação criminal, tão robusta como se verifica *in concreto*, torna no mínimo temerária a recondução do investigado ao seu cargo, na medida em que o seu principal mister, como integrante de uma Corte de Contas, consiste exatamente na salvaguarda e prestígio à moralidade administrativa e boa gestão do dinheiro público (STJ, Inq 780/CE, Rel. Min. Nancy Andrighi, j. 19.02.2014, p. 05.03.2014).

O TCU ainda é composto por **três auditores**, nomeados pelo Presidente da República, dentre os cidadãos que satisfaçam os requisitos exigidos para o cargo de ministro do Tribunal de Contas da União, mediante concurso público de provas e títulos, observada a ordem de classificação, os quais, depois de empossados, só perderão os cargos por sentença judicial transitada em julgado (art. 77 e 79, da lei 8.443/92).

Observe-se que o mesmo dispositivo legal, em seu parágrafo único determina que a comprovação do efetivo exercício por mais de dez anos de cargo da carreira de controle externo do quadro de pessoal da secretaria do Tribunal constitui título computável para efeito do concurso para auditor.

A principal função dos auditores no TCU é substituir os Ministros nas seguintes situações (RAMOS FILHO, 2017, p. 629):

- Ausências e impedimentos dos Ministros por motivo de licença, férias ou outro afastamento legal (art. 63, *caput*, lei 8.443/92);
- Para efeito de *quórum*, sempre que os Ministros comunicarem a impossibilidade de comparecimento à sessão (art. 63, §º1, Lei nº 8.443/92);

- Vacância do cargo de Ministro, até que haja novo provimento (art. 63, §º2, Lei nº 8.443/92).

Quando não convocado para substituir ministro, o auditor presidirá a instrução dos processos que lhe forem distribuídos, relatando-os com proposta de decisão a ser votada pelos integrantes do Plenário ou da Câmara para a qual estiver designado (art. 78, parágrafo único, da lei 8.433/92).

O auditor, quando em substituição a Ministro, terá as mesmas garantias e impedimentos do titular e, quando no exercício das demais atribuições da judicatura, as de juiz de Tribunal Regional Federal (Art. 73, § 4º, da CRFB/88).

▸ **Qual o entendimento atual do STF sobre o assunto?**

"Não é possível ao Estado-membro extinguir o cargo de auditor na Corte de Contas estadual, previsto constitucionalmente, e substituí-lo por outro cuja forma de provimento igualmente divirja do modelo definido pela CB/1988 (STF, ADI 1.994, Rel. Min. Eros Grau, j. 24.05.2006, Pleno, p. 08.09.2006).

Junto ao TCU funciona o **Ministério Público** conforme disciplina dos arts. 80 a 84 da lei 8.443/92. Assim, o MP junto ao TCU, ao qual se aplicam os princípios institucionais da unidade, da indivisibilidade e da independência funcional, compõe-se de um procurador-geral, três subprocuradores-gerais e quatro procuradores, nomeados pelo Presidente da República, dentre brasileiros, bacharéis em direito.

A carreira do Ministério Público junto ao Tribunal de Contas da União é constituída pelos cargos de subprocurador-geral e procurador, este inicial e aquele representando o último nível da carreira, não excedendo a dez por cento a diferença de vencimentos de uma classe para outra, respeitada igual diferença entre os cargos de subprocurador-geral e procurador-geral (art. 81, § 2°, da lei 8.443/92).

O ingresso na carreira far-se-á no cargo de procurador, mediante concurso público de provas e títulos, assegurada a participação da Ordem dos Advogados do Brasil em sua realização e observada, nas nomeações, a ordem de classificação, enquanto a promoção ao cargo de subprocurador-geral far-se-á, alternadamente, por antiguidade e merecimento (art. 81, § 3°, da lei 8.443/92).

O Ministério Público contará com o apoio administrativo e de pessoal da secretaria do Tribunal, conforme organização estabelecida no Regimento Interno (art. 83, da lei 8.443/92).

Aos membros do Ministério Público junto ao Tribunal de Contas da União aplicam-se, subsidiariamente, no que couber, as disposições da Lei orgânica do Ministério Público da União, pertinentes a direitos, garantias, prerrogativas, vedações, regime disciplinar e forma de investidura no cargo inicial da carreira (art. 84, da lei 8.443/92).

Aos membros do Ministério Público junto aos Tribunais de Contas, aplicam-se as mesmas disposições referentes a direitos, vedações e forma de investidura a que submetem os membros do Ministério Público Comum (CRFB/88, art. 130).

Capítulo 7

Sistema Financeiro Nacional

A doutrina aponta o Sistema Financeiro Nacional como "todo o disciplinamento jurídico inerente a reger e regular as instituições financeiras de crédito, públicas ou privadas, bem como todas as entidades congêneres que atuam na economia popular, tais como seguradoras, entes de previdência privada e de capitalização, por exemplo" (FIGUEIREDO, 2016, p. 389).

No Brasil, a disciplina constitucional do Sistema Financeiro Nacional encontra-se no art. 192, com a redação que lhe foi dada pela Emenda Constitucional nº 40, de 2003.

> **Importante**
>
> CRFB/88, art. 192. O sistema financeiro nacional, estruturado de forma a promover o desenvolvimento equilibrado do País e a servir aos **interesses da coletividade**, em todas as partes que o compõem, abrangendo as cooperativas de crédito, será regulado por leis complementares que disporão, inclusive, sobre a participação do capital estrangeiro nas instituições que o integram.

A principal norma de regência do Sistema Financeiro Nacional é a lei 4.595/64, recepcionada pela Constituição da República de 1988, como **lei complementar**, conforme art. 192, supratranscrito. Referida lei dispõe sobre a Política e as Instituições Monetárias, Bancárias e Creditícias, além de criar o Conselho Monetário Nacional.

> **Como esse assunto foi cobrado em concurso?**
>
> No Concurso do CESPE para Juiz do Tribunal de Justiça do Distrito Federal e dos Territórios em 2016, foi considerado ERRADO o seguinte enunciado: "O Sistema Financeiro Nacional deve ser regulamentado por uma única Lei Complementar, devendo conter, segundo a jurisprudência do STF, a regulamentação de toda atividade bancária, inclusive a respeito da taxa de juros".

▸ **Como esse assunto foi cobrado em concurso?**

No Concurso do CESPE para Oficial de Justiça do TRT da 8ª Região em 2016, foi considerado ERRADO o seguinte enunciado: "O sistema financeiro nacional regula-se por leis complementares, salvo no que se refere à participação de capital estrangeiro nas instituições financeiras, que será regulada por tratados internacionais".

▸ **Como esse assunto foi cobrado em concurso?**

No Concurso da ESAF para Procurador da Fazenda Nacional em 2012, foi considerado CERTO o seguinte enunciado sobre o Sistema Financeiro Nacional: "É regulado pela lei n. 4.595, de 1964, criada sob a forma de lei ordinária, mas **recebida pela Constituição de 1988 como lei complementar**".

▸ **Como esse assunto foi cobrado em concurso?**

No Concurso da ESAF para Procurador da Fazenda Nacional em 2012, foi considerado ERRADO o seguinte enunciado sobre o Sistema Financeiro Nacional: "Deve ser regulado por lei complementar global, que disponha, inclusive, sobre autorização e funcionamento dos estabelecimentos de seguro, previdência e capitalização".

▸ **Como esse assunto foi cobrado em concurso?**

No Concurso do CESPE para Juiz Federal da 2ª Região em 2012, foi considerado ERRADO o seguinte enunciado: "Embora o SFN deva ser regulado por lei complementar, o STF sumulou o entendimento de que a norma que limitava a taxa de juros reais a 12% ao ano tinha eficácia plena".

Podem ser apontadas como as principais políticas do Sistema Financeiro Nacional (FIGUEIREDO, 2016, p. 393):

a) **Monetária**: objetiva o controle da oferta da moeda e das taxas de juros de curto prazo para garantir a liquidez ideal de cada período econômico;

b) **Fiscal**: objetiva o equilíbrio entre as receitas e as despesas governamentais, a fim de controlar a carga tributária em patamares que não comprometam a política monetária;

c) **Cambial**: objetiva o controle da taxa de câmbio, a fim de viabilizar as relações do comércio exterior;

d) **Rendas**: objetiva garantir a justa remuneração às pessoas físicas e jurídicas.

A partir das finalidades estabelecidas pelo art. 192, interpretadas em conjunto com os princípios do art. 170 da Constituição, é possível compreender que a disciplina do Sistema Financeiro Nacional não abrange tão-somente a regulação das relações financeiras, repercutindo, na verdade, sobre **toda a ordem econômica**, buscando regular, de forma transparente, o acesso ao crédito e garantir o bem-estar econômico.

O Sistema Financeiro Nacional conta com uma arquitetura institucional formada por três setores específicos que se inter-relacionam: **o sistema bancário, o sistema de seguros privados e o mercado de capitais**. Nesse contexto, o sistema bancário, por ser o instrumento de mobilização e circulação de recursos financeiros, assume o papel central (MIRAGEM, 2013, p. 98).

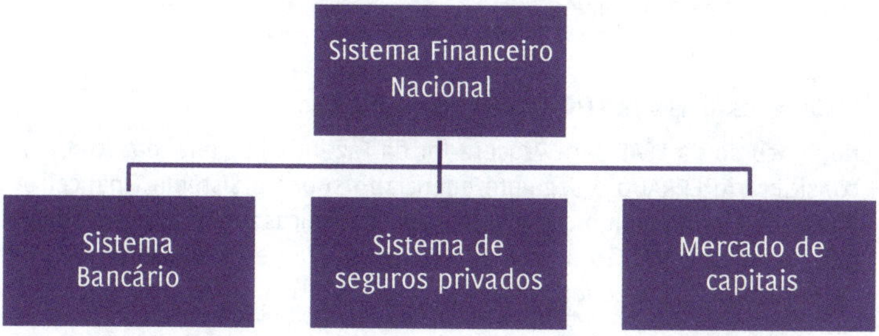

O Sistema Financeiro Nacional é composto pelas instituições financeiras, que só poderão funcionar no País mediante prévia autorização do **Banco Central** ou **Decreto do Poder Executivo, quando forem estrangeiras**. Caracterizam-se como as pessoas jurídicas, públicas ou privadas, que tenham como atividade principal ou acessória a coleta, intermediação ou aplicação de recursos próprios ou de terceiros, em moeda nacional ou estrangeira, e a custódia de valor de propriedade de terceiros, equiparando-se a estas, as pessoas físicas que exerçam qualquer dessas atividades, de forma permanente ou eventual (art. 17 da lei 4.595/64). O art. 18, §1º da mesma lei destaca, ainda, que "além dos estabelecimentos bancários oficiais ou privados, das sociedades de crédito, financiamento e investimentos, das caixas econômicas e das cooperativas de crédito ou a seção de crédito das cooperativas que a tenham, também se subordinam às disposições e disciplina desta lei no que for aplicável, as bolsas de valores, companhias de seguros e de capitalização, as sociedades que efetuam distribuição de prêmios em imóveis, mercadorias ou dinheiro, mediante sorteio de títulos de sua emissão ou por qualquer forma, e as pessoas físicas ou jurídicas que exerçam, por conta própria ou de terceiros, atividade relacionada com a compra e venda de ações e outros quaisquer títulos, realizando nos mercados financeiros e de capitais operações ou serviços de natureza dos executados por instituições financeiras".

> **▸ Como esse assunto foi cobrado em concurso?**
>
> No Concurso do CESPE para Juiz do Tribunal de Justiça do Distrito Federal e dos Territórios em 2016, foi considerado ERRADO o seguinte enunciado: "União e estados têm competência concorrente para fiscalização das operações de natureza financeira, limitada a destes aos Bancos Estaduais, quando houver".

> **▸ Como esse assunto foi cobrado em concurso?**
>
> No Concurso da ESAF para Procurador da Fazenda Nacional em 2012, foi considerado ERRADO o seguinte enunciado sobre o Sistema Financeiro Nacional: "É constituído por instituições financeiras públicas e privadas, que somente poderão funcionar no País mediante prévia autorização do **Ministério da Fazenda**".

> **▸ Como esse assunto foi cobrado em concurso?**
>
> No Concurso do CESPE para Juiz Federal da 1ª Região em 2011, foi considerado ERRADO o seguinte enunciado: "As condições para a participação do capital estrangeiro nas instituições financeiras devem atender aos interesses nacionais e aos acordos internacionais".

As instituições financeiras públicas deverão ter sua instituição autorizada por lei (art. 37, XIX e art. 173 da CRFB), observando-se as regras da lei 13.303/16. Por sua vez, as instituições privadas, exceto as cooperativas de crédito, deverão ser constituídas sob a forma de **sociedades anônimas**, devendo a totalidade de seu capital com direito a voto ser representada por ações nominativa (art. 25 da lei 4.595/64). Já as instituições financeiras estrangeiras, somente poderão atuar no país mediante prévia autorização do Banco Central ou decreto do Poder Executivo (art. 18 da lei 4.595/64).

▸ **Como esse assunto foi cobrado em concurso?**

No Concurso do CESPE para Juiz Federal da 5ª Região em 2009, foi considerado CERTO o seguinte enunciado: "As instituições financeiras estrangeiras só podem funcionar no Brasil mediante decreto do Poder Executivo".

▸ **Como esse assunto foi cobrado em concurso?**

No Concurso do CESPE para Juiz Federal da 5ª Região em 2009, foi considerado CERTO o seguinte enunciado: "Toda instituição financeira privada, com exceção das cooperativas de crédito, constituem-se sob a forma de sociedade anônima".

▸ **Como esse assunto foi cobrado em concurso?**

No Concurso para Juiz Federal da 3ª Região em 2006, foi considerado ERRADO o seguinte enunciado: "É constitucionalmente vedada a participação de capital estrangeiro nas instituições que integram o sistema financeiro nacional".

▸ **Qual o entendimento atual do STF sobre o assunto?**

"Lei 12.775/2003 do Estado de Santa Catarina. Competência legislativa. Sistema Financeiro Nacional. Banco. Agência bancária. Adoção de equipamento que, embora indicado pelo Banco Central, ateste autenticidade das cédulas de dinheiro nas transações bancárias. Previsão de obrigatoriedade. Inadmissibilidade. Regras de fiscalização de operações financeiras e de autenticidade do ativo circulante. Competências exclusivas da União. Ofensa aos arts. 21, VIII, e 192 da CF". (STF, ADI 3.515, Rel. Min. Cezar Peluso, j. 1º.08.2011, Pleno, p. 29.09.2001).

Na composição do Sistema Financeiro Nacional, merecem destaque os órgãos normativos (aos quais compete disciplinar, regulamentar e estabelecer as políticas públicas para o setor); b) órgãos supervisores (fiscalização); e c) agentes especiais. Segundo Edgar Abreu e Lucas Silva, são eles:

a) **Órgãos normativos**

- Conselho Monetário Nacional – CMN;
- Conselho Nacional de Seguros Privados – CNSP;

- Conselho Nacional de Previdência Complementar - CNPC (antigo Conselho de Gestão de Previdência Complementar - CGPC);

b) Entidades supervisoras

- Banco Central - BACEN;
- Conselho de Política Monetária - Copom;
- Comissão de Valores Mobiliários - CVM;
- Superintendência de Seguros Privados - SUSEP;
- Superintendência Nacional de Previdência Complementar - PREVIC.

c) Agentes Especiais

- Banco do Brasil;
- Caixa Econômica Federal
- Banco Nacional de Desenvolvimento Econômico e Social - BNDES.

d) Operadores

- Bolsas de valores;
- Bolsas de mercadorias e futuros;
- Sociedades seguradoras;
- Instituto de Resseguros do Brasil - IRB;
- Sociedades de capitalização;
- Entidades abertas de previdência complementar;
- Entidades fechadas de previdência complementar;
- Instituições financeiras captadoras de depósito à vista:
    - Bancos comerciais;
    - Bancos múltiplos com carteira comercial;
    - Caixa Econômica Federal;
    - Cooperativas de Crédito;

- Instituições financeiras não captadoras de depósitos à vista;
- Outros intermediários financeiros.

▸ **Como esse assunto foi cobrado em concurso?**

No Concurso da ESAF para Procurador da Fazenda Nacional em 2012, foi considerado ERRADO o seguinte enunciado sobre o Sistema Financeiro Nacional: "Não abrange as cooperativas de crédito". Na mesma questão também foi considerado ERRADO o seguinte enunciado: "É dirigido pelo Banco Central do Brasil".

▸ **Como esse assunto foi cobrado em concurso?**

No Concurso do CESPE para Juiz Federal da 1ª Região em 2011, foi considerado ERRADO o seguinte enunciado: "Na estrutura do SFN não se incluem as cooperativas de crédito".

Constituição do Sistema Financeiro Nacional segundo a lei 4.595/64
• Conselho Monetário Nacional; • Banco Central do Brasil; • Banco do Brasil S/A; • Banco Nacional de Desenvolvimento Econômico (BNDES); • Demais instituições financeiras públicas e privadas.
Art. 17 da lei 4.595/64. Consideram-se instituições financeiras, para os efeitos da legislação em vigor, as pessoas jurídicas públicas ou privadas, que tenham como atividade principal ou acessória a coleta, intermediação ou aplicação de recursos financeiros próprios ou de terceiros, em moeda nacional ou estrangeira, e a custódia de valor de propriedade de terceiros. Obs: equiparam-se às instituições financeiras as pessoas físicas que exerçam quaisquer dessas atividades elencadas no art. 17; Obs: as instituições financeiras só poderão funcionar no País mediante prévia autorização do Banco Central do Brasil ou Decreto do Poder Executivo, quando forem estrangeiras. Ao regular o Sistema Financeiro Nacional o Estado demonstra preocupação com a macroeconomia. O SFN também se vincula aos princípios do art. 170 da CR/88; Bem jurídico tutelado: ***solidez do sistema*** (função social do SFN).

1. CONSELHO MONETÁRIO NACIONAL (CMN)

O Conselho Monetário Nacional foi Instituído pela lei 4.595/64, com a finalidade de formular a política da moeda e do crédito, objetivando o progresso econômico e social do país. É, portanto, o **órgão superior do Sistema Financeiro Nacional**, sendo o responsável pelo bom funcionamento do Sistema. Suas resoluções vinculam as instituições financeiras já que o CMN goza de **capacidade normativa de conjuntura**.

▸ Qual o entendimento do STF sobre o assunto?

"O Conselho Monetário Nacional é titular de capacidade normativa - a chamada **capacidade normativa de conjuntura** - no exercício da qual lhe incumbe regular, além da constituição e fiscalização, o funcionamento das instituições financeiras, isto é, o desempenho de suas atividades no plano do sistema financeiro. Tudo o quanto exceda esse desempenho não pode ser objeto de regulação por ato normativo produzido pelo Conselho Monetário Nacional. A produção de atos normativos pelo Conselho Monetário Nacional, quando não respeitem ao funcionamento das instituições financeiras, é abusiva, consubstanciando afronta à legalidade" (ADI 2.591/DF, Rel. Min. Carlos Velloso, publ. 29.09.2006).

▸ Como esse assunto foi cobrado em concurso?

No Concurso do CESPE para Procurador do BACEN em 2013, em questão sobre o Conselho Monetário Nacional foram propostas as seguintes alternativas: "a) Tem competência para emitir papel-moeda; b) tem capacidade normativa de conjuntura, sendo suas resoluções normas que vinculam as instituições financeiras; c) tem por função a fiscalização do mercado de ações; d) funciona como última instância recursal das decisões emitidas pelo Conselho de Recursos do Sistema Financeiro Nacional; e) é órgão do BACEN, formulador da política econômica, monetária, bancária e creditícia". Conforme o gabarito oficial, foi considerada CORRETA a alternativa "b".

A composição do CMN foi definida pelo art. 6º da lei 4.595/64 que também determinou que suas deliberações dar-se-iam por maioria de votos, com a presença de, no mínimo, seis membros, cabendo ao Presidente também o voto de qualidade. Sua composição era:

- Ministro da Fazenda (Presidente);
- Presidente do Banco Central do Brasil S.A.;
- Presidente do Banco Nacional do Desenvolvimento Econômico (BNDE - a partir de 1982, BNDES);

- Sete membros nomeados pelo Presidente da República, após aprovação do Senado Federal, escolhidos entre brasileiros de ilibada reputação e notória capacidade em assuntos econômico-financeiros, com mandato de sete anos, podendo ser reconduzidos.

Contudo, a sua composição foi alterada em 1995, com a Lei 9.069, que dispõe sobre o Plano Real e sobre o Sistema Monetário Nacional. Assim, atualmente o CMN é composto por:

- Ministro da Fazenda (Presidente);
- Ministro do Planejamento;
- Presidente do Banco Central.

Para suas reuniões, o CMN conta com o auxílio das comissões consultivas, que têm como finalidade auxiliar o Conselho em suas decisões, sendo obrigatória a realização de audiências com as Comissões no trato das matérias atinentes às suas finalidades, ressalvados os casos em que se impuser sigilo (ABREU; SILVA, 2017, p. 16-17). São elas (art. 11 da Lei 9.069/95):

- De Normas e Organização do Sistema Financeiro;
- De Mercado de Valores Mobiliários e de Futuros;
- De Crédito Rural;
- De Crédito Industrial;
- De Crédito Habitacional, e para Saneamento e Infraestrutura urbana;
- De Endividamento Público;
- De Política Monetária e Cambial.

Junto ao CMN também funciona a **Comissão Técnica da Moeda e do Crédito (Comoc)**, a quem compete, dentre outras atribuições, propor a regulamentação de matérias de competência do CMN, assim como manifestar-se previamente sobre as matérias de competência do órgão. Essa Comissão é coordenada pelo Presidente do BACEN, que a integra junto com quatro diretores da instituição, do Presidente da Comissão de Valores Mobiliários, dos Secretários Executivos dos Ministérios da Fazenda e do Planejamento. Orçamento e Gestão, assim como dos Secretários do Tesouro Nacional e de Política Econômica do Ministério da Fazenda (MIRAGEM, 2013, p. 127).

O CMN reúne-se, ordinariamente, uma vez por mês e, extraordinariamente, por convocação de seu Presidente, sendo lavradas atas em todas as reuniões, cujo extrato é publicado no Diário Oficial da União, assim como as matérias aprovadas que são regulamentadas por meio de Resoluções (ABREU; SILVA, 2017, p. 17).

Os objetivos do Conselho Monetário Nacional foram previstos no art. 3º da lei 4.595/64:

- Adaptar o volume dos meios de pagamento ás reais necessidades da economia nacional e seu processo de desenvolvimento;
- Regular o valor interno da moeda, para tanto prevenindo ou corrigindo os surtos inflacionários ou deflacionários de origem interna ou externa, as depressões econômicas e outros desequilíbrios oriundos de fenômenos conjunturais;
- Regular o valor externo da moeda e o equilíbrio no balanço de pagamento do País, tendo em vista a melhor utilização dos recursos em moeda estrangeira;
- Orientar a aplicação dos recursos das instituições financeiras, quer públicas, quer privadas; tendo em vista propiciar, nas diferentes regiões do País, condições favoráveis ao desenvolvimento harmônico da economia nacional;
- Propiciar o aperfeiçoamento das instituições e dos instrumentos financeiros, com vistas à maior eficiência do sistema de pagamentos e de mobilização de recursos;
- Zelar pela liquidez e solvência das instituições financeiras;
- Coordenar as políticas monetária, creditícia, orçamentária, fiscal e da dívida pública, interna e externa.

É papel do Conselho Monetário Nacional a coordenação das políticas, cabendo ao Banco Central a sua execução.

As competências do Conselho Monetário Nacional, segundo diretrizes estabelecidas pelo Presidente da República, são (lei 4.595/64, art. 4º):

I. Autorizar as emissões de papel-moeda;

II. Estabelecer condições para que o BACEN emita papel-moeda de curso forçado;

III. Aprovar os orçamentos monetários, preparados pelo BACEN;

IV. Determinar as características gerais das cédulas e das moedas;

V. Fixar as diretrizes da política cambial;

VI. Disciplinar o crédito em todas as suas modalidades e operações creditícias em todas as suas formas, inclusive aceites, avais e prestações de quaisquer garantias por parte das instituições financeiras;

VII. Coordenar sua política com a de investimentos do Governo Federal;

VIII. Regular a constituição, funcionamento e fiscalização dos que exercem atividades subordinadas à lei 4.595/64, bem como a aplicação das penalidades previstas;

IX. **Limitar**, sempre que necessário, **as taxas de juros**, descontos, comissões e qualquer outra forma de remuneração de operações e serviços bancários ou financeiros, inclusive os prestados pelo Banco Central da República Federativa do Brasil, asseguradas taxas favorecidas a financiamentos com voltados, dentre outros, a políticas de reflorestamento e de incentivo à agropecuária;

X. Determinar a percentagem máxima dos recursos que as instituições financeiras poderão emprestar a um mesmo cliente ou grupo de empresas;

XI. Estipular índices e outras condições técnicas sobre encaixes, mobilizações e outras relações patrimoniais a serem observadas pelas instituições financeiras;

XII. Expedir normas gerais de contabilidade e estatística a serem observadas pelas instituições financeiras;

XIII. Delimitar o capital mínimo das instituições financeiras privadas;

XIV. Determinar recolhimento de até 60% do total dos depósitos e/ou outros títulos contábeis das instituições financeiras;

XV. Estabelecer para as instituições financeiras públicas, a dedução dos depósitos de pessoas jurídicas de direito público que lhes detenham o controle acionário, bem como dos das respectivas autarquias e sociedades de economia mista, no cálculo do inciso anterior;

XVI. Enviar obrigatoriamente ao Congresso Nacional, até o último dia do mês subsequente, relatório e mapas demonstrativos da aplicação dos recolhimentos compulsórios;

XVII. Regulamentar, fixando limites, prazos e outras condições, as operações de redesconto e de empréstimo, efetuadas com quaisquer instituições financeiras públicas e privadas de natureza bancária;

XVIII. Outorgar ao Banco Central da República do Brasil o monopólio das operações de câmbio quando ocorrer grave desequilíbrio no balanço de pagamentos ou houver sérias razões para prever a iminência de tal situação;

XIX. Estabelecer normas a serem observadas pelo Banco Central em suas transações com títulos públicos e de entidades de que participe o Estado;

XX. Autorizar o Banco Central e as instituições financeiras públicas federais a efetuar a subscrição, compra e venda de ações e outros papéis emitidos ou de responsabilidade das sociedades de economia mista e empresas do Estado;

XXI. Disciplinar as atividades das Bolsas de Valores e dos corretores de fundos públicos;

XXII. Estatuir normas para as operações das instituições financeiras públicas, para preservar sua solidez e adequar seu funcionamento aos objetivos da lei 4.595/64;

XXIII. Fixar, até 15 vezes a soma do capital realizado e reservas livres, o limite além do qual os excedentes dos depósitos das instituições financeiras serão recolhidos ao Banco Central ou aplicados de acordo com as normas que o Conselho estabelecer;

XXIV. Decidir de sua própria organização, elaborando seu regimento interno;

XXV. Decidir sobre a estrutura técnica e administrativa do Banco Central do Brasil;

XXVI. Conhecer dos recursos das decisões do Banco Central do Brasil;

XXVII. Aprovar o regimento interno e as contas do Banco Central do Brasil e decidir sobre seu orçamento e sobre seus sistemas de contabilidade, bem como sobre a forma e prazo de transferência de seus resultados para o Tesouro Nacional, sem prejuízo da competência do Tribunal de Contas da União;

XXVIII. Aplicar aos bancos estrangeiros que funcionem no País as mesmas vedações ou restrições equivalentes, que vigorem nas praças de suas matrizes, em relação a bancos brasileiros ali instalados ou que nelas desejem estabelecer-se;

XXIX. Colaborar com o Senado Federal, na instrução dos processos de empréstimos externos dos Estados, do Distrito Federal e dos Municípios, para cumprimento do disposto no art. 63, nº II, da Constituição Federal;

XXX. Expedir normas e regulamentação para as designações e demais efeitos do art. 7º, da lei 4.595/64;

XXXI. Baixar normas que regulem as operações de câmbio, inclusive swaps, fixando limites, taxas, prazos e outras condições;

XXXII. Regular os depósitos a prazo de instituições financeiras e demais sociedades autorizadas a funcionar pelo Banco Central do Brasil, inclusive entre aquelas sujeitas ao mesmo controle acionário ou coligadas;

▸ **Como esse assunto foi cobrado em concurso?**

No Concurso do CESPE para Juiz do Tribunal de Justiça do Distrito Federal e dos Territórios em 2016, foi considerado ERRADO o seguinte enunciado: "O **Banco Central do Brasil** tem competência para o estabelecimento, à vista da conjuntura econômica, das taxas máximas de juros a serem praticadas no mercado financeiro".

▸ **Como esse assunto foi cobrado em concurso?**

No Concurso do CESPE para Juiz Federal da 1ª Região em 2013, foi considerado ERRADO o seguinte enunciado: "Em situações de grave desequilíbrio na política monetária, admite-se que **bancos estatais federais** exerçam a competência de emissão de moeda, se assim deliberar o Conselho Monetário Nacional".

▸ **Como esse assunto foi cobrado em concurso?**

No Concurso da ESAF para Procurador da Fazenda Nacional em 2012, foi cobrada a seguinte questão: "O Governo Federal pretende instituir linha especial de crédito para os agricultores familiares, enquadrados no Programa de Fortalecimento da Agricultura Familiar (Pronaf), afetados pela seca ou estiagem na área de atuação da Superintendência de Desenvolvimento do Nordeste (Sudene). É competente para disciplinar o crédito rural do País o: a) Conselho Monetário Nacional; b) Ministério da Agricultura; c) Ministério da Fazenda; d) Ministério do Desenvolvimento Agrário; e) Banco Nacional de Desenvolvimento Econômico e Social". Segundo o gabarito oficial, foi considerada CORRETA a alternativa "a".

▸ **Como esse assunto foi cobrado em concurso?**

No Concurso da ESPP para Técnico Bancário do BANPARÁ em 2012, o tema foi cobrado a seguinte forma: "Dentro do Sistema Financeiro Nacional, existe um subsistema normativo, em que consta um órgão máximo que estabelece diretrizes, mas não executa. Entre suas finalidades está a de estabelecer diretrizes gerais das políticas monetárias, fiscal, cambial e creditícia, regular as condições de constituição, funcionamento e fiscalização das instituições financeiras e disciplinar os instrumentos de política monetária e cambial. A esse órgão máximo dentro do SFN damos o nome de: a) CVM; b) SUSEP; c) CMN; d) BACEN; e e) IFs". Segundo o gabarito oficial, foi considerada CORRETA a alternativa "c".

2. CONSELHO NACIONAL DE SEGUROS PRIVADOS (CNSP)

O Conselho Nacional de Seguros Privados (CNSP) foi criado em 1966 pelo Decreto-lei nº 73 que dispõe sobre o Sistema Nacional de Seguros Privados, tendo como competência:

- Fixar as diretrizes e normas da política de seguros privados;
- Regular a constituição, organização, funcionamento e fiscalização dos que exercerem atividades subordinadas a este Decreto-Lei, bem como a aplicação das penalidades previstas;
- Estipular índices e demais condições técnicas sobre tarifas, investimentos e outras relações patrimoniais a serem observadas pelas Sociedades Seguradoras;
- Fixar as características gerais dos contratos de seguros;
- Fixar normas gerais de contabilidade e estatística a serem observadas pelas Sociedades Seguradoras;
- Delimitar o capital das sociedades seguradoras e dos resseguradores;
- Estabelecer as diretrizes gerais das operações de resseguro;
- Disciplinar as operações de co-seguro;
- Aplicar às Sociedades Seguradoras estrangeiras autorizadas a funcionar no País as mesmas vedações ou restrições equivalentes às que vigorarem nos países da matriz, em relação às Sociedades Seguradoras brasileiras ali instaladas ou que nêles desejem estabelecer-se;
- Prescrever os critérios de constituição das Sociedades Seguradoras, com fixação dos limites legais e técnicos das operações de seguro;
- Disciplinar a corretagem de seguros e a profissão de corretor;
- Decidir sobre sua própria organização, elaborando o respectivo Regimento Interno;
- Regular a organização, a composição e o funcionamento de suas Comissões Consultivas;

- Regular a instalação e o funcionamento das Bolsas de Seguro.
- Fixar as condições de constituição e extinção de entidades autorreguladoras do mercado de corretagem, sua forma jurídica, seus órgãos de administração e a forma de preenchimento de cargos administrativos;
- Regular o exercício do poder disciplinar das entidades autorreguladoras do mercado de corretagem sobre seus membros, inclusive do poder de impor penalidades e de excluir membros;
- Disciplinar a administração das entidades autorreguladoras do mercado de corretagem e a fixação de emolumentos, comissões e quaisquer outras despesas cobradas por tais entidades, quando for o caso.

O CNSP está vinculado ao Ministério da Fazenda (Lei 13.502, de 2017, art. 42, IV) e, apesar de não ser subordinado hierarquicamente ao Conselho Monetário Nacional, suas políticas devem estar de acordo com as políticas definidas pelo CMN (ABREU; SILVA, 2017, p. 24).

A composição do CNSP encontra-se fixada no art. 33 do Decreto-lei nº73, de 1966, com redação dada pela lei 10.190, de 2001:

- Ministro de Estado da Fazenda, ou seu representante (Presidente);
- Representante do Ministério da Justiça;
- Representante do Ministério da Previdência e a Assistência Social;
- Superintendente da Superintendência de Seguros Privados - SUSEP;
- Representante do Banco Central do Brasil;
- Representante da Comissão de Valores Mobiliários.

3. CONSELHO NACIONAL DE PREVIDÊNCIA COMPLEMENTAR (CNPC)

Criado em 2010 por meio do Decreto nº 7.123, o Conselho Nacional de Previdência Complementar (CNPC) substituiu o Conselho de Gestão da Previdência Complementar (CGPC). Essa substituição, conforme destacam Edgar Abreu e Lucas Silva, não se deu em todas as atividades, haja vista que o CGPC funcionava não somente como um órgão normativo, mas também como um órgão recursal, cabendo a ele a responsabilidade de julgar os recursos interpostos contra decisão da Diretoria Colegiada da Superintendência Nacional de Previdência Complementar (Previc)" (2017, p. 27). Hoje, as funções antes desenvolvidas pelo CGPC foram divididas entre o CNPC (função normativa) e a Câmara de Recursos da Previdência Complementar (função recursal).

O CNPC caracteriza-se como órgão colegiado, integrante da estrutura básica do Ministério da Previdência Social, ao qual cabe exercer a função de órgão regulador do regime de previdência complementar operado pelas entidades fechadas de previdência complementar (art. 2º), deliberando através de resoluções ou recomendações (art. 4º). Sua sede é Brasília e exerce jurisdição sobre todo o território nacional (art. 5º).

O CNPC é integrado pelo Ministro de Estado da Previdência Social, que o presidirá, e por um representante de cada um dos seguintes indicados, todos com direito a voto:

I. Superintendência Nacional de Previdência Complementar - Previc;

II. Secretaria de Políticas Públicas de Previdência Complementar do Ministério da Previdência Social;

III. Casa Civil da Presidência da República;

IV. Ministério da Fazenda;

V. Ministério do Planejamento, Orçamento e Gestão;

VI. Entidades fechadas de previdência complementar;

VII. Participantes e assistidos de planos de benefícios das entidades fechadas de previdência complementar

> **Importante**
>
> Com a Medida Provisória nº 782, de 31 de maio de 2017, convertida na lei 13.502, de 2017 o CNPC passou a integrar a estrutura do Ministério da Fazenda (art. 42, XIII).

4. BANCO CENTRAL DO BRASIL

O Banco Central da República do Brasil, instituído pela lei 4.595/64, é uma autarquia federal, com personalidade jurídica e patrimônio próprios, competindo-lhe cumprir e fazer cumprir as disposições que lhe são atribuídas pela legislação em vigor e as normas expedidas pelo Conselho Monetário Nacional. A sua sede é em Brasília, mas conta com representações nas capitais dos estados da Bahia, Ceará, Minas Gerais, Pará, Pernambuco, Rio Grande do Sul, Paraná, Rio de Janeiro e São Paulo.

Como autoridade monetária, atua tanto na emissão de moeda propriamente dita, quanto no controle da capacidade de criação de moeda escritural pelos integrantes do Sistema Financeiro Nacional. Além disso, atua na qualidade de agente financeiro do próprio Estado, bem como na condição de órgão de **supervisão e controle do sistema bancário**, mediante exercício de competências que se projetam para a formulação e execução, no seu âmbito de competência, de vários aspectos da política econômica, atuando direta e indiretamente na formulação e execução das políticas de crédito, cambial, monetária, fiscal, industrial, comercial e agrícola (MIRAGEM, 2013, p. 128).

Nesse sentido, tem como objetivos: 1) zelar pela adequada liquidez da economia; 2) manter as reservas internacionais em nível adequado; 3) garantir o poder de compra da moeda nacional; 4) estimular a formação de poupança; e 5) zelar pela estabilidade e promover o permanente aperfeiçoamento do sistema financeiro.

A administração do Banco Central é regulada pelo Decreto 91.961/85 que estabelece uma diretoria composta por nove membros, um dos quais será seu Presidente, todos nomeados pelo Presidente da República, entre brasileiros de ilibada reputação e notória capacidade em assuntos econômico-financeiros, sendo **demissíveis *ad nutum***. Cumpre lembrar que, segundo o art. 52, III, "d", da CRFB, compete privativamente ao **Senado Federal** aprovar, previamente, por voto secreto, após arguição pública, a **escolha**, dentre outros, do presidente e dos diretores do Banco Central. Já a **nomeação** destes é de competência privativa do **Presidente da República**, conforme art. 84, XIV, da CRFB.

> **Importante**
>
> LRF, art. 5º, §5º. Integrarão as despesas da União, e serão incluídas na lei orçamentária, as do Banco Central do Brasil relativas a pessoal e encargos sociais, custeio administrativo, inclusive os destinados a benefícios e assistência aos servidores, e a investimentos.

Dentre as atribuições do Banco Central do Brasil, merecem destaque: (http://www.bcb.gov.br/Pre/composicao/bacen.asp) :

a) Emitir papel-moeda e moeda metálica;

b) Executar os serviços do meio circulante;

c) Receber recolhimentos compulsórios e voluntários das instituições financeiras e bancárias;

d) Realizar operações de redesconto e empréstimo às instituições financeiras;

e) Regular a execução dos serviços de compensação de cheques e outros papéis;

f) Efetuar operações de compra e venda de títulos públicos federais;

g) Exercer o controle de crédito;

h) Exercer a fiscalização das instituições financeiras;

i) Autorizar o funcionamento das instituições financeiras;

j) Estabelecer as condições para o exercício de quaisquer cargos de direção nas instituições financeiras;

k) Vigiar a interferência de outras empresas nos mercados financeiros e de capitais e

l) Controlar o fluxo de capitais estrangeiros no país.

> **Importante**
>
> CR/88, art. 164. A competência da União para emitir moeda será exercida exclusivamente pelo Banco Central.
>
> §1º É vedado ao Banco Central conceder, direta ou indiretamente, empréstimos ao Tesouro Nacional e a qualquer órgão ou entidade que não seja instituição financeira.

§2º O Banco Central poderá comprar e vender títulos de emissão do Tesouro Nacional, com o objetivo de regular a oferta de moeda ou a taxa de juros.

§3º As disponibilidades de caixa da União serão depositadas no Banco Central; as dos Estados, do Distrito Federal, dos Municípios e dos órgãos ou entidades do Poder Público e das empresas por ele controladas, em instituições financeiras oficiais, ressalvados os casos previstos em lei.

▸ **Qual o entendimento atual do STF sobre o assunto?**

"O Presidente do Banco Central do Brasil não dispõe de competência, seja para determinar a reserva de fundos para satisfação de crédito impugnado, seja para promover a alteração no quadro geral de credores, pois os poderes de administração, verificação e classificação dos créditos de liquidação extrajudicial de instituição financeira são conferidos por norma legal específica (Lei 6.024/1974, art. 16), apenas ao respectivo liquidante". (STF, RMS 28.194 ED, Rel. Min. Celso de Mello, j. 05.02.2013, 2ª Turma, p. 25.02.2013).

▸ **Como esse assunto foi cobrado em concurso?**

No Concurso do CESPE para Oficial de Justiça do TRT da 8ª Região em 2016, foi considerado ERRADO o seguinte enunciado: "O texto constitucional atribui ao Congresso Nacional a competência para fiscalizar a emissão de moeda no país, exclusivamente pelo Banco Central, nos termos de lei complementar".

▸ **Como esse assunto foi cobrado em concurso?**

No Concurso do CESPE para Juiz Federal da 1ª Região em 2013, foi considerado ERRADO o seguinte enunciado: "Em respeito à autonomia da autoridade monetária, é vedado ao Banco Central do Brasil comprar e vender títulos de emissão do Tesouro Nacional, **mesmo que essa operação objetive regular a oferta de moeda na economia**".

▸ **Como esse assunto foi cobrado em concurso?**

No Concurso do CESPE para Juiz Federal da 1ª Região em 2013, foi considerado ERRADO o seguinte enunciado: "Havendo risco de não cumprimento de meta fiscal prevista na lei de diretrizes orçamentárias, o Tesouro Nacional **poderá** obter empréstimo junto ao Banco Central do Brasil".

▸ Como esse assunto foi cobrado em concurso?

No Concurso do CESPE para Juiz Federal da 2ª Região em 2013, foi considerado ERRADO o seguinte enunciado: "O Banco Central do Brasil poderá comprar e vender títulos de emissão do Tesouro Nacional, com o objetivo de regular a oferta de moeda ou a taxa de juros, **bem como conceder empréstimo** a qualquer órgão ou entidade que não seja instituição financeira".

▸ Como esse assunto foi cobrado em concurso?

No Concurso do CESPE para Procurador do BACEN em 2013, foi considerado ERRADO o seguinte enunciado: "Compete ao Conselho Monetário Nacional definir os sistemas de compensação e de liquidação considerados sistematicamente importantes".

▸ Como esse assunto foi cobrado em concurso?

No Concurso do CESPE para Advogado-Geral da União em 2012, foi exigida a seguinte questão **discursiva**: "Suponha que o presidente de determinada autarquia encaminhe ofício ao Banco Central do Brasil, explicando a impossibilidade de reformar o seu gabinete com os recursos orçamentários disponíveis e pedindo um empréstimo no valor de R$ 5.000,00. Nessa situação, é possível a concessão do empréstimo? Justifique sua resposta".

▸ Como esse assunto foi cobrado em concurso?

No Concurso do CESPE para Juiz Federal da 2ª Região em 2011, foi considerado ERRADO o seguinte enunciado: "É vedado ao BACEN conceder, direta ou indiretamente, empréstimos a qualquer órgão ou entidade que não seja instituição financeira, bem como comprar e vender títulos de emissão do Tesouro Nacional".

▸ Como esse assunto foi cobrado em concurso?

No Concurso do CESPE para Juiz Federal da 5ª Região em 2009, foi considerado CERTO o seguinte enunciado: "É da competência do Banco Central do Brasil regular a execução dos serviços de compensação de cheques e outros papéis".

4.1. O Banco Central na Lei de Responsabilidade Fiscal

A primeira disposição da LRF que merece ser destacada é o art. 34, a partir do qual o Banco Central do Brasil ficou proibido de emitir títulos da dívida pública, ficando o Tesouro Nacional como único órgão autorizado a tais emissões para atender a política fiscal. O BACEN, por sua vez, "utiliza os títulos do Tesouro Nacional para realizar política monetária por meio de operações de compra e venda no mercado secundário" (ABREU; SILVA, 2017, p. 38).

Edgar Abreu e Lucas Silva seguem explicando que "a atuação do BCB no mercado primário de títulos públicos se dá somente quando a emissão dos títulos tiver como objetivo o refinanciamento da dívida pública. Nesse caso, a compra de títulos se caracteriza como um alongamento do prazo das dívidas e não como um financiamento ao tesouro". [...] "Já no mercado secundário, no qual o BCB atua livremente, a negociação é de um título já existente e anteriormente adquirido por um investidor, ou seja, o valor da venda irá para esse investidor e não para o governo" (ABREU; SILVA, 2017, p. 38).

> ▸ **Importante**
>
> LRF, art. 34. O Banco Central do Brasil não emitirá títulos da dívida pública a partir de dois anos após a publicação desta Lei Complementar.

Já o art. 39 da Lei de Responsabilidade Fiscal, complementando as disposições constitucionais (art. 164, §1º), trouxe mais algumas vedações aplicáveis ao Banco Central do Brasil em suas relações com ente da Federação.

Busca-se, dessa forma, "assegurar o controle e respeito às normas da LRF que impõem limitações e condições ao endividamento público para que se possa garantir uma gestão fiscal responsável", evitando-se "que o BACEN financie os gastos públicos pela realização de operações que, de maneira indireta, burlem as vedações e, por consequência, os objetivos da lei no que refere ao controle do endividamento público" (ABRAHAM, 2017, p. 227).

> ▸ **Importante**
>
> LRF, art. 39. Nas suas relações com ente da Federação, o Banco Central do Brasil está sujeito às vedações constantes do art. 35 e mais às seguintes:

I - compra de título da dívida, na data de sua colocação no mercado, ressalvado o disposto no §2º deste artigo;

II - permuta, ainda que temporária, por intermédio de instituição financeira ou não, de título da dívida de ente da Federação por título da dívida pública federal, bem como a operação de compra e venda, a termo, daquele título, cujo efeito final seja semelhante à permuta;

III - concessão de garantia.

§1º O disposto no inciso II, *in fine*, não se aplica ao estoque de Letras do Banco Central do Brasil, Série Especial, existente na carteira das instituições financeiras, que pode ser refinanciado mediante novas operações de venda a termo.

§2º O Banco Central do Brasil só poderá comprar diretamente títulos emitidos pela União para refinanciar a dívida mobiliária federal que estiver vencendo na sua carteira.

§3º A operação mencionada no §2º deverá ser realizada à taxa média e condições alcançadas no dia, em leilão público.

§4º É vedado ao Tesouro Nacional adquirir títulos da dívida pública federal existentes na carteira do Banco Central do Brasil, ainda que com cláusula de reversão, salvo para reduzir a dívida mobiliária.

▸ **Como esse assunto foi cobrado em concurso?**

No Concurso do TRF2 para Juiz Federal substituto em 2017, foi considerado CERTO o seguinte enunciado: "O Banco Central do Brasil está impedido de comprar diretamente títulos emitidos pela União, **salvo para refinanciar a dívida mobiliária federal que estiver vencendo na sua carteira**".

▸ **Como esse assunto foi cobrado em concurso?**

No Concurso do TRF2 para Juiz Federal substituto em 2017, foi considerado ERRADO o seguinte enunciado: "É **absolutamente vedado** ao Tesouro Nacional adquirir títulos da dívida pública federal existentes na carteira do Banco Central do Brasil".

5. COMITÊ DE POLÍTICA MONETÁRIA (COPOM)

O Comitê de Política Monetária (COPOM) foi criado em 20 de junho de 1996, constituído no âmbito do Banco Central do Brasil, tem como objetivos implementar a política monetária, **definir a meta da Taxa Selic** e seu eventual viés e analisar o Relatório de Inflação. Seu funcionamento dá-se conforma o Regulamento anexo à Circular n. 3.593/12 do Banco Central, seguindo um modelo adotado por várias autoridades monetárias de todo o mundo, o que facilita o processo decisório, a transparência e a comunicação com o público.

Sua atuação é pautada pelo Decreto 3.088/99 que estabelece a sistemática de **"metas para a inflação"** como diretriz para fixação do regime de política monetária. "Formalmente, os objetivos do Copom são 'implementar a política monetária, definir a meta da Taxa Selic e seu eventual viés, e analisar o Relatório de Inflação'. A taxa de juros fixada na reunião do Copom é a meta para a Taxa Selic (taxa média dos financiamentos diários, com lastro em títulos federais, apurados no Sistema Especial de Liquidação e Custódia), a qual vigora por todo o período entre reuniões ordinárias do Comitê. Se for o caso, o Copom também pode definir o viés, que é a prerrogativa dada ao presidente do Banco Central para alterar, na direção do viés, a meta para a Taxa Selic a qualquer momento entre as reuniões ordinárias" (Disponível em: http://www.bcb.gov.br/htms/copom/a-hist.asp).

O Copom é composto por oito membros da Diretoria Colegiada do Banco Central, com direito a voto, sendo presidido pelo Presidente do Banco Central, que tem o voto de qualidade, e alguns chefes de departamento do Banco Central, sem direito a voto (FIGUEIREDO, 2016, p. 395-396).

6. COMISSÃO DE VALORES MOBILIÁRIOS (CVM)

Criada pela lei 6.385/76, a Comissão de Valores Mobiliários (CVM) é uma **entidade autárquica em regime especial, vinculada ao Ministério da Fazenda, com personalidade jurídica e patrimônio próprios**, dotada de **autoridade administrativa independente, ausência de subordinação hierárquica**, mandato fixo e estabilidade de seus dirigentes e autonomia financeira e orçamentária.

Segundo a sua lei de regência, compete à Comissão de Valores Mobiliários:

I. regulamentar, com observância da política definida pelo Conselho Monetário Nacional, as matérias expressamente previstas nesta Lei e na lei de sociedades por ações;

II. administrar os registros instituídos por esta Lei;

III. fiscalizar permanentemente as atividades e os serviços do mercado de valores mobiliários, de que trata o Art. 1º, bem como a veiculação de informações relativas ao mercado, às pessoas que dele participem, e aos valores nele negociados;

IV. propor ao Conselho Monetário Nacional a eventual fixação de limites máximos de preço, comissões, emolumentos e quaisquer outras vantagens cobradas pelos intermediários do mercado;

V. fiscalizar e inspecionar as companhias abertas dada prioridade às que não apresentem lucro em balanço ou às que deixem de pagar o dividendo mínimo obrigatório.

Mesmo sem haver subordinação hierárquica, as decisões tomadas pela CVM devem obedecer as diretrizes traçadas pelo Conselho Monetário Nacional (CMN), conforme disposição do art. 3º, da lei 6.385/76.

▸ Importante

Apesar de atuar na regulação e na fiscalização de mercados, a Comissão de Valores Mobiliários **não é considerada uma agência reguladora.**

▸ Como esse assunto foi cobrado em concurso?

No Concurso da FCC para Administrador do Metrô/SP em 2014, foi considerado CERTO o enunciado que reconhecia a CVM como entidade: "Autárquica federal, em regime especial, sendo que o seu presidente é nomeado pelo Presidente da República, vinculada ao Ministério da Fazenda, que disciplina, fiscaliza e desenvolve o mercado de capitais, com isso negocia títulos mobiliários emitidos pelas empresas para captar, junto ao público, recursos destinados ao financiamento de suas atividades".

▸ Como esse assunto foi cobrado em concurso?

No Concurso da FCC para Administrador do Metrô/SP em 2014, foi considerado ERRADO o enunciado que reconhecia a CVM como entidade: "Privada, que oferece auxílio terceirizado ao Ministério da Fazenda, em regime especial, disciplinando, fiscalizando, autuando e até multando empresas que, ao negociar títulos emitidos pelas mesmas, o façam com ilicitudes. Sua função principal, entretanto, é de distribuir aos seus sócios ações, debêntures e outros papéis do capital financeiro".

▸ **Como esse assunto foi cobrado em concurso?**

No Concurso da ESAF para Analista de Mercado de Capitais em 2010, o tema foi abordado da seguinte forma: "A Comissão de Valores Mobiliários (CVM) é uma entidade que compõe o sistema financeiro nacional, além de ser uma autarquia vinculada ao Ministério da Fazenda. A CVM é responsável por: a) realizar transações de compra e venda de títulos e valores mobiliários, em mercado livre e aberto; b) regulamentar, desenvolver, controlar e fiscalizar o mercado de valores mobiliários do país; c) controlar e fiscalizar o mercado de seguro, a previdência privada aberta e a capitalização; d) negociar contratos de títulos de capitalização; e) garantir o poder de compra da moeda nacional". Segundo o gabarito oficial, foi considerada CORRETA a alternativa "b".

7. SUPERINTENDÊNCIA DE SEGUROS PRIVADOS (SUSEP)

A Superintendência de Seguros Privados - SUSEP, foi criada pelo Decreto-Lei nº 73, de 1966, caracterizando-se como entidade autárquica, dotada de personalidade jurídica de Direito Público, com autonomia administrativa e financeira (art. 35).

Compete à SUSEP, na qualidade de executora da política traçada pelo Conselho Nacional de Seguros Privados (CNSP), como órgão fiscalizador da constituição, organização, funcionamento e operações das Sociedades Seguradoras:

a) processar os pedidos de autorização, para constituição, organização, funcionamento, fusão, encampação, grupamento, transferência de controle acionário e reforma dos Estatutos das Sociedades Seguradoras, opinar sobre os mesmos e encaminhá-los ao CNSP;

b) baixar instruções e expedir circulares relativas à regulamentação das operações de seguro, de acordo com as diretrizes do CNSP;

c) fixar condições de apólices, planos de operações e tarifas a serem utilizadas obrigatoriamente pelo mercado segurador nacional;

d) aprovar os limites de operações das Sociedades Seguradoras, de conformidade com o critério fixado pelo CNSP;

e) examinar e aprovar as condições de coberturas especiais, bem como fixar as taxas aplicáveis;

f) autorizar a movimentação e liberação dos bens e valores obrigatoriamente inscritos em garantia das reservas técnicas e do capital vinculado;

g) fiscalizar a execução das normas gerais de contabilidade e estatística fixadas pelo CNSP para as Sociedades Seguradoras;

h) fiscalizar as operações das Sociedades Seguradoras, inclusive o exato cumprimento do Decreto-lei 73, de 1966, de outras leis pertinentes, disposições regulamentares em geral, resoluções do CNSP e aplicar as penalidades cabíveis;

i) proceder à liquidação das Sociedades Seguradoras que tiverem cassada a autorização para funcionar no País;

j) organizar seus serviços, elaborar e executar seu orçamento;

k) fiscalizar as operações das entidades autorreguladoras do mercado de corretagem, inclusive o exato cumprimento do Decreto-lei 73, de 1966, de outras leis pertinentes, de disposições regulamentares em geral e de resoluções do Conselho Nacional de Seguros Privados (CNSP), e aplicas as penalidades cabíveis;

l) celebrar convênios para a execução dos serviços de sua competência em qualquer parte do território nacional, observadas as normas da legislação em vigor.

A administração da SUSEP será exercida por um Superintendente, nomeado pelo Presidente da República, mediante indicação do Ministro da Indústria e do Comércio (art. 37, Decreto-lei nº 73/66).

8. SUPERINTENDÊNCIA NACIONAL DE PREVIDÊNCIA COMPLEMENTAR (PREVIC)

A Superintendência Nacional de Previdência Complementar (PREVIC) é uma autarquia de natureza especial, criada pela lei

12.154, de 2009, dotada de autonomia administrativa e financeira e patrimônio próprio, vinculada ao Ministério da Fazenda, com sede e foro no Distrito Federal e atuação em todo o território nacional.

A PREVIC atuará como entidade de fiscalização e de supervisão das atividades das entidades fechadas de previdência complementar e de execução das políticas para o regime de previdência complementar operado pelas entidades fechadas de previdência complementar, observadas as disposições constitucionais e legais aplicáveis.

Suas competências foram previstas no art. 2º da lei 12.154/09:

I. proceder à fiscalização das atividades das entidades fechadas de previdência complementar e de suas operações;

II. apurar e julgar infrações e aplicar as penalidades cabíveis;

III. expedir instruções e estabelecer procedimentos para a aplicação das normas relativas à sua área de competência, de acordo com as diretrizes do Conselho Nacional de Previdência Complementar, a que se refere o inciso XVIII do art. 29 da Lei nº 10.683, de 28 de maio de 2003;

IV. autorizar:

a) a constituição e o funcionamento das entidades fechadas de previdência complementar, bem como a aplicação dos respectivos estatutos e regulamentos de planos de benefícios;

b) as operações de fusão, de cisão, de incorporação ou de qualquer outra forma de reorganização societária, relativas às entidades fechadas de previdência complementar;

c) a celebração de convênios e termos de adesão por patrocinadores e instituidores, bem como as retiradas de patrocinadores e instituidores; e

d) as transferências de patrocínio, grupos de participantes e assistidos, planos de benefícios e reservas entre entidades fechadas de previdência complementar;

V. harmonizar as atividades das entidades fechadas de previdência complementar com as normas e políticas estabelecidas para o segmento;

VI. decretar intervenção e liquidação extrajudicial das entidades fechadas de previdência complementar, bem como nomear interventor ou liquidante, nos termos da lei;

VII. nomear administrador especial de plano de benefícios específico, podendo atribuir-lhe poderes de intervenção e liquidação extrajudicial, na forma da lei;

VIII. promover a mediação e a conciliação entre entidades fechadas de previdência complementar e entre estas e seus participantes, assistidos, patrocinadores ou instituidores, bem como dirimir os litígios que lhe forem submetidos na forma da Lei nº 9.307, de 23 de setembro de 1996;

IX. enviar relatório anual de suas atividades ao Ministério da Previdência Social e, por seu intermédio, ao Presidente da República e ao Congresso Nacional; e

X. adotar as demais providências necessárias ao cumprimento de seus objetivos.

9. BANCO DO BRASIL S/A

O Banco do Brasil, **sociedade de economia mista**, não obstante desempenhar importante papel no sistema bancário mediante realização de operações bancárias em geral e prestação de serviços ao público, tem competências especificamente delineadas pela lei 4.595/64.

Assim, ao Banco do Brasil competirá, precipuamente, sob a supervisão do Conselho Monetário Nacional e como instrumento de execução da política creditícia e financeira do Governo Federal (art. 19, lei 4.595/64):

I. na qualidade de Agente, Financeiro do Tesouro Nacional, sem prejuízo de outras funções que lhe venham a ser atribuídas e ressalvado o disposto no art. 8º, da Lei nº 1628, de 20 de junho de 1952:

a) receber, a crédito do Tesouro Nacional, as importâncias provenientes da arrecadação de tributos ou rendas federais e ainda o produto das operações de que trata o art. 49, desta lei;

b) realizar os pagamentos e suprimentos necessários à execução do Orçamento Geral da União e leis complementares, de acordo com as autorizações que lhe forem transmitidas pelo Ministério da Fazenda, as quais não poderão exceder o montante global dos recursos a que se refere a letra anterior, vedada a concessão, pelo Banco, de créditos de qualquer natureza ao Tesouro Nacional;

c) conceder aval, fiança e outras garantias, consoante expressa autorização legal;

d) adquirir e financiar estoques de produção exportável;

e) executar a política de preços mínimos dos produtos agropastoris;

f) ser agente pagador e recebedor fora do País;

g) executar o serviço da dívida pública consolidada;

II. como principal executor dos serviços bancários de interesse do Governo Federal, inclusive suas autarquias, receber em depósito, com exclusividade, as disponibilidades de quaisquer entidades federais, compreendendo as repartições de todos os ministérios civis e militares, instituições de previdência e outras autarquias, comissões, departamentos, entidades em regime especial de administração e quaisquer pessoas físicas ou jurídicas responsáveis por adiantamentos, ressalvados o disposto no § 5º deste artigo, as exceções previstas em lei ou casos especiais, expressamente autorizados pelo Conselho Monetário Nacional, por proposta do Banco Central da República do Brasil;

III. arrecadar os depósitos voluntários, à vista, das instituições de que trata o inciso III, do art. 10, desta lei, escriturando as respectivas contas;

IV. executar os serviços de compensação de cheques e outros papéis;

V. receber, com exclusividade, os depósitos de que tratam os artigos 38, item 3º, do Decreto-lei nº 2.627, de 26 de setembro de 1940, e 1º do Decreto-lei nº 5.956, de 01/11/43, ressalvado o disposto no art. 27, desta lei;

VI. realizar, por conta própria, operações de compra e venda de moeda estrangeira e, por conta do Banco Central da República do Brasil, nas condições estabelecidas pelo Conselho Monetário Nacional;

VII. realizar recebimentos ou pagamentos e outros serviços de interesse do Banco Central da República do Brasil, mediante contratação na forma do art. 13, desta lei;

VIII. (Vetado).

IX. financiar a aquisição e instalação da pequena e média propriedade rural, nos termos da legislação que regular a matéria;

X. financiar as atividades industriais e rurais, estas com o favorecimento referido no art. 4º, inciso IX, e art. 53, desta lei;

XI. difundir e orientar o crédito, inclusive às atividades comerciais suplementando a ação da rede bancária;

a) no financiamento das atividades econômicas, atendendo às necessidades creditícias das diferentes regiões do País;

b) no financiamento das exportações e importações.

▸ Como esse assunto foi cobrado em concurso?

No Concurso do CESPE para Juiz Federal da 1ª Região em 2013, foi considerado ERRADO o seguinte enunciado: "No âmbito federal, a lei de diretrizes orçamentárias poderá estabelecer a política de aplicação, pelo Banco do Brasil, dos recursos destinados ao fortalecimento da agricultura nacional". Observação: o gabarito preliminar havia considerado correta a presente assertiva. Contudo, após os recursos, a banca examinadora entendeu que a "utilização da expressão 'poderá estabelecer' [...] prejudicou o julgamento objetivo".

Destaque-se que, **pelos serviços utilizados pelo Banco do Brasil é assegurada a respectiva remuneração por parte da União**, a ser fixada pelo Conselho Monetário Nacional (MIRAGEM, 2013, p. 112).

10. CAIXA ECONÔMICA FEDERAL (CEF)

A Caixa Econômica Federal foi criada em janeiro de 1861, por Dom Pedro II através do Decreto nº 2.723. Com ela surgiram as chamadas cadernetas de poupança que, com 6% de juros anuais, tinha como objetivo a captação de recursos da população mais necessitada (ABREU; SILVA, 2017, p. 73-74).

Hoje a CEF é uma **empresa pública**, dotada de personalidade jurídica de direito privado, com patrimônio próprio e autonomia administrativa, vinculada ao Ministério da Fazenda (art. 1º, Decreto-lei nº 759, de 1969). Seu capital pertence integralmente à União e seu pessoal será obrigatoriamente admitido mediante concurso público de provas ou de provas e títulos, submetidos ao regime da Consolidação das Leis Trabalhistas (CLT).

Suas finalidades foram previstas no art. 2º do Decreto-lei nº 759, de 1969:

a) receber em depósito sob a garantia da União, economias populares, incentivando os hábitos de poupança;

b) conceder empréstimos e financiamentos de natureza assistencial, cooperando com as entidades de direito público e privado na solução dos problemas sociais e econômicos;

c) operar no setor habitacional, como sociedade de crédito imobiliário e principal agente do Banco Nacional de Habitação, com o objetivo de facilitar e promover a aquisição de sua casa própria, especialmente pelas classes de menor renda da população;

d) explorar, com exclusividade, os serviços da Loteria Federal do Brasil e da Loteria Esportiva Federal nos termos da legislação pertinente;

e) exercer o monopólio das operações sobre penhores civis, com caráter permanente e da continuidade;

f) prestar serviços que se adaptem à sua estrutura de natureza financeira, delegados pelo Governo Federal ou por convênio com outras entidades ou empresa

g) realizar, no mercado financeiro, como entidade integrante do Sistema Financeiro Nacional, quaisquer outras operações, no plano interno ou externo, podendo estipular cláusulas de correção monetária, observadas as condições normativas estabelecidas pelo Conselho Monetário Nacional;

h) realizar, no mercado de capitais, para investimento ou revenda, as operações de subscrição, aquisição e distribuição de ações, obrigações e quaisquer outros títulos ou valores mobiliários, observadas as condições normativas estabelecidas pelo Conselho Monetário Nacional;

i) realizar, na qualidade de Agente do Governo Federal, pôr conta e ordem deste, e sob a supervisão do Conselho Monetário Nacional, quaisquer operações ou serviços nos mercados financeiro e de capitais, que lhe forem delegados, mediante convênio.

Sendo responsável pela implementação das políticas sociais do governo federal, a CEF[1] foi e ainda é responsável pela administração de importantes programas sociais, dentre os quais: Bolsa Família; Minha Casa, Minha Vida; seguro-desemprego; Fundo de Financiamento Estudantil – FIES; Farmácia Popular e Bolsa Atleta.

▸ **Como esse assunto foi cobrado em concurso?**

No Concurso do TRF2 para Juiz Federal substituto em 2017, foi considerado ERRADO o seguinte enunciado: "A Caixa Econômica Federal, em razão da proibição de operação de crédito entre instituição financeira estatal e o ente da Federação que a controla, está **impedida** de adquirir títulos da dívida de emissão da União Federal".

11. BANCO NACIONAL DE DESENVOLVIMENTO ECONÔMICO (BNDES)

O Banco Nacional de Desenvolvimento Econômico, criado em 1952, pela lei 1.628, conta, atualmente, com natureza jurídica de **empresa pública**, conforme classificação que lhe foi conferida pela lei 5.662/71, sendo, portanto, dotado de **personalidade jurídica de direito privado** e patrimônio próprio.

Apresenta-se, hoje, como o principal instrumento do Governo Federal para o **financiamento de longo prazo e investimentos** em todos os segmentos da economia brasileira. Os instrumentos de apoio financeiro incluem desde o financiamento, a concessão de recursos não reembolsáveis a projetos de caráter social, cultural e tecnológico; e instrumentos de renda variável; e serão pautados, sempre, pelo impacto socioambiental e econômico do país. Além disso, o Banco tem importante atuação anticíclica em momentos de crise por buscar soluções para a retomada do crescimento econômico (http://www.bndes.gov.br/SiteBNDES/bndes/bndes_pt/Institucional/O_BNDES/A_Empresa/).

Para a realização de suas finalidades institucionais, o BNDES pode realizar todas as operações bancárias necessárias, observado o disposto no seu orçamento de investimentos, visando ao reaparelhamento e ao fomento da economia nacional (MIRAGEM, 2013, p. 113).

Capítulo 8

Crimes relacionados às Finanças Públicas

1. CRIMES CONTRA AS FINANÇAS PÚBLICAS NO CÓDIGO PENAL

Conforme esclarece Marcus Abraham, a Lei de Responsabilidade Fiscal, visando garantir a efetividade de suas regras, prevê diretamente sanções institucionais e, indiretamente (por remissão a outras leis), sanções pessoais pelo descumprimento de suas normas. Assim: "as sanções institucionais são de natureza financeira e atingem o próprio ente federativo, órgão ou poder que descumprir uma regra que lhe foi imposta. Essas punições consistem na suspensão das transferências voluntárias (exceto para a saúde, assistência social e educação), contratação de operações de crédito e obtenção de garantias. Já as sanções pessoais punem o agente público que deu causa ao ato violador das regras da LRF, com sanções de natureza política (como a suspensão dos direitos políticos e a perda de cargo eletivo), administrativa (como a proibição de contratar com o Poder Público) e civil (como o pagamento de multas e restituição ao Erário), bem como penas de natureza criminal, que podem ensejar a restrição à liberdade" (2017, p. 301).

> **▸ Importante**
>
> LRF, art. 73. As infrações dos dispositivos desta Lei Complementar serão punidas segundo o Decreto-Lei nº 2.848, de 7 de dezembro de 1940 (Código Penal); a Lei 1.079, de abril de 1950; o Decreto-Lei nº 201, de 27 de fevereiro de 1967; a Lei 8.429, de 2 de junho de 1992, e demais normas da legislação pertinente.

Assim, aos 19 de outubro de 2000, a lei 10.028 acrescentou o Capítulo IV ao Título XI da Parte Especial do Código Penal, disciplinando os crimes contra as finanças públicas, cujo bem jurídico penalmente tutelado é, em todos os tipos do capítulo, a Administração Pública, "tanto em seu aspecto patrimonial, consistente na preservação das finanças públicas, como também em sua face moral, representada pela probidade dos agentes públicos" (MASSON, 2013, p. 1288).

Para Rogério Sanches Cunha a tipificação de tais condutas "é o socorro do Direito Penal (princípio da subsidiariedade) no resgate da responsabilidade na gestão fiscal (respeito às contas públicas), coibindo a ação ímproba dos responsáveis pela administração dos mais variados entes da Federação" (2008, p. 466).

Destaque-se que todos os crimes previstos neste capítulo são punidos a título de dolo (não há previsão de forma culposa), não se exigindo qualquer finalidade específica, o que não exclui a possibilidade de que o agente seja punido em outras esferas, tal como pela Lei de Improbidade Administrativa. Da mesma forma, os sujeitos ativos são os mesmos, quais sejam, os funcionários públicos competentes para a prática das condutas tipificadas, figurando a Administração Pública como vítima primária e constante.

> **▸ Como esse assunto foi cobrado em concurso?**
>
> No Concurso da COMPERVE para Procurador da Prefeitura de Jucurutu/RN em 2016, foi considerado CERTO o seguinte enunciado: "O sujeito ativo dos crimes tipificados no capítulo de crimes contra finanças é o **funcionário público que tenha como atribuição a destinação de verbas públicas**".

> **▸ Como esse assunto foi cobrado em concurso?**
>
> No Concurso da FGV para Analista Administrativo do TJ/SC em 2015, foi considerado CERTO o seguinte enunciado acerca dos crimes contra as finanças públicas: "Trata-se de **crime próprio**, eis que praticado por funcionário público que tenha atribuição legal ou titular de mandato ou legislatura".

> **▸ Como esse assunto foi cobrado em concurso?**
>
> No Concurso da FGV para Analista Administrativo do TJ/SC em 2015, foi considerado ERRADO o seguinte enunciado acerca dos crimes contra as finanças públicas: "A tentativa **não é admitida** em qualquer de suas hipóteses".

▸ **Como esse assunto foi cobrado em concurso?**

No Concurso do CESPE para Procurador do Ministério Público do TCU em 2015, foi considerado ERRADO o seguinte enunciado: "As figuras descritas no capítulo do CP que diz respeito aos crimes contra as finanças públicas têm como escopo a proteção das finanças contra **condutas fraudulentas** ao erário".

▸ **Como esse assunto foi cobrado em concurso?**

No Concurso do CESPE para Procurador do Ministério Público do TCU em 2015, foi considerado ERRADO o seguinte enunciado: "Na inclusão dos crimes contra as finanças públicas, o legislador não repetiu a redação da legislação esparsa revogada que permitia a aplicação da pena acessória no que diz respeito à inabilitação para o exercício do cargo. Desse modo, fica o **juiz impossibilitado de determinar a perda do cargo**".

1.1. Contratação de operação de crédito

Art. 359-A. Ordenar, autorizar ou realizar operação de crédito, interno ou externo, sem prévia autorização legislativa:

Pena – reclusão, de 1 (um) a 2 (dois) anos.

Parágrafo único. Incide na mesma pena quem ordena, autoriza ou realiza operação de crédito, interno ou externo:

I – com inobservância de limite, condição ou montante estabelecido em lei ou em resolução do Senado Federal;

II – quando o montante da dívida consolidada ultrapassa o limite máximo autorizado por lei.

Classificação doutrinária: crime próprio, seja quanto ao sujeito passivo, seja quanto ao sujeito ativo; simples, formal, doloso, comissivo (admite-se a prática por comissão imprópria), monossubjetivo, instantâneo, monossubsistente ou plurissubsistente, não transeunte e de forma vinculada.

Sujeito ativo: o crime é próprio já que apenas o funcionário público dotado de competência para ordenar, autorizar ou realizar operação de crédito, interno ou externo, pode ser sujeito passivo. Caso pessoa sem tal competência pratique o ato, este poderá ser anulado pela própria Administração. Cuidando-se de conduta praticada por prefeito, tem-se a incidência do tipo específico previsto no art. 1º, XX, do Decreto-lei 201/1967: "ordenar ou autorizar, em desacordo com a lei, a realização de operação de crédito com qualquer um dos demais entes da Federação, inclusive suas entidades da administração indireta, ainda que na forma de novação, refinanciamento ou postergação de dívida contraída anteriormente".

Sujeito passivo: qualquer dos entes federativos, a depender do alcance da conduta criminosa e, mediatamente, a coletividade, em razão do prejuízo sofrido às finanças públicas.

Conduta: ordenar, autorizar ou realizar operação de crédito, sem haver prévia autorização legislativa (que não é o mesmo que autorização legal).

Consumação e tentativa: o crime se consuma no momento em que o agente ordena, autoriza ou realiza a operação de crédito, interno ou externo, ou com inobservância de limite, condição ou montante estabelecido em lei ou em Resolução do Senado Federal, ou ainda, quando o montante da dívida consolidada ultrapassa o limite máximo autorizado por lei, não se exigindo para a consumação, qualquer lesão ao erário ou à probidade administrativa. A doutrina admite a tentativa, desde que seja possível o fracionamento do *iter criminis*.

Rogério Greco destaca que "se o agente, por exemplo, negligentemente, se confunde quanto ao limite, condição ou montante estabelecido por lei ou resolução do Senado Federal, o fato deverá ser considerado atípico, aplicando-se, *in casu*, o raciocínio relativo ao erro de tipo" (2013, p. 712).

Objeto material: a operação de crédito, qual seja "o compromisso financeiro assumido em razão de mútuo, abertura de crédito, emissão e aceite de título, aquisição financiada de bens, recebimento antecipado de valores provenientes da venda a termo de bens e serviços, arrendamento mercantil e outras operações assemelhadas, inclusive com o uso de derivativos financeiros" (LRF, art. 29, III).

Ação penal: pública incondicionada.

▸ **Como esse assunto foi cobrado em concurso?**

No Concurso do CESPE para Auditor Fiscal de Controle Externo do TCE/SC em 2016, foi considerado ERRADO o seguinte enunciado: "É crime a conduta de autorizar ou realizar operação de crédito, sem prévia autorização legislativa, **constituindo causa de aumento de pena** a inobservância de limite, condição ou montante estabelecido em lei ou em resolução do Senado Federal".

▸ **Como esse assunto foi cobrado em concurso?**

No Concurso da COMPERVE para Procurador da Prefeitura de Jucurutu/RN em 2016, foi considerado ERRADO o seguinte enunciado: "O art. 359-A traz como premissa básica a ausência de previsão na lei orçamentária anual, sendo, portanto, uma **norma penal em branco heterogênea** por precisar de uma lei para sua complementação"

▸ **Como esse assunto foi cobrado em concurso?**

No Concurso da FCC para Auditor Fiscal da SEFAZ/PI em 2015, foi considerado CERTO o seguinte enunciado em relação ao crime do art. 359-A do Código Penal: "Incide na mesma pena do referido crime aquele que ordenar, autorizar ou realizar operação de crédito, interno ou externo, com inobservância de limite, condição ou montante estabelecido em lei ou em resolução do Senado Federal".

▸ **Como esse assunto foi cobrado em concurso?**

No Concurso da FCC para Auditor Fiscal da SEFAZ/PI em 2015, foi considerado ERRADO o seguinte enunciado em relação ao crime do art. 359-A do Código Penal: "Comete o crime aquele que ordena ou autoriza operação de crédito, interno ou externo, ainda que **com prévia autorização legislativa**". Na mesma questão também foi considerado ERRADO o seguinte enunciado: "Incide na mesma pena do referido crime aquele que ordenar, autorizar ou realizar operação de crédito, interno ou externo, quando o montante da dívida consolidada excede o limite **mínimo** autorizado por lei".

1.2. Inscrição de despesas não empenhadas em restos a pagar

Art. 359-B. Ordenar ou autorizar a inscrição em restos a pagar, de despesa que não tenha sido previamente empenhada ou que exceda a limite estabelecido em lei:

Pena – detenção, de 6 (seis) meses a 2 (dois) anos.

Classificação doutrinária: crime simples, próprio, seja quanto ao sujeito passivo, seja quanto ao sujeito ativo; formal, de perigo abstrato, de forma vinculada, comissivo (admite-se a prática por omissão imprópria), instantâneo, unissubjetivo, monossubsistente ou plurissubsistente e não transeunte.

Sujeito ativo: o crime só pode ser praticado por aquele que tem competência para ordenar ou autorizar a inscrição em restos a pagar, de despesa que não tenha sido previamente empenhada ou que exceda a limite estabelecido em lei (crime próprio ou especial). Caso pessoa sem tal competência pratique o ato, este poderá ser anulado pela própria Administração.

Sujeito passivo: qualquer dos entes federativos, a depender do alcance da conduta criminosa e, mediatamente, a coletividade, em razão do prejuízo sofrido às finanças públicas.

Conduta: 1. Ordenar e autorizar a inscrição de restos a pagar de despesa que não tenha sido previamente empenhada. Nesse sentido, por ordenar deve se entender a conduta de mandar, determinar que seja feito. Já autorizar significa permitir, aprovar, consentir que seja realizado (MASSON, 2013, p. 1291). Assim, "pune-se a conduta pela falta de formalidade exigida em lei (prévio empenho), que nada mais é do que o ato realizado pela autoridade competente, o qual cria para o Estado a obrigação de pagar" (SANCHES, 2013, p. 743). 2. Ordenar e autorizar a inscrição de restos a pagar que exceda limite estabelecido em lei. Nesse ponto tem-se uma norma penal primariamente remetida (em branco), pois o intérprete deverá conhecer o limite estabelecido em lei (GRECO, 2013, p. 716).

Objeto material: despesa pública inscrita.

Consumação e tentativa: cuida-se de crime de mera conduta, consumando-se no momento da conduta (ordenar ou autorizar), independentemente de qualquer resultado. Admite-se a tentativa em ambas as modalidades, já que é possível o fracionamento do *iter criminis*.

Ação penal: pública incondicionada.

▸ **Como esse assunto foi cobrado em concurso?**

No Concurso da CURSIVA para Advogado da Câmara de Lajeado Grande/SC em 2017, foi considerado CERTO o seguinte enunciado: "Qual é a pena.

para quem ordenar ou autorizar a inscrição em restos a pagar, de despesa que não tenha sido previamente empenhada ou que exceda limite estabelecido em lei? **Detenção, de 6 (seis) meses a 2 (dois) anos"**

▸ **Como esse assunto foi cobrado em concurso?**

No Concurso da FCC para Auditor Fiscal da SEFAZ/PI em 2015, foi considerado ERRADO o seguinte enunciado: "O crime de inscrição de despesas não empenhadas em restos a pagar admite a tentativa".

ATENÇÃO: a possibilidade de tentativa é admitida pela maioria da doutrina que reconhece a possibilidade de fracionamento do *iter criminis* (Rogério Sanches, Luiz Flávio Gomes, Alice Bianchini, Rogério Greco, Cleber Masson). Em sentido contrário Mirabete e Damásio de Jesus.

▸ **Como esse assunto foi cobrado em concurso?**

No Concurso da FCC para Auditor Fiscal da SEFAZ/PI em 2015, foi considerado ERRADO o seguinte enunciado: "Comete o crime de inscrição de despesas não empenhadas em restos a pagar aquele que ordenar ou autorizar a inscrição em restos a pagar, de despesa que não tenha sido previamente empenhada **ou que exceda limite estabelecido em resolução do Senado Federal**".

▸ **Como esse assunto foi cobrado em concurso?**

No Concurso da FCC para Auditor Fiscal da SEFAZ/PI em 2015, foi considerado ERRADO o seguinte enunciado: "O tipo do artigo 359-B do Código Penal (inscrição de despesas não empenhadas em restos a pagar) admite a **modalidade culposa**".

1.3. Assunção de obrigação no último ano do mandato ou legislatura

Art. 359-C. Ordenar ou autorizar a assunção de obrigação, nos dois últimos quadrimestres do último ano do mandato ou legislatura, cuja despesa não possa ser paga no mesmo exercício financeiro ou, caso reste parcela a ser paga no exercício seguinte, que não tenha contrapartida suficiente de disponibilidade de caixa:

Pena – reclusão, de 1 (um) a 4 (quatro) anos.

Segundo Rogério Greco a criação desse tipo penal teve como objetivo "evitar que o agente, no final do seu mandato ou legislatura, vale dizer, nos oito últimos meses, contraia obrigações que não poderão ser quitadas por ele até o final daquele seu último exercício financeiro, ou que, na hipótese de restar alguma parcela a ser paga no exercício seguinte, o que não é incomum, não tenha levado a efeito a reserva de caixa" (2013, p. 719).

Classificação doutrinária: crime simples, próprio, seja quanto ao sujeito passivo, seja quanto ao sujeito ativo; formal, de perigo abstrato, de forma vinculada, comissivo (admite-se a prática por omissão imprópria), instantâneo, unissubjetivo, monossubsistente ou plurissubsistente e não transeunte.

Sujeito ativo: aquele que detém mandato com poder de decisão apto a ordenar ou autorizar a assunção da obrigação (crime próprio).

Sujeito passivo: qualquer dos entes federativos, a depender do alcance da conduta criminosa e, mediatamente, a coletividade, em razão do prejuízo sofrido às finanças públicas.

Conduta: consiste em ordenar ou autorizar a assunção de obrigação: 1) nos dois últimos quadrimestres (elemento temporal) do último ano do mandato ou legislatura, cuja despesa não possa ser paga no mesmo exercício financeiro; 2) nos últimos oito meses do mandato, que resulte em parcela a ser paga no exercício seguinte, sem contrapartida suficiente de disponibilidade de caixa. No segundo caso, se houver suficiente disponibilidade em caixa para cobrir a obrigação, o fato será atípico (SANCHES, 2013, p. 745).

Objeto material: regularidade das finanças públicas

Consumação e tentativa: a consumação ocorre no momento em que é dada a ordem ou autorizada a assunção de obrigação, nos últimos dois quadrimestres do último ano do mandato ou legislatura, cuja despesa não possa ser paga no mesmo exercício financeiro ou, caso reste parcela a ser paga no exercício seguinte, que não tenha contrapartida suficiente de disponibilidade de caixa. Sendo possível fracionar o *iter criminis*, será admitida a tentativa.

Ação penal: pública incondicionada.

▸ **Como esse assunto foi cobrado em concurso?**

No Concurso do CESPE para Analista Judiciário do TRE/PE em 2017, foi considerado CERTO o seguinte enunciado acerca do crime de assunção de obrigação no último ano do mandato ou legislatura: "O sujeito ativo desse crime é o **funcionário público competente para ordenar ou autorizar a assunção de obrigação**, podendo ser inclusive diretor de fundos, autarquias, fundações e empresas estatais dependentes".

▸ **Como esse assunto foi cobrado em concurso?**

No Concurso do CESPE para Analista Judiciário do TRE/PE em 2017, foi considerado ERRADO o seguinte enunciado acerca do crime de assunção de obrigação no último ano do mandato ou legislatura: "Tal crime classifica-se como **crime de mão própria**, exigindo-se, para sua tipificação, atuação pessoal e direta do agente, razão pela qual não se admite coautoria ou participação". Na mesma questão também foi considerado ERRADO o seguinte enunciado: "É típica a conduta do agente que autoriza a assunção de obrigação nos dois últimos quadrimestres do último ano do mandato caso reste parcela a ser paga no exercício seguinte, **ainda que haja contrapartida suficiente de disponibilidade de caixa**".

▸ **Como esse assunto foi cobrado em concurso?**

No Concurso do CESPE para Auditor Fiscal de Controle Externo do TCE/SC em 2016, foi considerado CERTO o seguinte enunciado: "Situação hipotética: Determinado indivíduo autorizou a assunção de obrigação, no último quadrimestre do mandato, mesmo sabendo que não haveria contrapartida suficiente de disponibilidade de caixa para o pagamento de parcela que venceria no exercício seguinte. Assertiva: Nessa situação, o referido indivíduo **praticou crime contra as finanças públicas, estando sujeito a pena de reclusão**".

▸ **Como esse assunto foi cobrado em concurso?**

No Concurso da VUNESP para Procurador Jurídico do IPSMI em 2016, foi considerado CERTO o seguinte enunciado: "A respeito do crime previsto no artigo 359-C (assunção de obrigação no último ano do mandato ou legislatura), é correto afirmar que: há previsão de **elemento de tipo temporal**, perfazendo-se a figura penal apenas se a conduta incriminada realizar-se nos dois últimos quadrimestres do mandato ou legislatura".

> **Como esse assunto foi cobrado em concurso?**
>
> No Concurso da VUNESP para Procurador Jurídico do IPSMI em 2016, foi considerado ERRADO o seguinte enunciado relacionado ao crime do art. 359-C, do Código Penal: "a condenação definitiva leva à perda do cargo, função pública ou mandato, tratando-se de **efeito imediato** da condenação". Na mesma questão também foi considerado ERRADO o seguinte enunciado: "tem por bem jurídico assegurar a **veracidade nos pleitos** dos poderes executivo, legislativo e judiciário".

> **Como esse assunto foi cobrado em concurso?**
>
> No Concurso da FGV para Técnico Judiciário do TJ/SC em 2015, esse tema foi abordado da seguinte forma: "Douglas, funcionário público com competência para ordenar a assunção de obrigação pela Administração, autorizou a realização de despesa no **primeiro quadrimestre do último ano da legislatura**. Ocorre que a despesa autorizada, apesar de prevista em lei, não poderia ser paga no mesmo exercício financeiro e nem havia contrapartida suficiente em caixa para pagamento no exercício seguinte. Diante dessa situação, é correto afirmar que Douglas: "a) praticou crime de ordenação de despesa não autorizada; b) não pode ser considerado funcionário público para fins penais; c) não praticou crime contra finanças públicas previsto no Código Penal; d) praticou crime de assunção de obrigação no último ano do mandato ou legislatura; e) praticou crime de inscrição de despesas não empenhadas em restos a pagar. Segundo o gabarito oficial foi considerada correta a alternativa "c".

1.4. Ordenação de despesa não autorizada

> Art. 359-D. Ordenar despesa não autorizada em lei:
>
> Pena - reclusão, de 1 (um) a 4 (quatro) anos.

O dispositivo supratranscrito é norma penal em branco, já que depende do complemento, disponível nos artigos 15, 16 e 17 da Lei de Responsabilidade Fiscal (LC 101/2000).

> **Importante**
>
> LRF, art. 15. Serão consideradas não autorizadas, irregulares e lesivas ao patrimônio público a geração de despesa ou assunção de obrigação que não atendam o disposto nos arts. 16 e 17.

► **Qual o entendimento do STJ sobre o assunto?**

"O art. 359-D, segundo o qual é crime 'ordenar despesa não autorizada por lei', consiste em norma penal em branco, uma vez que o rol das despesas permitidas e das não-autorizadas haverá de constar de outros textos legais, entre os quais, por exemplo, a Lei de Responsabilidade Fiscal (Lei Complementar nº 101/00). Se, na peça acusatória, inexiste referência à norma integradora, falha é a denúncia. Ademais, quando devidamente explicável a despesa, deslegitima-se a possibilidade de punição da conduta ao menos no âmbito penal. A inexistência de autorização de despesa em lei constitui, tão somente, indício de irregularidade. Para se criminalizar a conduta, é necessária a existência de lesão não justificada ao bem jurídico, isto é, às finanças públicas, o que, no caso, não ocorreu. O fato narrado evidentemente não constitui crime". " (STJ, Apn 477/PB, Rel. Min. Eliana Calmon, j. 04.03.2009).

Classificação doutrinária: crime simples, próprio, seja quanto ao sujeito passivo, seja quanto ao sujeito ativo; formal, de perigo abstrato, de forma vinculada, comissivo (admite-se a prática por omissão imprópria), instantâneo, unissubjetivo, monossubsistente ou plurissubsistente e não transeunte.

Sujeito ativo: funcionário público com competência para ordenar despesas (crime próprio). Cleber Masson destaca que o tipo penal não alcança o "realizador de despesas", qual seja, aquele que se limita a cumprir ou executar a ordem expedida pelo ordenador (2013, p. 1295).

Sujeito passivo: qualquer dos entes federativos, a depender do alcance da conduta criminosa e, mediatamente, a coletividade, em razão do prejuízo sofrido às finanças públicas.

Conduta: ordenar despesa não autorizada em lei, de forma a gerar despesa sem que haja a respectiva previsão orçamentária.

Objeto material: despesa não autorizada por lei.

Consumação e tentativa: a consumação ocorre com a ordenação da despesa que não conta com autorização legal, independentemente de qualquer comprovação de lesão ao erário.

Ação penal: pública incondicionada.

▸ **Como esse assunto foi cobrado em concurso?**

No Concurso da FCC para Auditor Fiscal da SEFAZ/PI em 2015, foi considerado CERTO o seguinte enunciado: "O tipo previsto no artigo 359-D do Código Penal (ordenação de despesa não autorizada) **é crime de mera conduta**".

▸ **Como esse assunto foi cobrado em concurso?**

No Concurso da FCC para Auditor Fiscal da SEFAZ/PI em 2015, foi considerado ERRADO o seguinte enunciado: "O tipo previsto no artigo 359-D do Código Penal (ordenação de despesa não autorizada) **não admite o dolo eventual**".

▸ **Como esse assunto foi cobrado em concurso?**

No Concurso da FCC para Analista do Tesouro da SEFAZ/PI em 2015, esse tema foi abordado da seguinte forma: "No crime de ordenar despesas não autorizadas por lei: a) o sujeito passivo é a fazenda pública; b) o sujeito ativo é o **agente político** que ordena a despesa; c) a objetividade jurídica é a **probidade administrativa**; d) o tipo subjetivo é exclusivamente doloso, sendo **suficiente o dolo genérico**; e) o iter criminis deve ter conotação econômica. Segundo o gabarito oficial foi considerada correta a alternativa "d".

▸ **Como esse assunto foi cobrado em concurso?**

No Concurso da FGV para Analista Administrativo do TJ/SC em 2015, foi considerado CERTO o seguinte enunciado acerca do crime do art. 359-D do Código Penal: "É **crime próprio**, pois o sujeito ativo é o funcionário público competente para ordenar despesa".

▸ **Como esse assunto foi cobrado em concurso?**

No Concurso da FGV para Analista Administrativo do TJ/SC em 2015, foi considerado ERRADO o seguinte enunciado acerca do crime do art. 359-D do Código Penal: "É norma penal em preto, já que a Lei de Responsabilidade Fiscal é utilizada para complementar o tipo". Na mesma questão também foi considerado ERRADO o seguinte enunciado: "Consuma-se apenas quando é efetivada a despesa não autorizada por lei, **não bastando a simples ordenação**".

▸ **Como esse assunto foi cobrado em concurso?**

No Concurso da FGV para Agente de Fiscalização do TCM/SP em 2015, foi considerado CERTO o seguinte enunciado acerca do crime do art. 359-D do Código Penal: "O crime se consuma quando o funcionário ordenar a despesa não autorizada em lei, **ainda que esta não venha efetivamente a ser realizada**".

▸ **Como esse assunto foi cobrado em concurso?**

No Concurso da FGV para Agente de Fiscalização do TCM/SP em 2015, foi considerado ERRDO o seguinte enunciado acerca do crime do art. 359-D do Código Penal: "Estará configurado o delito do artigo 359-D, CP, caso seja ordenada despesa não autorizada em regulamento interno, ainda que omissa a lei sobre tal vedação". Na mesma questão também foi considerado ERRADO o seguinte enunciado: "Trata-se de crime próprio, logo nunca poderá ser praticado por particular, ainda que em **concurso de agentes** com o funcionário público".

▸ **Como esse assunto foi cobrado em concurso?**

No Concurso do CESPE para Procurador do Ministério Público do TCU em 2015, foi considerado ERRADO o seguinte enunciado: "O tipo penal consistente em ordenar despesa não autorizada por lei configura crime material, o qual vem a consumar-se com o **efetivo pagamento** da despesa ordenada".

1.5. Prestação de garantia graciosa

Art. 359-E. Prestar garantia em operação de crédito sem que tenha sido constituída contragarantia em valor igual ou superior ao valor da garantia prestada, na forma da lei:

Pena – detenção, de 3 (três) meses a 1 (quatro) ano.

Classificação doutrinária: crime simples, doloso, próprio, seja quanto ao sujeito passivo, seja quanto ao sujeito ativo; formal, de perigo concreto, de forma vinculada, comissivo (admite-se a prática por omissão imprópria), instantâneo, unissubjetivo, monossubsistente ou plurissubsistente e não transeunte.

Sujeito ativo: funcionário público competente para prestar garantia em operações de crédito (crime próprio ou especial).

Sujeito passivo: qualquer dos entes federativos, a depender do alcance da conduta criminosa e, mediatamente, a coletividade, em razão do prejuízo sofrido às finanças públicas.

Conduta: prestar ou conceder garantia m operação de crédito sem que tenha sido constituída contragarantia em valor igual ou superior ao valor da garantia prestada, na forma da lei.

> ▸ **Importante**
>
> LRF, art. 29, IV – Concessão de garantia: compromisso de adimplência de obrigação financeira ou contratual assumida por ente da Federação ou entidade a ele vinculada.
>
> LRF, art. 40, §1º A garantia estará condicionada ao oferecimento de contragarantia, em valor igual ou superior ao da garantia a ser concedida, e à adimplência da entidade que a pleitear relativamente a suas obrigações junto ao garantidor e às entidades por este controladas [...]

Objeto material: operação de crédito sem garantia.

Consumação e tentativa: a consumação ocorre no momento em que o gestor presta a garantia sem constituir contragarantia. Sendo um crime de perigo concreto, exige-se a demonstração de perigo às finanças públicas. Admitindo-se o fracionamento do *iter criminis*, é possível a tentativa.

Cleber Masson destaca que "não haverá crime de prestação de garantia graciosa quando a conduta se amparar em alguma situação excepcional, tal como guerra ou calamidade pública. Nesse caso, o fato é típico, porém lícito, em decorrência da caracterização do estado de necessidade (CP, arts. 23, Inc. I, e 24)" (2013, p. 1297).

Ação penal: pública incondicionada.

> ▸ **Como esse assunto foi cobrado em concurso?**
>
> No Concurso da FCC para Auditor Fiscal da SEFAZ/PI em 2015, foi considerado ERRADO o seguinte enunciado: "O crime de prestação de garantia graciosa consuma-se **com a ocorrência de prejuízo efetivo para os cofres públicos**". Na mesma questão também foi considerado ERRADO o seguinte enunciado: "O crime de prestação de garantia graciosa **admite a modalidade culposa**".

▸ **Como esse assunto foi cobrado em concurso?**

No Concurso da FCC para auditor do TCE/AM em 2015, esse tema foi abordado da seguinte forma: "O agente público que, possuindo atribuição legal, presta garantia em operação de crédito sem que tenha sido constituída contragarantia em valor igual ou superior ao valor da garantia prestada, pratica crime denominado: a) assunção de obrigação no último ano do mandato ou legislatura; b) inscrição de garantia não empenhada em restos a pagar; c) contraprestação em operação de crédito; d) prestação de garantia graciosa; e) prestação de garantia não onerosa". Segundo o gabarito oficial foi considerada correta a alternativa "d".

▸ **Como esse assunto foi cobrado em concurso?**

No Concurso do CESPE para Procurador do Ministério Público do TCU em 2015, foi considerado CERTO o seguinte enunciado: "O crime existente na prestação de garantia graciosa por agente público **independe**, para a sua consumação, da ocorrência **de qualquer prejuízo para a administração**, bem como não há necessidade de chamamento do Estado para suprir a prestação do devedor original".

1.6. Não cancelamento de restos a pagar

Art. 359-F. Deixar de ordenar, de autorizar ou de promover o cancelamento do montante de restos a pagar inscrito em valor superior ao permitido em lei:
Pena – detenção, de 6 (seis) meses a 2 (dois) anos.

▸ **Importante**

Lei 4.320/64, art. 36. Considera-se Restos a Pagar as despesas empenhadas, mas não pagas até o dia 31 de dezembro distinguindo-se as processadas das não processadas.

Classificação doutrinária: crime simples, doloso, próprio, seja quanto ao sujeito passivo, seja quanto ao sujeito ativo; formal, de perigo abstrato, de forma vinculada, omissivo próprio, instantâneo, unissubjetivo, monossubsistente e não transeunte.

Sujeito ativo: somente o funcionário público com competência para ordenar, autorizar ou promover o cancelamento do montante de restos a pagar, inscrito em valor superior ao permitido em lei.

Nesse ponto, merece destaque a observação de Cleber Masson: "O legislador novamente abriu uma exceção pluralística à teoria monista, acolhida como regra no tocante ao concurso de pessoas (art. 29, *caput*, do CP). Com efeito, o funcionário público que deixa o cargo será responsabilizado pela 'inscrição de despesas não empenhadas em restos a pagar' (art. 359-B), ao passo que o funcionário público que assume o cargo deverá ser responsabilizado por não ter determinado o 'cancelamento do montante de restos a pagar' (art. 359-F), inscrito em valor superior ao legalmente permitido. Os dois agentes contribuem para o mesmo resultado, mas a eles são imputados crimes diversos, em face do especial tratamento conferido pela lei penal" (2013, p. 1299).

Sujeito passivo: qualquer dos entes federativos, a depender do alcance da conduta criminosa e, mediatamente, a coletividade, em razão do prejuízo sofrido às finanças públicas.

Conduta: três são as condutas previstas no tipo penal, todas elas omissivas próprias: 1) deixar de ordenar; 2) deixar de autorizar; e 3) deixar de promover o cancelamento do montante de restos a pagar inscrito em valor superior ao permitido em lei.

Objeto material: inscrição de restos a pagar.

Consumação e tentativa: "o delito se perfaz no momento em que se esgota para o administrador o prazo para ordenar, autorizar ou promover o cancelamento dos restos a pagar" (SANCHES, 2013, p. 749). Cuidando-se de crime omissivo próprio ou puro, não é admissível a tentativa.

Ação penal: pública incondicionada.

▸ **Como esse assunto foi cobrado em concurso?**

No Concurso da FCC para Auditor Fiscal da SEFAZ/PI em 2015, foram considerados CERTOS os seguintes enunciados: "O crime de não cancelamento de restos a pagar é crime omissivo puro". "Para a consumação do crime de não cancelamento de restos a pagar não se exige que haja prejuízo efetivo para a Administração".

▸ **Como esse assunto foi cobrado em concurso?**

No Concurso da FUNDATEC para Procurador do Estado do Rio Grande do Sul em 2015, foi considerado CERTO o seguinte enunciado: "Ordenar ou autorizar a inscrição em restos a pagar de despesa que não tenha sido previamente empenhada ou que exceda limite estabelecido em lei é crime contra as finanças públicas".

1.7. Aumento de despesa total com pessoal no último ano do mandato ou legislatura

Art. 359-G. Ordenar, autorizar ou executar ato que acarrete aumento de despesa total com pessoal, nos cento e oitenta dias anteriores ao final do mandato ou da legislatura:

Pena – reclusão, de 1 (um) a 4 (quatro) anos.

▸ **Importante**

LRF, art. 18. Para os efeitos desta lei Complementar, entende-se como **despesa total com pessoal**: o somatório dos gastos do ente da Federação com os ativos, os inativos e os pensionistas, relativos a mandatos eletivos, cargos, funções ou empregos, civis, militares e de membros de Poder, com quaisquer espécies remuneratórias, tais como vencimentos e vantagens, fixas e variáveis, subsídios, proventos da aposentadoria, reformas e pensões, inclusive adicionais, gratificações, horas extras e vantagens pessoais de qualquer natureza, bem como encargos sociais e contribuições recolhidas pelo ente às entidades de previdência.

LRF, Art. 21, parágrafo único. Também é **nulo de pleno direito** o ato de que resulte aumento da despesa com pessoal expedido nos cento e oitenta dias anteriores ao final do mandato do titular do respectivo Poder ou órgão referido no art. 20.

Classificação doutrinária: crime simples, doloso, próprio, seja quanto ao sujeito passivo, seja quanto ao sujeito ativo; formal, de perigo abstrato, de forma vinculada, comissivo (em regra), instantâneo, unissubjetivo, plurissubsistente ou monossubsistente e não transeunte.

Sujeito ativo: funcionário público com competência para ordenar, autorizar ou executar ato que acarrete aumento de despesa total com pessoal, nos cento e oitenta dias anteriores ao final do mandato ou da legislatura (crime próprio ou especial).

Sujeito passivo: qualquer dos entes federativos, a depender do alcance da conduta criminosa e, mediatamente, a coletividade, em razão do prejuízo sofrido às finanças públicas, causados pelo aumento de despesa com pessoal nos cento e oitenta dias anteriores ao final do mandato ou da legislatura.

Conduta: cuida-se de um tipo de ação múltipla, prevendo três ações nucleares: 1) ordenar, 2) Autorizar e 3) Executar ato que acarrete aumento de despesa total com pessoal, nos cento e oitenta dias anteriores ao final do mandato ou da legislatura. Tem-se um tipo misto alternativo, no qual a prática de mais de um comportamento típico importará em infração penal única (GRECO, 2013, p. 736).

Objeto material: ato que acarreta aumento de despesa com pessoal.

Consumação e tentativa: segundo a maioria da doutrina, consuma-se quando o agente público ordena, autoriza ou executa o ato de aumento de despesa com pessoal nos últimos 180 dias de mandato ou legislatura, independentemente da comprovação de prejuízo econômico ao erário. Considerando o caráter plurisubssistente, permite-se o fracionamento do *iter criminis* e admite-se a tentativa.

Ação penal: pública incondicionada.

▸ **Como esse assunto foi cobrado em concurso?**

No Concurso da FCC para Auditor Fiscal da SEFAZ/PI em 2015, esse tema foi abordado da seguinte forma: "O número de dias anteriores ao final do mandato ou legislatura em que considerar-se-á que incorre no crime de aumento de despesa total com pessoal no último ano do mandato ou legislatura aquele que ordenar, autorizar ou executar ato que acarrete aumento de despesa total com pessoal, conforme legislação vigente, é: a) noventa; b) cento e oitenta; c) cento e vinte; d) trezentos e sessenta; e) cento e cinquenta". Segundo o gabarito oficial foi considerada correta a alternativa "b".

▸ **Como esse assunto foi cobrado em concurso?**

No Concurso do CESPE para Procurador do Ministério Público do TCU em 2015, foi considerado ERRADO o seguinte enunciado: "A ordenação de aumento de despesa total com pessoal nos cento e oitenta dias anteriores ao final do mandato ou legislatura **não alcança o regime celetista,** de modo que tal controle se volta somente aos servidores estatutários"

1.8. Oferta pública ou colocação de títulos no mercado

> Art. 359-H. Ordenar, autorizar ou promover a oferta pública ou a colocação no mercado financeiro de títulos da dívida pública sem que tenham sido criados por lei ou sem que estejam registrados em sistema centralizado de liquidação e custódia.
> Pena – reclusão, de 1 (um) a 4 (quatro) anos.

Classificação doutrinária: crime simples, doloso, próprio, seja quanto ao sujeito passivo, seja quanto ao sujeito ativo; formal, de perigo abstrato, de forma vinculada, comissivo (em regra), instantâneo, unissubjetivo, plurissubsistente ou monossubsistente e não transeunte.

Sujeito ativo: funcionário público com competência para ordenar, autorizar ou promover a oferta pública ou a colocação no mercado financeiro de títulos da dívida pública sem que tenham sido criados por lei ou sem que estejam registrados em sistema centralizado de liquidação e de custódia (crime próprio ou especial).

Sujeito passivo: qualquer dos entes federativos, a depender do alcance da conduta criminosa e, mediatamente, a pessoa física ou jurídica prejudicada pela compra de títulos emitidos de maneira irregular.

Conduta: o tipo prevê três ações nucleares: 1) ordenar, 2) autorizar e 3) promover a oferta pública ou a colocação no mercado financeiro de títulos da dívida pública sem que tenham sido criados por lei ou sem que estejam registrados em sistema centralizado de liquidação e de custódia.

Objeto material: títulos da dívida pública.

Consumação e tentativa: consuma-se no instante em que o agente público ordena, autoriza ou promove a oferta pública ou a colocação no mercado financeiro de títulos da dívida pública sem que tenham sido criados por lei ou sem que estejam registrados em sistema centralizado de liquidação e de custódia. Admite-se a tentativa desde que, concretamente, seja possível fracionar o *iter criminis*.

Ação penal: pública incondicionada.

1.9. Infrações administrativas contra as leis de finanças públicas

Cumpre destacar que a lei 10.028/2000 disciplinou também as infrações administrativas, contra as leis de finanças públicas (art. 5º). São elas:

I. deixar de divulgar ou de enviar ao Poder Legislativo e ao Tribunal de Contas o relatório de gestão fiscal, nos prazos e condições estabelecidos em lei;

II. propor lei de diretrizes orçamentárias anual que não contenha as metas fiscais na forma da lei;

III. deixar de expedir ato determinando limitação de empenho e movimentação financeira, nos casos e condições estabelecidos em lei;

IV. deixar de ordenar ou de promover, na forma e nos prazos da lei, a execução de medida para a redução do montante da despesa total com pessoal que houver excedido a repartição por Poder do limite máximo;

Tais infrações administrativas serão punidas com multa de **trinta por cento dos vencimentos anuais** do agente que lhe der causa, sendo o pagamento da multa **responsabilidade pessoal**.

Por fim, a lei 10.028/2000 estabeleceu a competência para o processamento e julgamento de tais infrações como sendo do **Tribunal de Contas a que competir a fiscalização contábil, financeira e orçamentária da pessoa jurídica de direito público envolvida**.

2. CRIMES CONTRA O SISTEMA FINANCEIRO NACIONAL – LEI 7.492/86[1]

Os crimes contra o Sistema Financeiro Nacional, também chamados de **"crimes do colarinho branco"**, encontram-se previstos na lei 7.492/86 que, por sua vez, revogou as disposições penais da lei 4.595/64. Antes de qualquer coisa, a norma de 1986, já em seu primeiro artigo, define o que deve se entender por instituição financeira, conforme quadro infra:

1. Devido à proximidade entre as disciplinas, esse tópico também consta na Sinopse de Direito Econômico (VILELA, 2017, p. 489-507).

▸ **Importante**

Lei 7.492/86, art. 1º. Considera-se instituição financeira a **pessoa jurídica de direito público ou privado, que tenha como atividade principal ou acessória, cumulativamente ou não, a captação, intermediação ou aplicação de recursos financeiros de terceiros, em moeda nacional ou estrangeira, ou a custódia, emissão, distribuição, negociação, intermediação ou administração de valores mobiliários.**

Parágrafo único. Equiparam-se à instituição financeira:

I - A pessoa jurídica que capte ou administre seguros, câmbio, consórcio, capitalização ou qualquer tipo de poupança, ou recursos de terceiros;

II - A pessoa natural que exerça qualquer das atividades referidas neste artigo, ainda que de forma eventual.

Com base na definição legal, é possível afirmar que a noção de instituição financeira, do *caput* do art. 1º da lei 7.492/86, abrange dois grandes grupos: a) intermediários financeiros, quais sejam, aqueles que captam poupança diretamente do público por sua própria iniciativa e responsabilidade e, posteriormente, aplicam esses recursos junto às empresas, por meio de empréstimos e financiamento; e b) instituições auxiliares, ou seja, aquelas que colocam em contato poupadores e investidores, facilitando o acesso destes àqueles (SANCTIS, 2015).

São consideradas instituições financeiras (BITENCOURT; BREDA, 2014, p. 25-30):

- Bancos comerciais;
- Bancos múltiplos;
- Bancos de investimento;
- Bancos de desenvolvimento;
- Caixas Econômicas;
- Sociedades de crédito, financiamento e investimento (financeiras);
- Sociedades de crédito imobiliário;
- Sociedades corretoras de títulos e valores mobiliários;

- Sociedades distribuidoras de títulos e valores mobiliários;
- Sociedades de arrendamento mercantil;
- Cooperativas de crédito;
- Agências de fomento;
- Associação de poupança e empréstimo;
- Bancos de câmbio.

Já por "instituição financeira por equiparação" a doutrina apresenta as entidades que, atuam na captação e intermediação de recursos da poupança popular, quais sejam: seguradoras, administradoras de consórcios, instituições de câmbio e as sociedades de capitalização (BITENCOURT; BREDA, 2014, p. 31).

▸ Qual o entendimento do STJ sobre o assunto?

"As empresas popularmente conhecidas como ***factoring*** desempenham atividades de fomento mercantil, de cunho meramente comercial, em que se ajusta a compra de créditos vencíveis, mediante preço certo e ajustado, e com recursos próprios, **não podendo ser caracterizadas como instituições financeiras**" (CC 98.062/SP, Rel. Min. Jorge Mussi, publ. 06.09.2010).

▸ Qual o entendimento do STJ sobre o assunto?

"A concessão de empréstimos a juros abusivos por empresas de *factoring* caracteriza crime de usura, previsto nos arts. 4º da Lei nº 1.521/51 e 13 do Decreto nº 22.626/33, e não delito contra o sistema financeiro nacional, sendo, portanto, da competência da Justiça Estadual" (CC 115338/PR, Rel. Min. Marco Aurélio Bellizze, publ. 13.08.2013).

Considerando que a caracterização como instituição financeira envolve a operação com recursos de terceiros, a jurisprudência tradicionalmente vem entendendo que o agiota não pode ser caracterizado como tal, já que opera com recursos próprios. Por outro lado, o doleiro, os fundos de pensão e as entidades fechadas de previdência privada são considerados equiparados à instituição financeira.

▸ Qual o entendimento do STJ sobre o assunto?

"Inexistindo ofensa a interesses, bens e serviços da União, já que se trata de empréstimos com recursos próprios do particular e não sendo este equiparado a 'instituição bancária ou financeira', afastada está a hipótese de crime contra o Sistema Financeiro Nacional" (CC 29.933/SP, Rel. Min. Jorge Scartezzini, publ. 01.07.2004).

▸ Qual o entendimento do STF sobre o assunto?

"As entidades de fundo de pensão estão incluídas no Sistema Financeiro Nacional. Fraude cometida contra entidade previdenciária. Aplicação da lei nº 7.492/86. Competência da Justiça Federal" (RHC 85.094/SP, Rel. Min. Gilmar Mendes, publ. 08.04.2005).

▸ Qual o entendimento do STF sobre o assunto?

"[...] o estado, ao emitir títulos da dívida pública (Letras Financeiras do Estado) e colocá-los no mercado, para obter recursos para o Tesouro, não atuou como se fosse instituição financeira. Na aplicação da lei penal, vigora o princípio da reserva legal. Somente os entes que se enquadrem no conceito de instituição financeira, definidos no art. 1º e parágrafo único da Lei 7.492/86, é que respondem pelos tipos penais nela estabelecidos" (Inq. 1.690/PE, Rel. Min. Carlos Velloso, publ. 06.11.2002).

Obs: em sentido contrário é o entendimento de José Paulo Baltazar Jr. para quem o Estado-membro pode ser considerado instituição financeira por equiparação (2010, p. 333).

Durante muito tempo as **empresas de cartão de crédito** não foram consideradas instituições financeiras, pelo fato de receberem procuração dos contratantes para captar recursos junto ao sistema financeiro, cobrando, para o fornecimento do serviço, anuidades fixas e desvinculadas da efetivação de compras de mercadorias ou contratação de serviços (TRF/3 - HC 92.03.0249524/SP). Contudo, em razão da edição da súmula 283 do STJ, a doutrina mais recente vem entendendo que as operações com cartão de crédito também se caracterizam como intermediação (SANCTIS, 2015).

▸ Qual o entendimento do STJ sobre o assunto?

STJ, Súmula 283. "As empresas administradoras de cartão de crédito **são instituições financeiras** e, por isso, os juros remuneratórios por elas cobrados não sofrem as limitações da Lei de Usura".

Não obstante encontrarem-se regulamentados como contratos de seguro (Circular SUSEP nº 440/2012), os **planos funerários** que cobram antecipadamente pela prestação dos serviços funerários, não podem ser caracterizados como instituição financeira, conforme Parecer PGFN/CJU 2.200/2002.

2.1. Bem jurídico tutelado

O bem jurídico tutelado é o **Sistema Financeiro Nacional**, bem **transindividual** que deve ser compreendido como "o conjunto de órgãos, entidades e pessoas jurídicas que lidam com o fluxo de dinheiro e títulos, incluindo todas as atividades que envolvam circulação de valores, incluindo os mercados financeiro em sentido estrito, de crédito, de câmbio e de capitais, bem como seguros, consórcio, capitalização ou qualquer tipo de poupança", cujas funções básicas são a "mobilização de recursos e sua alocação no espaço e no tempo, informação e monitoração de empresas, administração e alocação de riscos, facilitação e liquidação de obrigações e pagamentos, além da geração e divulgação de informações" no âmbito do mercado de valores (*full disclousure*) (BALTAZAR, 2010, p. 318).

> **▸ Qual o entendimento do STJ sobre o assunto?**
>
> "A Lei 7.492/1986 busca a preservação das instituições públicas e privadas que compõem o sistema financeiro, de modo a viabilizar a transparência, a licitude, a boa-fé, a segurança e a veracidade que devem reger as relações entre estas e aplicadores, poupadores, investidores, segurados e consorciados" (CC 91.162/SP, Rel. Min. Arnaldo Esteves Lima, publ. 02.09.2009).

> **▸ Como esse assunto foi cobrado em concurso?**
>
> No Concurso do CESPE para Juiz Federal da 5ª Região em 2015, foi considerado ERRADO o seguinte enunciado: "Embora seja considerada atípica no direito brasileiro a detenção de equipamento destinado à falsificação ou adulteração de cartões de crédito, caso ocorra a falsificação propriamente dita, com a efetiva inserção dos cartões contrafeitos em circulação e o seu uso, fica caracterizado crime contra o Sistema Financeiro Nacional, devido ao abalo da credibilidade do mercado financeiro".

2.2. Sujeitos do crime

O sujeito passivo dos crimes praticados contra o Sistema Financeiro Nacional é a **União**, o que não exclui a possibilidade de existirem outras vítimas, concretamente atingidas pela prática delituosa.

Segundo disposição do art. 25 da lei 7.492/86, alguns crimes (não todos) contra o Sistema Financeiro Nacional são considerados crimes próprios, de forma que somente poderão ter como sujeitos ativos controladores, administradores, diretores, gerentes, interventores, liquidantes ou síndicos de instituição financeira, o que ocorrerá nos casos em que há **menção expressa** dessa condição no tipo penal ou trata-se de **decorrência lógica** da conduta.

Observe-se, contudo, que responsabilidade penal não decorre da simples posição ocupada pelo indivíduo, o que caracterizaria absurda responsabilidade objetiva. Ao contrário, e assim como em todo o direito penal, a previsão do art. 25 da lei depende da participação pessoal na realização dos fatos delituosos, comprovado o elemento subjetivo.

Admite-se tanto a coautoria (art. 30 do CP) quanto a participação.

▸ **Qual o entendimento do STJ sobre o assunto?**

"Podem ser sujeitos ativos do crime previsto no art. 6º da Lei 7.492/1986 pessoas naturais que se fizeram passar por membro ou representante de pessoa jurídica que não tinha autorização do Bacen para funcionar como instituição financeira" (REsp 1.405.989/SP, Rel. Min. Sebastião Reis Júnior, publ. 16.03.2015, Info 569).

▸ **Como esse assunto foi cobrado em concurso?**

No Concurso do CESPE para Juiz Federal da 5ª Região em 2015, foi considerado ERRADO o seguinte enunciado: "A Lei dos Crimes contra o Sistema Financeiro e a Lei dos Crimes contra Mercado de Capitais trazem previsão de sanções penais específicas para os administradores e para as pessoas jurídicas envolvidas nas infrações penais nelas preconizadas, e estabelecem penas de multa aplicáveis às pessoas jurídicas com base no dano provocado ou na vantagem ilícita auferida pelos agentes".

▸ **Como esse assunto foi cobrado em concurso?**

No Concurso do CESPE para Juiz Federal da 5ª Região em 2013, foi considerado ERRADO o seguinte enunciado: "Tratando-se de crimes contra o sistema financeiro, a **pessoa jurídica** poderá ser condenada criminalmente quando comprovada a ofensa a bens supraindividuais a fim de se manter a confiabilidade do sistema como um todo".

▸ **Como esse assunto foi cobrado em concurso?**

No Concurso do CESPE para Analista Processual do MPU em 2010, foi considerado ERRADO o seguinte enunciado: "No que diz respeito à responsabilidade penal nos crimes contra o sistema financeiro, a legislação de regência prevê sistema próprio de responsabilização para os agentes controladores, administradores, diretores e gerentes de instituição financeira e, divergindo do sistema do Código Penal, impõe-lhes **responsabilidade objetiva**".

2.3. Competência

A ação penal para todos os crimes previstos na lei 7.492/86 é **pública e incondicionada** e independe de eventual procedimento administrativo, sendo promovida pelo Ministério Público Federal perante a Justiça Federal, conforme expressa disposição do art.26 da lei.

2.4. Delação premiada

A lei 7.492/86 prevê, no parágrafo segundo do artigo 26 (acrescido pela lei 9.080/95), que "nos crimes previstos nesta Lei, cometidos em quadrilha ou coautoria, o coautor ou partícipe que através de confissão espontânea revelar à autoridade policial ou judicial toda a trama delituosa terá a sua **pena reduzida de um a dois terços"**, configurando aquilo que a doutrina chama de delação premiada, conceituada como a "redução de pena (podendo chegar, em algumas hipóteses, até mesmo a total isenção de pena), para o delinquente que delatar seus comparsas, concedida pelo juiz na sentença final condenatória, desde que sejam satisfeitos os requisitos que a lei estabelece" (BITENCOURT; BREDA, 2014, p. 348).

2.5. Divulgação de informação falsa ou prejudicialmente incompleta (art. 3º)

A tipificação da conduta de "divulgar informação falsa ou prejudicialmente incompleta sobre instituição financeira" tem o intuito de proteger a confiança dos investidores, sobretudo contra eventuais instabilidades decorrentes da ação de especuladores.

Cuida-se de crime comum, podendo ser praticado por qualquer pessoa, inclusive por meio do **correio eletrônico**. Apesar disso, para a caracterização do crime, exige-se o sujeito goze de alguma **credibilidade** em relação à informação divulgada. Os sujeitos passivos serão o Estado, o Sistema Financeiro Nacional, a instituição e os investidores eventualmente prejudicados com a divulgação.

O tipo subjetivo é o **dolo**, exigindo-se que a divulgação seja com o objetivo de causar prejuízo, não havendo previsão de modalidade culposa. Assim, "a certeza do agente, embora errônea, de que a informação é verdadeira impede a configuração do dolo. Se tiver dúvida, no entanto, sobre a falsidade ou a prejudicialidade da informação, deverá abster-se de divulgá-la, caso contrário responderá pelo crime, por dolo eventual" (BITENCOURT; BREDA, 2014, p. 52).

O verbo "divulgar" exige que a informação se **torne pública**, conhecida. Dessa forma, a **omissão de informação é atípica** já que não conta com previsão legal. Da mesma forma, não haverá o crime em caso de simples repetição de declarações já veiculadas na imprensa (TRF/3). O delito consuma-se com a simples divulgação, independentemente de qualquer resultado naturalístico, caracterizando-se, assim, como crime de mera conduta.

> ▸ **Qual o entendimento do STJ sobre o assunto?**
>
> "A inviolabilidade civil e penal das opiniões, palavras e votos dos membros das Casas Legislativas está adstrita ao efetivo exercício do cargo, ainda que fora da tribuna, desde que tenham sido proferidas em razão da função parlamentar. Evidenciado o dolo de se valer do mandato para divulgar informações falsas sobre instituição financeira, tal garantia não se presta a impedir a responsabilização pelo crime previsto no art. 3º da Lei nº 7.492/86" (HC 238.481/ES, Rel. Min. Maria Thereza de Assis Moura, pub. 03.08.2015).

▸ **Como esse assunto foi cobrado em concurso?**

No Concurso do CESPE para Defensor Público da União em 2010, foi considerado ERRADO o seguinte enunciado: "No que tange aos crimes contra o sistema financeiro, para a divulgação de informação falsa ou prejudicialmente incompleta sobre instituição financeira, está prevista a modalidade culposa".

OBSERVAÇÃO: o art. 16, II, da revogada Lei de Imprensa (Lei 5.250/67) previa a modalidade culposa para o crime de "Publicar ou divulgar notícias falsas ou fatos verdadeiros truncados ou deturpados que provoquem: desconfiança no sistema bancário ou abalo de crédito de instituição financeira ou de qualquer empresa, pessoa física ou jurídica".

2.6. Gestão fraudulenta e gestão temerária (art. 4º)

O crime de gestão fraudulenta tem como origem o crime previsto no art. 3º, IX da lei 1.521/51 (Crimes contra a economia popular), ainda vigente, que, por sua vez, exigia como resultado naturalístico que aqueles atos de gestão conduzissem as sociedades à falência ou à insolvência, ou não cumprindo qualquer das cláusulas contratuais de forma a causar prejuízo aos investidores. Dessa forma, a previsão daquela lei configura um **crime de dano**.

Na lei 7.492/86, ao contrário, o que se tem é um **crime formal e/ou de perigo abstrato**, já que a lei não faz menção a qualquer tipo de dano. Nesse sentido, estabelece o art. 4º:

> Art. 4º. Gerir **fraudulentamente** instituição financeira:
>
> Pena - reclusão, de três a doze anos e multa.
>
> Parágrafo único. Se a gestão é **temerária**:
>
> Pena - reclusão, de dois a oito anos e multa.

▸ **Qual o entendimento do STF sobre o assunto?**

"O tipo peal contido no art. 4º da Lei nº 7.492/1986, consiste em crime de perigo, não sendo necessária a produção de resultado naturalístico em razão da gestão fraudulenta. [...] A repercussão da ruína de uma instituição financeira, de maneira negativa em relação às outras instituições, caracteriza o crime de perigo" (HC 95.515/RJ, Rel. Min. Hellen Gracie, publ. 30.07.2008).

▸ **Como esse assunto foi cobrado em concurso?**

No Concurso da VUNESP para Auditor Fiscal Tributário Municipal de São José do Rio Preto/SP em 2014, foi considerado CERTO o seguinte enunciado: "Gerir **fraudulentamente** e gerir **temerariamente** instituição financeira trata-se de condutas criminosas, sendo que a primeira é punida mais gravemente do que a segunda".

▸ **Como esse assunto foi cobrado em concurso?**

No Concurso para Procurador da República em 2013, em questão relacionada aos crimes tipificados no art. 4º, *caput* e seu parágrafo único, da lei 7.492/86 foi considerado ERRADO o seguinte enunciado: "Consoante doutrina e jurisprudência majoritária, a redação do art. 4º e seu parágrafo único, ao retirar a previsão, contida na lei anterior, de as condutas acarretarem falência ou insolvência da instituição financeira, ou prejuízos aos investidores, transformou-os em crimes de dano, no caso de **gestão fraudulenta**, e de perigo abstrato, no caso de **gestão temerária**, tendo em conta o bem jurídico Sistema Financeiro Nacional".

▸ **Como esse assunto foi cobrado em concurso?**

No Concurso para Promotor de Justiça do MPDFT em 2015, foi considerado ERRADO o seguinte enunciado: "No crime de **gestão fraudulenta** de instituição financeira (Lei 7.492/86), o prejuízo ao patrimônio da instituição financeira ou a investidores, poupadores e assemelhados, decorrente da gestão fraudulenta, é elemento do tipo".

▸ **Importante**

"Por **gestão fraudulenta** deve-se compreender todo ato de administração no âmbito da empresa, dentre os poderes conferidos, ainda que apenas de fato, que visa à percepção de **vantagem indevida** em prejuízo alheio, empregando o administrador artifícios que levam a erro os demais administradores. Já a **gestão temerária** exige a prática de ato que potencialmente coloca em **risco** a normalidade econômica da empresa. Em ambos os casos exige-se administração que fuja aos padrões normais da atividade empresarial e comprometimento da higidez financeira da instituição" (SANCTIS, 2015).

Esse dispositivo visa tutelar o Sistema Financeiro Nacional contra gestões fraudulentas ou arriscadas levadas a efeitos por seus controladores, administradores, diretores e gerentes. Da mesma forma são protegidas as instituições financeiras (públicas ou privadas) e os investidores que confiaram na credibilidade do SFH. Tanto a gestão fraudulenta quanto a temerária protegem os mesmos bens jurídicos, mudando-se apenas o *modus operandi* do infrator (BITENCOURT; BREDA, 2014, p. 57).

Doutrina e jurisprudência, na atualidade vêm entendendo no sentido de que a previsão contida no *caput* do art. 4º não pode ser considerada vaga e a "existência de elemento normativo no tipo (*fraudulentamente*), passível de demarcação conceitual, não afronta, por esse motivo, o princípio da legalidade" (SANCTIS, 2015; BALTAZAR, 2010, p. 342). Mesmo entendimento se aplica à gestão temerária.

▸ Como esse assunto foi cobrado em concurso?

No Concurso para Procurador da República em 2013, em questão relacionada aos crimes tipificados no art. 4º, *caput* e seu parágrafo único, da lei 7.492/86 foi considerado ERRADO o seguinte enunciado: "Parte da doutrina considera que o elemento normativo jurídico ***temerária***, contido no parágrafo único, do art. 4º, não ofende o princípio constitucional da legalidade, na vertente da taxatividade, sendo, a temeridade, associada à gestão altamente afoita, arrojada ou arriscada. Contudo, a jurisprudência do STJ e do STF tem sido no sentido do reconhecimento da sua inconstitucionalidade, em razão do seu caráter vago e indeterminado".

Segundo entendimento majoritário tem-se aqui uma modalidade de **crime próprio**, que somente poderá ser praticado por aquelas pessoas elencadas no art. 25 da lei 7.492/86 (controlador, administrador, diretor, gerente, interventor, liquidante e síndico), admitindo-se, contudo, coautoria e participação de terceiros (art. 29 do CP). Considerando-se que a qualidade de administrador é elementar do delito, comunica-se a circunstância de caráter pessoal aos coautores, sejam eles empregados da instituição financeira, ou ainda, particulares (BALTAZAR, 2010, p. 342). Contudo, há entendimento do Supremo Tribunal Federal no sentido de qualificá-lo como crime de mão própria.

▸ Qual o entendimento do STF sobre o assunto?

"A interpretação sistemática da Lei nº 7.492/86 afasta a possibilidade de haver gestão fraudulenta por terceiro estranho à administração do estabelecimento bancário" (HC 91.591/MG, Rel. Min. Marco Aurélio, publ. 22.09.2009).

▸ **Qual o entendimento do STJ sobre o assunto?**

"Gerente de agência bancária é passível de imputação de gestão fraudulenta de instituição financeira, nos termos da Lei n. 7.492/86, que define os crimes contra o Sistema Financeiro Nacional" (EDcl no AgRg no REsp 917.333/MS, Rel. Min. Humberto Martins, publ. 04.10.2013).

▸ **Como esse assunto foi cobrado em concurso?**

No Concurso para Procurador da República em 2013, em questão relacionada aos crimes tipificados no art. 4º, *caput* e seu parágrafo único, da lei 7.492/86 foi considerado ERRADO o seguinte enunciado: "Com relação ao sujeito ativo, cuidam-se de crimes próprios, sendo penalmente responsáveis o controlador e o administrador de instituição financeira, assim considerados os diretores e os gerentes. Não obstante, a jurisprudência do STJ e do STF é pacífica no sentido de **excluir daquele rol os gerentes de agências bancárias**, pois os atos de gestão que lhes incumbe realizar não têm aptidão para ofender o Sistema Financeiro Nacional".

Por outro lado, em relação à habitualidade, há significativa polêmica doutrinária e jurisprudencial. Para alguns doutrinadores a expressão "gerir" "dá a ideia de que o crime só incide se houver um conjunto de atos espaçados no tempo, cuidando-se de crime que requer a habitualidade da fraude para sua configuração" de forma que a prática de atos isolados poderia levar à configuração de outras figuras típicas previstas na lei 7.492/86, mas não aquela do art. 4º (BALTAZAR, 2010, p. 344).

Em sentido contrário, o entendimento mais recente dos tribunais superiores é no sentido de que o crime de gestão fraudulenta caracteriza-se como um **crime habitual impróprio ou acidentalmente habitual**, tendo esse posicionamento sido considerado certo em concurso para Procurador da República em 2013. Contudo, em 2012, questão relacionada a essa classificação do crime de gestão fraudulenta, em concurso para Advogado da União, foi anulada em razão da divergência na jurisprudência da doutrina e do STJ sobre o assunto. Por esse motivo, o tema merece muito cuidado em concursos públicos, podendo ser alvo de recursos em questões objetivas e devendo ser abordados os entendimentos diversos em caso de questão discursiva.

▸ **Qual o entendimento do STJ sobre o assunto?**

"O crime de gestão fraudulenta é considerado **delito habitual impróprio**, em que uma só ação tem relevância para configurar o tipo, ainda que a sua reiteração não configure pluralidade de crimes" (AgRg no REsp 1.398.829/SC, Rel. Min. Jorge Mussi, publ. 17.03. 2015).

"Esta Corte já decidiu que o crime de gestão fraudulenta, consoante a doutrina, pode ser visto como **crime habitual impróprio**, em que uma só ação tem relevância para configurar o tipo, ainda que a sua reiteração não configure pluralidade de crimes" (HC 39.908/PR, Rel Min. Arnaldo Esteves Lima, publ. 03.04.2006)

▸ **Importante**

"Dada a gravidade e autonomia das ações e omissões *de per si*, exige-se a simples prática de uma conduta potencialmente lesiva de administração para o enquadramento nos delitos de gestão. Entendimento contrário levaria a absurda admissão da possibilidade de o administrador cometer um único ato fraudulento ou temerário durante sua gestão e levar a instituição financeira à inadimplência, sem que nenhuma responsabilidade penal pudesse advir por tal conduta" (SANCTIS, 2015).

▸ **Como esse assunto foi cobrado em concurso?**

No Concurso para Procurador da República em 2013, em questão relacionada aos crimes tipificados no art. 4º, *caput* e seu parágrafo único, da lei 7.492/86 foi considerado CERTO o seguinte enunciado: "Parte da doutrina classifica-os como **crimes habituais impróprios ou acidentalmente habituais**, nos quais uma única ação no sentido de gerir fraudulenta ou temerariamente tem relevância para consubstanciar o tipo, embora sua reiteração não configure pluralidade de crimes. Apesar da existência de jurisprudência em sentido inverso, a maior parte dos julgados, tanto do STJ quanto do STF, corroboram essa assertiva".

▸ **Como esse assunto foi cobrado em concurso?**

No Concurso do CESPE para Advogado da União em 2012, foi **ANULADO** o seguinte enunciado: "O crime de gestão fraudulenta pode ser considerado crime habitual impróprio, tendo uma só ação relevância para configurar o tipo, ainda que a reiteração da ação não configure pluralidade de crimes".

Já o tipo subjetivo é inquestionavelmente o **dolo**, de forma que o agente deve ter a vontade consciente de gerir, fraudulentamente, instituição financeira, não se exigindo a vontade de causar prejuízo. Não há previsão para a modalidade culposa.

O crime de gestão fraudulenta consuma-se "desde que a fraude se produza na captação, aplicação, intermediação e administração de recursos financeiros, que é a atividade-fim de instituição financeira, ou, ainda, na custódia, emissão, distribuição ou intermediação ou administração de títulos ou valores mobiliários" (BITENCOURT; BREDA, 2014, p. 68).

> **Como esse assunto foi cobrado em concurso?**
>
> No Concurso do CESPE para Procurador Federal em 2010, foi considerado CERTO o seguinte enunciado: "O crime de **gestão fraudulenta** é classificado como crime próprio, formal e de perigo concreto, tendo como elemento subjetivo apenas o dolo, não havendo a forma culposa".

Por fim, destaque-se que a gestão temerária configura-se pela "imprudência, afoiteza, audácia das transações e pelo seu risco possível, que se afasta do risco imanente a qualquer atividade financeira" (SANCTIS, 2015). Ou seja, a gestão temerária pode ser configurada como aquela **desmedidamente arriscada**.

Cuidando-se, tanto o crime de gestão fraudulenta, quanto o de gestão temerária, de crime de perigo, não se exigindo o dano para a as configuração, a eles **não se aplica o princípio da insignificância**.

2.7. Sonegação de informação ou prestação de informação falsa (art. 6º)

Cuida-se de crime pluriofensivo, que tutela, além da inviolabilidade e a credibilidade do mercado de capitais, a repartição pública competente (ex. Banco Central, CVM e Receita Federal do Brasil) e o patrimônio dos sócios e investidores, proibindo que sejam induzidos ou mantidos em erro, relativamente a operação ou situação financeira. "Tutela-se, enfim, tanto o interesse social, representado pela confiança recíproca que deve presidir os relacionamentos patrimoniais individuais e comerciais, quanto o interesse público de reprimir a fraude causadora de dano à instituição financeira" (BITENCOURT; BREDA, 2014, p. 116).

Majoritariamente entende-se que o sujeito ativo será necessariamente uma das pessoas arroladas no art. 25 da lei 7.492/86, configurando-se, portanto, como crime próprio. Já os sujeitos passivos são o Estado, como titular da ordem financeira, além de e investidores, sócios e a repartição pública competente eventualmente atingidos pela informação sonegada ou falsamente prestada.

▸ **Qual o entendimento do STJ sobre o assunto?**

"A Lei 7.492/86 busca a preservação das instituições públicas e privadas que compõem o sistema financeiro, de modo a viabilizar a transparência, a licitude, a boa-fé, a segurança e a veracidade, que devem reger as relações entre estas e aplicadores, poupadores, investidores, segurados e consorciados. Os delitos dos art. 4º, 6º e 10 são formais, ou seja, não exigem resultados decorrentes das condutas e consumam-se com a prática dos atos de gestão (art. 4º), no momento em que se presta a falsa informação ou a oculta (art. 6º) e quando é formalizado o demonstrativo contábil falso (art. 10)" (CC 91.162/SP, Rel. Min. Arnaldo Esteves Lima, publ. 02.09.2009).

▸ **Qual o entendimento do STJ sobre o assunto?**

"Configura o crime contra o Sistema Financeiro do art. 6º da Lei 7.492/1986 - e não estelionato, do art. 171 do CP - a falsa promessa de compra de valores mobiliários feita por falsos representantes de investidores estrangeiros para induzir investidores internacionais a transferir antecipadamente valores que diziam ser devidos para a realização das operações" (REsp 1.405.989/SP, Rel. Min. Sebastião Reis Júnior, publ. 15.03.2015, Info 569).

2.8. Emissão, oferecimento ou negociação irregular de títulos ou valores mobiliários (art. 7º)

O art. 7º da lei 7.492/86, mais uma vez, prevê um crime pluriofensivo, já que tutela a higidez dos títulos e valores mobiliários, bem como o patrimônio dos investidores, a fé pública do mercado mobiliário e financeiro, protegendo, assim, a **credibilidade do próprio Sistema Financeiro Nacional**. "Secundariamente, protege a inviolabilidade e a credibilidade do mercado de capitais, sendo imprescindível assegurar a retidão da emissão, da compra e da venda de títulos e valores mobiliários" (SANCTIS, 2015).

▸ **Importante**

O alcance da expressão "valores mobiliários" se depreende da lei 6.385/76, que dispõe sobre o mercado de capitais, além de ter criado a Comissão de Valores Mobiliários.

Art. 2º. São valores mobiliários sujeito ao regime dessa lei:

I. As ações, debêntures e bônus de subscrição;

II. Os cupons, direitos, recibos de subscrição e certificados de desdobramento relativos aos valores mobiliários referidos no inciso II;

III. Os certificados de depósito de valores mobiliários;

IV. As cédulas de debêntures;

V. As cotas de fundos de investimento em valores mobiliários ou de cubes de investimentos em quaisquer ativos;

VI. As notas comerciais;

VII. Os contratos futuros, de opções e outros derivativos, cujos ativos subjacentes sejam valores mobiliários;

VIII. Outros contratos derivativos, independentemente dos ativos subjacentes; e

IX. Quando ofertados publicamente, quaisquer outros títulos ou contratos de investimento coletivo, que gerem direito de participação, de parceria ou de remuneração, inclusive resultante de prestação de serviços, cujos rendimentos advêm do esforço do empreendedor ou de terceiros.

§1º. Excluem-se do regime desta Lei:

I. Os títulos da dívida pública federal, estadual ou municipal;

II. Os títulos cambiais de responsabilidade de instituição financeira, exceto as debêntures.

Fausto de Sanctis classifica os valores mobiliários em três espécies (2015):

a) **De capitalização ou participação** (*equiry*), que tornam o investidor sócio da companhia emissora, como as ações;

b) **De securitização ou dívida** (*debt*), como as debêntures;

c) **Mistos**, que podem ser transformados em ações.

Embora não haja expressa previsão no art. 7º, a doutrina entende que se trata de crime próprio, exigindo-se uma condição peculiar do sujeito que, portanto, deve ser uma daquelas pessoas elencadas no já mencionado art. 25 da lei 7.492/86. Registre-se a existência de posição no sentido da possibilidade de tratar-se de crime comum nas modalidades oferecer e negociar (BITENCOURT; BREDA, 2014, p. 131).

Já os sujeitos passivos são o Estado, responsável pelo Sistema Financeiro Nacional, assim como quaisquer pessoas eventualmente lesadas pela conduta. O tipo subjetivo é o **dolo**, não se admitindo na modalidade culposa. Exige-se, portanto, que o agente tenha consciência da irregularidade dos títulos ou valores mobiliários emitidos, oferecidos ou negociados.

O tipo objetivo prevê as condutas de emitir (colocar em circulação), oferecer (ofertar) e negociar (transacionar), mediante as condições previstas na lei (crime de forma vinculada):

I. Falsos ou falsificados;

II. Sem registro prévio de emissão junto à autoridade competente, em condições divergentes das constantes do registro ou irregularmente registrados;

III. Sem lastro ou garantia suficientes, nos termos da legislação;

IV. Sem autorização prévia da autoridade competente, quando legalmente exigida.

A ação penal é **pública incondicionada**, cominando-se pena de reclusão, de dois a oito anos, e multa.

> **▸ Como esse assunto foi cobrado em concurso?**
>
> No Concurso da CESGRANRIO para Advogado da Caixa Econômica Federal em 2012, o tema foi abordado da seguinte forma: "O diretor da instituição financeira Y **colocou em circulação, sem autorização escrita da sociedade emissora**, documento representativo de **valor mobiliário**. Tal ato é tipificado como crime contra a (o): a) licitação; b) administração pública; c) ordem econômica; d) livre circulação de ideias; e) sistema financeiro nacional". Segundo o gabarito oficial, foi considerada CORRETA a alternativa "e".

2.9. Empréstimo ou adiantamento vedados (art. 17)

O art. 17 da lei 7.492/86 estabelece como crime "tomar ou receber, qualquer das pessoas mencionadas no art. 25 daquela lei, direta ou indiretamente, empréstimo ou adiantamento, ou deferi-lo a controlador, a administrador, a membro de conselho estatutário, aos respectivos cônjuges, aos ascendentes, descendentes, a parentes em linha **colateral até o 2º grau**, consanguíneos ou afins, ou a sociedade sujo controle seja por ela exercido, direta ou indiretamente, ou por qualquer dessas pessoas", culminando a pena de reclusão, de dois a seis anos e multa. Além disso, incorre na mesma pena quem: I) em nome próprio, como controlador ou na condição de administrador da sociedade, conceder ou receber adiantamento de honorários, remuneração, salário, ou qualquer outro pagamento, nas condições referidas nesse artigo; II) de forma disfarçada, promover a distribuição ou receber lucros de instituição financeira.

Ou seja, considerando-se a possibilidade de se obter **benefícios particulares em detrimento da ordem econômica**, o legislador procurou, com esse tipo penal, coibir práticas nepotistas que poderiam causar danos ao Sistema Financeiro Nacional. Observe-se, contudo, que **não se exige a ocorrência de efetivo prejuízo**, caracterizando-se como crime de **mera conduta**.

Cuida-se, novamente, de crime pluriofensivo, já que atinge tanto o Sistema Financeiro Nacional quanto o patrimônio da instituição financeira e dos respectivos investidores, acionistas e sócios.

Apesar de se admitir a coautoria e a participação, tem-se aqui, mais um caso de crime próprio, cuja prática somente pode se dar por aqueles sujeitos explicitados no art. 25 da lei 7.492/86, respondendo **tanto o tomador quanto o concedente** do empréstimo.

Para a configuração do delito será irrelevante que os recursos mutuados ou adiantados sejam de terceiros ou pertencentes à própria instituição financeira já que estes também são responsáveis por garantir a solidez do sistema. Além disso, essa circunstância não se encontra prevista no tipo (BALTAZAR, 2010, p. 387).

▸ **Qual o entendimento do STF sobre o assunto?**

"[...] parece-me claro que o crime supostamente praticado pelo paciente é classificado como 'próprio quanto ao sujeito ativo', porque exige deste uma especial qualidade, consistente, [...] em ser controlador, administrador, diretor ou gerente de instituição financeira. No entanto, o argumento do impetrante não se sustenta, na medida em que a especial qualidade do sujeito ativo é circunstância elementar do crime do art. 17 da Lei dos Crimes contra o Sistema Financeiro. A consequência disso encontra-se no art. 30 do Código Penal. Em síntese, apesar de não ser o paciente controlador, administrador, diretor ou gerente de instituição financeira, **essa qualidade, de índole subjetiva, lhe é comunicada** por expressa previsão legal" (HC 84.238-1/BA, Rel. Min. Joaquim Barbosa, publ. 10.09.2004).

▸ **Qual o entendimento do STJ sobre o assunto?**

"Segundo reiterada jurisprudência desta Corte, o crime tipificado no art. 17 da lei 7.492/86 se conforme com a **mera conduta do agente**, isto é, se aperfeiçoa com o simples empréstimo realizado por instituição financeira a empresa coligada do mesmo grupo econômico, razão por que a assertiva de utilização de recursos próprios não afasta a indicação delitiva, podendo servir, ao contrário, para a análise da culpabilidade em momento próprio" (REsp 466.168/SP, Rel. Min. Maria Thereza de Assis Moura, publ. 22.02.2010).

▸ **Como esse assunto foi cobrado em concurso?**

No Concurso do CESPE para Advogado da União em 2012, foi considerado ERRADO o seguinte enunciado: "Apesar de serem crimes autônomos, o empréstimo vedado e a gestão temerária, quando forem praticados em uma só ação e originários de uma só operação bancária, não deverão ser processados em concurso formal, pois haverá a absorção do primeiro delito pelo segundo".

▸ **Como esse assunto foi cobrado em concurso?**

No Concurso da FCC para Advogado da Nossa Caixa Desenvolvimento em 2011, o tema foi abordado da seguinte forma: "De acordo com a lei n. 7.492/86, NÃO comete crime contra o sistema financeiro nacional o administrador de instituição financeira que: a) divulgar informação falsa ou prejudicialmente incompleta sobre instituição financeira; b) deferir empréstimo a parente na linha colateral em **terceiro grau**, consanguíneo ou afim; c) geri-la fraudulentamente; d) mantiver ou movimentar recurso ou valor paralelamente à contabilidade exigida pela legislação; e) geri-la temerariamente". Segundo o gabarito oficial, foi considerada CORRETA a alternativa "b".

2.10. Financiamento mediante fraude (art. 19)

Segundo o art. 19 da lei 7.492/86, constitui crime a obtenção, mediante fraude, de financiamento **em instituição financeira**, apenado com reclusão de dois a seis anos e multa. Conforme o parágrafo único do mesmo dispositivo, a pena será aumentada de 1/3 se o crime for cometido em detrimento de instituição financeira oficial ou por ela credenciada para o repasse de financiamento.

Tutela-se, assim, tanto o patrimônio da instituição, de seus acionistas, sócios, investidores, correntistas e aplicadores, quanto a própria **credibilidade do Sistema Financeiro Nacional**. Tem-se aqui uma **forma especial de estelionato** que deverá prevalecer sobre este, em razão do princípio da especialidade.

Observe-se a necessidade de se distinguir empréstimo de financiamento. Enquanto aquele é uma operação rotineira das instituições financeiras e pode ter a destinação mais variada possível, conforme as necessidades e interesses do tomador, o **financiamento tem destinação específica**, sendo vinculado a determinado empreendimento ou aquisição de determinado bem, propriedade, coisa ou direito. "Essa finalidade fomentadora do progresso, melhoria ou criação de oportunidades para a coletividade como um todo justifica a sua maior proteção jurídica, atribuindo-se-lhe, inclusive, dignidade penal" (BITENCOURT; BREDA, 2014, p. 248).

Diferente dos demais crimes aqui analisados, este pode ser cometido por **qualquer pessoa**, não se exigindo qualquer qualidade especial. Por isso, é considerado crime comum. Além disso, admite o concurso de pessoas, nos moldes do art. 29 do CP. Sujeito passivo será a instituição lesada, assim como seus investidores, sócios e acionistas. Secundariamente também será sujeito passivo o Estado, já que é o responsável pela solidez do Sistema Financeiro Nacional.

José Paulo Baltazar Jr., citando julgado do TRF/4 destaca que: "A fraude caracterizadora do delito de obtenção de financiamento em instituição financeira mediante fraude é qualquer fraude, não sendo necessário que a fraude, em si, constitua crime, e se constituir, restando esgotada a potencialidade lesiva, a fraude é absorvida pelo crime fim" (AC 199904010785640-PR) (2010, p. 395).

▸ **Como esse assunto foi cobrado em concurso?**

No Concurso do CESPE para Juiz Federal da 1ª Região em 2015, foi considerado ERRADO o seguinte enunciado: "José, com o intuito de enganar representante de instituição bancária para celebrar **contrato de mútuo**, apresentou contracheque e identidade falsos na ocasião do negócio. Nessa situação, praticou crime contra o sistema financeiro".

▸ **Como esse assunto foi cobrado em concurso?**

No Concurso do CESPE para Juiz Federal da 5ª Região em 2015, foi considerado ERRADO o seguinte enunciado: "Considere a seguinte situação hipotética. José, produtor rural, obteve financiamento rural aprovado pelo PRONAMP no valor de R$ 380.000,00. Essa quantia deveria ser utilizada, conforme projeto aprovado, na reforma, ampliação e construção de instalações permanentes, na formação de lavouras permanentes, na eletrificação rural e na aquisição de caprinos e ovinos para ampliar produção de laticínios e derivados na região. Ocorre que **parte dos recursos foi utilizada na aquisição de camionete cabine dupla o km**, não prevista no projeto original, para uso na área rural e transporte de insumos. José honrou todas as parcelas do financiamento, e a compra do bem foi verificada na vistoria final do contrato. Nessa situação hipotética, a conduta do produtor rural no que se refere à compra da camionete é **atípica** por não trazer prejuízos ao sistema financeiro e pelo fato de os investimentos permanecerem na atividade rural original, ainda que a aquisição do bem não estivesse prevista expressamente no contrato".

▸ **Como esse assunto foi cobrado em concurso?**

No Concurso da VUNESP para Escrivão da Polícia Civil do Ceará em 2015, o tema foi abordado da seguinte forma: "O crime de '**obter, mediante fraude, financiamento em instituição financeira**' (art. 19 da Lei nº 7.492/86) tem pena aumentada de 1/3 se cometido: a) em momento de grave recessão; b) por agente público; c) em detrimento de instituição financeira oficial; d) com intuito de causar risco sistêmico; e) por intermédio de pessoa jurídica". Segundo o gabarito oficial, foi considerada CORRETA a alternativa "c".

▸ **Como esse assunto foi cobrado em concurso?**

No Concurso da CESGRANRIO para Advogado do BNDES em 2010, o tema foi abordado da seguinte forma: "Tício obtém, mediante fraude, crédito vinculado a leasing financeiro, sendo denunciado pelo Ministério

Público como incurso nas penas do art. 19, da Lei nº 7.249/86, que regulamenta os crimes contra o Sistema Financeiro Nacional. Alega que inexistiu crime uma vez que o Banco não teria natureza pública. Diante de tal quadro, conclui-se que: a) a obtenção de crédito fraudulentamente, mediante leasing, não caracteriza crime contra o Sistema Financeiro Nacional; b) a pena cominada é a mesma, seja em instituição privada ou pública, em fatos dessa natureza; c) a origem da instituição, quer pública ou privada, é irrelevante para tipificar o crime descrito; d) o crime descrito implica a necessidade de que recursos públicos estejam envolvidos para ser tipificado; e) somente os mútuos bancários, em sentido estrito, caracterizam o delito em foco". Segundo o gabarito oficial, foi considerada CORRETA a alternativa "c".

Súmulas relacionadas a Direito Financeiro

SUPREMO TRIBUNAL FEDERAL

Súmula Vinculante 17. Durante o período previsto no parágrafo 1º do artigo 100 da Constituição, não incidem juros de mora sobre os precatórios que nele sejam pagos.

Súmula Vinculante 3. Nos processos perante o Tribunal de Contas da União asseguram-se o contraditório e a ampla defesa quando da decisão puder resultar anulação ou revogação de ato administrativo que beneficie o interessado, excetuada a apreciação da legalidade do ato de concessão inicial de aposentadoria, reforma e pensão.

Súmula 733, do STF. Não cabe recurso extraordinário contra decisão proferida no processamento de precatórios.

Súmula 703, do STF. A extinção do mandato do prefeito não impede a instauração de processo pela prática dos crimes previstos no art. 1º do Dl. 201/67.

Súmula 655, do STF. A exceção prevista no art. 100, *caput*, da Constituição, em favor dos créditos de natureza alimentícia, não dispensa a expedição de precatório, limitando-se a isentá-los da observância da ordem cronológica dos precatórios decorrentes de condenações de outra natureza.

Súmula 653, do STF. No Tribunal de Contas estadual, composto por sete conselheiros, quatro devem ser escolhidos pela Assembleia Legislativa e três pelo Chefe do Poder Executivo estadual, cabendo a este indicar um dentre auditores e outro dentre membros do Ministério Público, e um terceiro a sua livre escolha.

Súmula 647, do STF. Compete privativamente à União legislar sobre vencimentos dos membros das polícias civil e militar do Distrito Federal.

Súmula 578, do STF. Não podem os Estados, a título de ressarcimento de despesas, reduzir a parcela de 20% do produto da arrecadação do imposto de circulação de mercadorias, atribuída aos Municípios pelo art. 23, § 8º, da Constituição Federal.

Súmula 545, do STF. Preços de serviços públicos e taxas não se confundem, porque estas, diferentemente daqueles, são compulsórias e têm sua cobrança condicionada à prévia autorização orçamentária, em relação à lei que as instituiu.

Súmula 347, do STF. O Tribunal de Contas, no exercício de suas atribuições, pode apreciar a constitucionalidade das leis e dos atos do poder público.

Súmula 248, do STF. É competente, originariamente, o Supremo Tribunal Federal, para mandado de segurança contra ato do Tribunal de Contas da União.

Súmula 66, do STF. É legítima a cobrança do tributo que houver sido aumentado após o orçamento, mas antes do início do respectivo exercício financeiro.

Súmula 42, do STF. É legítima a equiparação de juízes do Tribunal de Contas, em direitos e garantias, aos membros do Poder Judiciário.

Súmula 6, do STF. A revogação ou anulação, pelo Poder Executivo, de aposentadoria, ou qualquer outro ato aprovado pelo Tribunal de Contas, não produz efeitos antes de aprovada por aquele Tribunal, ressalvada a competência revisora do Judiciário.

SUPERIOR TRIBUNAL DE JUSTIÇA

Súmula 461, do STJ. O contribuinte pode optar por receber, por meio de precatório ou por compensação, o indébito tributário certificado por sentença declaratória transitada em julgado.

Súmula 452, do STJ. A extinção das ações de pequeno valor é faculdade da Administração Federal, vedada a atuação judicial de ofício.

Súmula 447, do STJ. Os Estados e o Distrito Federal são partes legítimas na ação de restituição de imposto de renda retido na fonte proposta por seus servidores.

Súmula 406, do STJ. A Fazenda Pública pode recusar a substituição do bem penhorado por precatório.

Súmula 311, do STJ. Os atos do presidente do tribunal que disponham sobre processamento e pagamento de precatório não têm caráter jurisdicional.

Súmula 209, do STJ. Compete à Justiça Estadual processar e julgar prefeito por desvio de verba transferida e incorporada ao patrimônio municipal.

Súmula 208, do STJ. Compete à Justiça Federal processar e julgar prefeito municipal por desvio de verba sujeita a prestação de contas perante órgão federal.

Súmula 164, do STJ. O prefeito municipal, após a extinção do mandato, continua sendo sujeito a processo por crime previsto no art. 1 do Dec. Lei 201, de 27/02/67.

Súmula 150, do STJ. Compete à Justiça federal decidir sobre a existência de interesse jurídico que justifique a presença, no processo, da União, suas autarquias e empresas públicas.

Súmula 144, do STJ. Os créditos de natureza alimentícia gozam de preferência, desvinculados os precatórios da ordem cronológica dos créditos de natureza diversa.

TRIBUNAL DE CONTAS DA UNIÃO

Súmula 279, do TCU. As rubricas referentes a sentenças judiciais, enquanto subsistir fundamento para o seu pagamento, devem ser pagas em valores nominais, sujeitas exclusivamente aos reajustes gerais do funcionalismo, salvo se a sentença judicial dispuser de outra forma.

Súmula 278, do TCU. Os atos de aposentadoria, reforma e pensão têm natureza jurídica de atos complexos, razão pela qual os prazos decadenciais a que se referem o §2º do art. 260 do Regimento Interno e o art. 54 da Lei nº 9.784/99 começam a fluir a partir do momento em que se aperfeiçoam com a decisão do TCU que os considera legais ou ilegais, respectivamente.

Súmula 277, do TCU. Por força do inciso II do art. 37 da Constituição Federal, a admissão de pessoal nos conselhos de fiscalização profissional, desde a publicação no Diário de Justiça de 18/05/2001 do acórdão proferido pelo STF no mandado de segurança 21.797-9, deve ser precedida de concurso público, ainda que realizado de forma simplificada, desde que haja observância dos princípios constitucionais pertinentes.

Súmula 231, do TCU. A exigência de concurso público para admissão de pessoal se estende a toda a Administração Indireta, nela compreendidas as Autarquias, as Fundações instituídas e mantidas pelo Poder Público, as Sociedades de Economia Mista, as Empresas Públicas e, ainda, as demais entidades controladas direta ou indiretamente pela União, mesmo que visem a objetivos estritamente econômicos, em regime de competitividade com a iniciativa privada.

Súmula 230, do TCU. Compete ao prefeito sucessor apresentar as contas referentes aos recursos federais recebidos por seu antecessor, quando este não o tiver feito ou, na impossibilidade de fazê-lo, adotar as medidas legais visando ao resguardo do patrimônio público com a instauração da competente Tomada de Contas Especial, sob pena de co-responsabilidade.

Súmula 227, do TCU. O recolhimento parcial do débito por um dos devedores solidários não o exonera da responsabilidade pela quantia restante, vez que a solidariedade imputada impede seja dada quitação, a qualquer dos responsáveis solidários, enquanto o débito não for recolhido em sua totalidade.

Súmula 222, do TCU. As Decisões do Tribunal de Contas da União, relativas à aplicação de normas gerais de licitação, sobre as quais cabe privativamente à União legislar, devem ser acatadas pelos administradores dos Poderes da União, dos Estados, do Distrito Federal e dos Municípios.

Súmula 214, do TCU. Os valores correspondentes às taxas de inscrição em concursos públicos devem ser recolhidos ao Banco do Brasil S.A., à conta do Tesouro Nacional, por meio de documento próprio, de acordo com a sistemática de arrecadação das receitas federais prevista no Decreto-lei nº 1.755, de 31/12/79, e integrar as tomadas ou prestações de contas dos responsáveis ou dirigentes de órgãos da Administração Federal Direta, para exame e julgamento pelo Tribunal de Contas da União.

Súmula 205, do TCU. É inadmissível, em princípio, a inclusão, nos contratos administrativos, de cláusula que preveja, para o Poder Público, multa ou indenização, em caso de rescisão.

Súmula 180, do TCU. Ainda que não recebam contribuições parafiscais ou transferências à conta da União e independentemente da sua natureza jurídica, estão sujeitas ao exame e julgamento do Tribunal de Contas as contas das empresas privadas, cuja totalidade ou maioria das ações ordinárias, representativas do seu capital social, foram desapropriadas pela União, ou cujos bens, integrantes do seu patrimônio, foram confiscados e incorporados ao patrimônio da União, na forma da lei, verificando-se, nos respectivos processos de prestação de contas, a legitimidade das operações que conduziram à desapropriação ou ao confisco, a situação das contas antes da intervenção e quando sob gestão do interventor, controlador, executor do confisco ou liquidante.

Súmula 176, do TCU. Torna-se indispensável o controle, pelo Tribunal de Contas, da participação, de entidades que lhe sejam jurisdicionadas, no custeio de associação ou fundação de complementação previdenciária, mediante o processamento e o exame englobado das contas das mencionadas entidades e dos Balanços e Demonstrações de Resultados das instituições de previdência suplementar.

Súmula 133, do TCU. Não só os dirigentes de órgãos da Administração Direta e das autarquias, mas, também, os Administradores das empresas públicas, sociedades de economia mista e Fundações, ou das demais entidades previstas na Lei nº 6.223, de 14/07/75 (Lei nº 6.525, de 11/04/78), estão sujeitos, a juízo do Tribunal de Contas da União, à cominação de multa, por infringência de disposição legal ou regulamentar que lhes seja aplicável, apurada tanto na fase do controle interno como do externo (Enunciados 10, 11, 51 e 91 da Súmula da Jurisprudência do TCU).

Súmula 111, do TCU. Aos órgãos próprios do Controle Interno cabe baixar Instruções e Recomendações para o regular funcionamento do Sistema de Administração Financeira, Contabilidade e Auditoria, de modo que se criem condições indispensáveis para assegurar eficácia ao Controle Externo.

Súmula 110, do TCU. Nas consultas formuladas ao Tribunal pelas autoridades competentes, ante dúvidas suscitadas na aplicação de dispositivos legais e regulamentares que abranjam pessoas ou entidades e matérias sob a sua jurisdição e competência, as respostas têm, caráter normativo e constituem prejulgamento da tese, mas não do fato ou caso concreto.

Súmula 103, do TCU. Na falta de normas legais regimentais específicas, aplicam-se, analógica e subsidiariamente, no que couber, a juízo do Tribunal de Contas da União, as disposições do Código de Processo Civil.

Súmula 102, do TCU. Recolhida a importância de multa cominada a responsável por contas julgadas irregulares, cabe a baixa na responsabilidade do servidor e a expedição, na forma regimental, da provisão de quitação.

Súmula 98, do TCU. Em processo de tomada ou prestação de contas, ao ser citado o responsável, para os fins de direito, impõe-se que lhe sejam presentes os dados ou elementos indispensáveis à caracterização da origem ou proveniência do débito apurado.

Súmula 90, do TCU. O Parecer Prévio, em sentido favorável, emitido pelo Tribunal de Contas da União, e a aprovação, mediante Decreto-Legislativo, pelo Congresso Nacional, das contas anuais do Presidente da República (consubstanciadas nos Balanços Gerais da União e no Relatório da Inspetoria-Geral de Finanças, do Ministério da Fazenda), não isentam os responsáveis por bens, valores e dinheiros públicos ou as autoridades incumbidas da remessa, de apresentarem ao Tribunal de Contas da União, por intermédio do órgão competente do Sistema de Administração Financeira, Contabilidade e Auditoria, as tomadas ou prestações de contas em falta, nem prejudicam a incidência de sanções cabíveis, por irregularidades verificadas ou inobservância de disposições legais e regulamentares concernentes à administração financeira e orçamentária da União.

Súmula 89, do TCU. Desde que aplicados os percentuais mínimos, com destinação específica e obrigatória em cada exercício, bem como incluída a despesa no Programa de aplicação aprovado pelo órgão competente, é lícita a utilização de recursos provenientes dos Fundos de Participação, como Despesas Correntes, no pagamento de pessoal, observadas as limitações legais e regulamentares pertinentes à matéria.

Súmula 86, do TCU. No exame e julgamento das tomadas e prestações de contas de responsáveis por bens e dinheiros públicos, quando se verificar qualquer omissão, desfalque, desvio ou outra irregularidade de que resulte prejuízo para a Fazenda Pública, levar-se-á em linha de conta, como elemento subsidiário, o inquérito administrativo instaurado pela autoridade competente.

Súmula 80, do TCU. As entidades públicas de direito privado, cujo capital pertença, direta ou indiretamente, majoritária ou exclusivamente à União (art. 7º da Lei nº 6.223, de 14/07/75), deverão remeter suas contas ao Tribunal de Contas da União englobadas em um único processo, para fins de exame em conjunto, desde que sejam apensados, em volumes distintos, os documentos previstos no art. 2º da Resolução nº 165, de 12/08/75, admitindo-se que o certificado de auditoria possa ser emitido de forma genérica somente sobre as contas das empresas constituídas em sistema "holding", cuja responsabilidade de gestão recaia sobre o mesmo gestor da empresa principal.

Súmula 78, do TCU. Com o sistema de controle externo, instituído pela Constituição de 1967 e disciplinado em legislação ordinária pertinente, não compete ao Tribunal de Contas da União julgar ou aprovar previamente contratos, convênios, acordos ou ajustes celebrados pela Administração Pública. Pode, todavia, o Tribunal, no exercício da auditoria financeira e orçamentária e com vistas ao julgamento das contas de responsáveis ou entidades sob a sua jurisdição, tomar conhecimento dos respectivos termos, para, se verificar ilegalidade ou irregularidade, adotar providências no sentido de saná-la ou evitar a sua reincidência.

Súmula 75, do TCU. A competência conferida ao Tribunal de Contas da União pelo art. 7º da Lei nº 6.223, de 14/07/75, não está condicionada à feição jurídica atribuída à entidade fiscalizada, nem à sua criação por lei ou por ato presidencial; tampouco, se restringe à participação acionária direta ou primária da União e entidades da sua administração indireta, compreendendo, ao invés, as chamadas subsidiárias de segundo ou terceiro grau, mas sem obrigatoriedade de remessa das contas anuais quanto às entidades em que houver participação apenas minoritária.

Súmula 71, do TCU. Quando o ordenador de despesas não houver gerido recursos, proceder-se-á à exclusão do seu nome do rol de responsáveis, arquivando-se, a seguir, o processo.

Súmula 63, do TCU. É lícita a vinculação de quotas dos Fundos de Participação, em garantia de contrato de abertura de crédito, financiamento, ou empréstimo celebrado pelos Estados, Distrito Federal ou Municípios, desde que observadas as normas emanadas do Poder Executivo Federal, notadamente a audiência prévia da Secretaria de Planejamento, quanto ao mérito do empreendimento e a sua viabilidade e compatibilidade com os planos nacionais de desenvolvimento, bem como sobre a capacidade de endividamento de cada entidade e o nível de comprometimento das quotas do Fundo.

Súmula 59, do TCU. A citação do responsável, para apresentar alegações de defesa ou recolher o débito, constitui formalidade essencial, que deve preceder o julgamento do processo dos responsáveis por bens, valores e dinheiros públicos, pelo Tribunal de Contas.

Súmula 52, do TCU. No caso de citação por débito apurado em tomada ou prestação de contas poderá ser concedida, ao responsável ou ao seu representante devidamente credenciado, vista do Processo, para a apresentação das alegações de defesa, em prazo fixado pelo Tribunal, na Inspetoria de Controle Externo competente.

Súmula 51, do TCU. Quando, no exame e julgamento das contas de responsáveis por bens, valores e dinheiros públicos, for apurada irregularidade de caráter formal ou que não configure débito que caracterize desvio, alcance ou desfalque, cabe, a juízo do Tribunal de Contas, além de outras medidas previstas em lei, a aplicação de multa cominada pela autoridade administrativa competente.

Súmula 49, do TCU. Os recursos provenientes dos Fundos de Participação (Constituição, art. 25), com destinação compulsória e específica, quando não aplicados ou aplicados a menos, serão utilizados no exercício ou nos exercícios subsequentes, sem prejuízo dos percentuais mínimos estabelecidos para cada um deles.

Súmula 8, do TCU. Compete ao Tribunal de Contas o julgamento da regularidade das contas globais das entidades criadas pelo Poder Público, sob a forma de Fundação, com personalidade jurídica de direito privado, quando recebam subvenções ou transferências à conta do Orçamento da União.

Súmula 7, do TCU. Tal como as empresas públicas, estão sujeitas à prestação de contas, perante o Tribunal de Contas, as entidades criadas por lei sob a forma de sociedade de economia mista, enquanto a União ou outras pessoas de direito público interno e órgão de suas Administrações Indiretas detiverem a exclusividade do capital social, e a despeito de estar prevista a possibilidade da tomada de ações por particulares, enquanto essa faculdade não venha a ser exercida ou esteja reduzida a uma participação simbólica.

Súmula 6, do TCU. As empresas públicas estão sujeitas à prestação de contas da gestão anual de seus administradores, perante o Tribunal de Contas, independentemente de dispositivo de lei ordinária que o estabeleça.

Súmula 3, do TCU. O arquivamento é a solução indicada para as hipóteses em que as contas de responsáveis por dinheiros, valores e bens públicos se tornarem iliquidáveis, por causas fortuitas ou de força maior.

Referências Bibliográficas

ABRAHAM, Marcus. **Curso de direito financeiro brasileiro.** 4.ed. Rio de Janeiro: Forense, 2017.

_____. **Lei de Responsabilidade Fiscal comentada.** 2.ed. Rio de Janeiro: Forense, 2017.

ABREU, Edgar; SILVA, Lucas. **Sistema Financeiro Nacional.** São Paulo: Método, 2017.

ALMEIDA, Ricardo Damasceno de; LISBOA, Marcelo Jucá. **Direito Financeiro:** lei 4.320/1964. Coleção leis especiais para concursos. 3.ed. Salvador: Juspodivm, 2017.

ATALIBA, Geraldo. **Apontamentos das ciências das finanças, direito financeiro e tributário.** São Paulo: RT, 1969.

BALEEIRO, Aliomar. **Uma introdução à Ciência das Finanças.** 15.ed. Rio de Janeiro: Forense, 1998.

BALTAZAR JUNIOR, José Paulo. **Crimes Federais.** 6.ed. Porto Alegre: Livraria do Advogado, 2010.

BARROS, Guilherme Freire de Melo. **Poder público em juízo para concursos.** 3.ed. Salvador: Juspodivm, 2013.

BITENCOURT, Cezar Roberto; BREDA, Juliano. **Crimes contra o sistema financeiro nacional e contra o mercado de capitais.** 3.ed. São Paulo: Saraiva, 2014. Ebook.

BRAGHINI, Marcelo. **Direito Financeiro.** Coleção Sinopses para concursos. 2.ed. Salvador: Juspodivm, 2016.

BRASIL. Ministério da Fazenda. Secretaria do Tesouro Nacional. **Manual de demonstrativos Fiscais:** aplicado à União e aos Estados, Distrito Federal e Municípios (Válido a partir do exercício financeiro de 2015). 6.ed. Brasília: Secretaria do Tesouro Nacional, Subsecretaria de Contabilidade Pública, Coordenação-Geral de Normas de Contabilidade Aplicadas à Federação, 2014.

BRASIL. Ministério do Planejamento, Desenvolvimento e Gestão. Secretaria de Orçamento Federal. **Manual técnico de orçamento.** Brasília, 2017.

CAMPOS, Dejalma de. **Direito Financeiro e Orçamentário.** São Paulo: atlas, 1995.

CARRAZZA, Roque Antonio. **Curso de Direito Constitucional Tributário.** 28.ed. São Paulo: Malheiros, 2012.

CUNHA, Rogério Sanches. **Código Penal para concursos.** 6.ed. Salvador: Juspodivm, 2013.

_____. **Direito Penal:** parte especial. v. 3. São Paulo: RT, 2008.

FERNANDES, Bernardo Gonçalves. **Curso de Direito Constitucional.** 9.ed. Salvador: JusPodivm, 2017.

FIGUEIREDO, Leonardo Vizeu. **Lições de Direito Econômico.** 9.ed. Rio de Janeiro: Forense, 2016.

FURTADO, José de Ribamar Caldas. Créditos adicionais versus transposição, remanejamento ou transferência de recursos. **Revista do TCU**. n. 106, out./dez. 2005, p. 29-34.

GIACOMONI, James. **Orçamento Público.** 17.ed. São Paulo: Atlas, 2017.

GRECO, Rogério. **Curso de Direito Penal:** parte especial. v. IV. 9.ed. Niterói/RJ: Impetus, 2013.

HARADA, Kiyoshi. **Direito Financeiro e Tributário.** 26.ed. São Paulo: Atlas, 2017.

_____. Repartição de receitas tributárias. In: MARTINS, Ives Gandra da Silva; MENDES, Gilmar Ferreira; NASCIMENTO, Carlos Valder do (Coord.). **Tratado de Direito Financeiro.** v.2. p. 50- 70. São Paulo: Saraiva, 2013.

LEITE, Harisson. **Manual de Direito Financeiro.** 4.ed. Salvador: JusPodivm, 2015.

MARTINS, Alan; SCARDOELLI, Dimas Yamada. **Direito Tributário para concursos.** 2.ed. Salvador: Juspodivm, 2017.

MARTINS, Ives Gandra da Silva; MENDES, Gilmar Ferreira; NASCIMENTO, Carlos Valder do (Coord.). **Tratado de Direito Financeiro.** 2.v. São Paulo: Saraiva, 2013.

MASSON, Cleber. **Código Penal Comentado.** Rio de Janeiro: Forense; São Paulo: Método, 2013.

MAZZUOLI, Valério de Oliveira. **Curso de Direito Internacional Público.** 10.ed. São Paulo: RT, 2016.

MENDES, Gilmar Ferreira; COELHO, Inocêncio Mártires; BRANCO, Paulo Gustavo Gonet. **Curso de Direito Constitucional.** 4.ed. São Paulo: Saraiva, 2009.

MIRAGEM, Bruno. **Direito Bancário.** São Paulo: Revista dos Tribunais, 2013.

NOHARA, Irene Patrícia. **Constituição Federal de 1988:** comentários ao capítulo da Administração Pública. São Paulo: Atlas, 2015.

_____. **Direito Administrativo.** 7.ed. São Paulo: Atlas, 2017.

OLIVEIRA, Regis Fernandes de. **Curso de Direito Financeiro.** 2.ed. São Paulo: RT, 2008.

_____; HORVATH, Estevão. **Manual de Direito Financeiro.** 6.ed. São Paulo: RT, 2003.

PASCOAL, Valdecir. **Direito Financeiro e Controle Externo.** 9.ed. São Paulo: Método, 2015.

RAMOS FILHO, Carlos Alberto de Moraes. **Direito Financeiro Esquematizado.** 2.ed. São Paulo: Saraiva, 2017.

SABBAG, Eduardo. **Manual de Direito Tributário.** 7.ed. São Paulo: Saraiva, 2015.

SANCTIS, Fausto Martin De. **Delinquência Econômica e Financeira:** colarinho branco, lavagem de dinheiro, mercado de capitais. Rio de Janeiro: Forense, 2015. Ebook.

SILVA, José Afonso da. **Comentário contextual à Constituição.** 6.ed. São Paulo: Malheiros, 2009.

_____. **Curso de Direito Constitucional Positivo.** 25.ed. São Paulo: Malheiros, 2005.

TORRES, Ricardo Lobo. **Curso de Direito Financeiro e Tributário.** 4.ed. Rio de Janeiro: Renovar, 1997.

Tribunal de Contas da União. **Licitações e Contratos.** 4.ed. Brasília: TCU, 2010.

VILELA, Danilo Vieira. **Direito Econômico.** Coleção Sinopses para concursos. 2.ed. Salvador: Juspodivm, 2017.

_____. Comentários ao Agravo Regimental na Ação cautelar 3.031 - Pernambuco (STF). **Revista dos Tribunais.** Ano 104, v. 961, nov. 2015. p. 461-466.

VILELA, Danilo Vieira; LEITE, Harrison. **Direito Econômico e Financeiro.** Coleção Revisaço. 2.ed. Salvador: JusPodivm, 2018.

Anotações

EDITORA
JusPODIVM
www.editorajuspodivm.com.br

edelbra

Impressão e Acabamento
E-mail: edelbra@edelbra.com.br
Fone/Fax: (54) 3520-5000
IMPRESSO EM SISTEMA CTP